Peter Hertel
Schleichende Übernahme
Das Opus Dei unter Papst Benedikt XVI.

Peter Hertel, Publizist und Buchautor, hat sich als Experte für fundamentalistische Strömungen im Katholizismus, darunter die Geheimorganisation Opus Dei, einen Namen gemacht. Seine Veröffentlichungen über das Opus Dei wurden in acht Sprachen herausgebracht. Namhafte Enzyklopädien wie der deutsche *Brockhaus* oder das US-amerikanische protestantische *Kirchenlexikon* ließen ihn Stichworte um das Opus Dei behandeln. Der katholische Theologe und Sozialwissenschaftler war 25 Jahre lang Rundfunkredakteur für »Religion und Gesellschaft« und vorher zehn Jahre lang Zeitungsredakteur für »Politik«, darunter auch für die Wochenzeitung *Publik*.

Impressum

Peter Hertel:
Schleichende Übernahme
Das Opus Dei unter Papst Benedikt XVI.
(Neufassung des Titels »Schleichende Übernahme.
Josemaría Escrivá, sein Opus Dei und die Macht im Vatikan«)

Layout und Umschlaggestaltung: Andreas Klinkert
Satz: Sabine Felbinger
Titelillustration unter Verwendung eines Fotos von
© dpa/epa/efe (Josemaria Escrivá de Balaguer, undatiertes Archivbild)
Druck und Bindung: Westermann Druck Zwickau GmbH
Auflage: 1 / 2007
© September 2007 by Publik-Forum
Verlagsgesellschaft mbH
Postfach 2010
61410 Oberursel

ISBN 978-3-88095-161-7

Peter Hertel

Schleichende Übernahme

Das Opus Dei unter Papst Benedikt XVI.

Inhalt

Einführung
Vorwärts mit Benedikt **7**

1. Kapitel
»Reinigt diese Schmutzflut« **19**
Escrivá über Hitler 26

2. Kapitel
Ratzingers diskrete Wende **34**
Rückendeckung bei der Papstwahl 40
Opus Dei im päpstlichen Verwaltungsapparat 44

3. Kapitel
Warnung vor dem Satan **50**
Professor Ratzinger und der Marxismus 59
Kardinal Ratzinger und der hierarchische Gehorsam 64

4. Kapitel
Dramatischer Kurswechsel **67**
Erstes Beispiel: Die »Götzendiener« vom Anden-Hochland 69
Zweites Beispiel: Die »Kommunisten« des Romero-Zentrums 75

5. Kapitel
Wunderwaffe Escrivá **82**
Sechs Regelverstöße 87
Franco, Titel und der heroische Tugendgrad 92
Kirchenpolitik statt Volksfrömmigkeit 93

6. Kapitel
Geißel und Reißwolf **96**
Pfiffige Hürdenumgehung 102

7. Kapitel
Hinter den Mauern des Schweigens **108**
Die drei Ebenen 110
Aufbau des Opus Dei weltweit 116

8. Kapitel
Opus Dei in Deutschland **118**
Übersicht 118
Sankt Josephmaria, Nothelfer 120
Hauptstadtzentrum des Opus Dei 122
Zwei geschlechtsfixierte Gymnasien 125
Pyrrhussieg mit der CDU? 136

9. Kapitel
Ein Werk bittet zur Kasse **139**
Ein Verschiebebahnhof mit goldenen Waggons 144
An den internationalen Finanzplätzen 155
Etwas verwirrend für aufrechte Katholiken 159

10. Kapitel
Opus Dei – katholische Kirche pur **162**
Nichtkatholiken als Christen zweiter Klasse 163
Gefahr für die Demokratie 170
Der veröffentlichte und der echte Opus-Dei-Gründer 175

Schlusspunkt
Erwägungen über die Macht des Opus Dei **177**

Kästen:
Opus Dei – kurz gefasst 9
Variationen einer Verschwörungstheorie 14
Worte des Gründers 20
Geheimpriester 39

Klassen im Opus Dei 99
Schmutz und Schund im Reißwolf des Opus Dei 104
La pesca submarina 128
Überschreibung des Erbes 130
Aufklärung über Bert Brechts »Mutter Courage« 133
Hans Urs von Balthasar: Gott und Mammon 146
Geldquellen 151

Anhang 1
Ehrendoktoren der Opus-Dei-Universität Pamplona 181

Anhang 2
Bischöfe der Opus-Dei-Priestergesellschaft 182

Anhang 3
Werkspriester mit päpstlichen Titeln 185

Anhang 4
Aus dem Wortschatz des Opus Dei 187

Anhang 5
Staaten, in denen die Prälatur Opus Dei errichtet ist 196

»Vorwärts! Mit heiliger Unverschämtheit, ohne anzuhalten, bis deine Pflicht total erfüllt ist.«[1] **Josemaría Escrivá, Gründer des Opus Dei**

Einführung

Vorwärts mit Benedikt

Um 1990 besuchte der lombardische Priester Luigi Giussani (1922-2005) aus Mailand, der Gründer und Leiter der Organisation *Comunione e Liberazione (CL)*, den spanischen Priester Alvaro del Portillo (1914-1994), den Prälaten des *Opus Dei (Werk Gottes)* in Rom. Portillo war der erste Nachfolger des Opus-Dei-Gründers, des spanischen Priesters Josemaría Escrivá de Balaguer y Albás (1902-1975). Opus Dei und CL sind die beiden mächtigsten Organisationen in der katholischen Kirche der Gegenwart. Abends traf Giussani auf dem Flughafen Rom-Fiumicino den italienischen Journalisten Vittorio Messori, vertraute ihm den Grund seiner Reise an und fügte hinzu: »Wissen Sie, wir von CL sind die Guerilla, die Freischärler, die Steine werfen. Wir leisten unseren Teil, indem wir mitunter Radau veranstalten. Aber sie, die Leute vom Opus Dei, sie haben die Panzer. Sie gehen mit ihren Panzern voran, auch wenn sie die Raupenketten mit Gummireifen verkleidet haben. Sie machen keinen Lärm, aber sie sind da, und wie! Und das werden wir immer besser merken, Sie werden sehen.«[2]

Auch Messori applaudiert der Personalprälatur Opus Dei in seinem Buch »Opus Dei. Un'indagine«[3], in dem er die Anekdote weitererzähl-

---

1 Josemaría Escrivá, Camino, Madrid 1939, 41. Aufl., 1984, Nr. 44. Das Buch ist Escrivás Hauptwerk. In der deutschen Übersetzung »Der Weg« sind seit der 3. Auflage klare Aussagen bis zur Unkenntlichkeit verniedlicht. Deshalb lege ich in diesem Buch die spanische Originalausgabe zu Grunde.

2 Vittorio Messori, Der »Fall« Opus Dei, Aachen 1995, S. 36.

3 Milano 1994.

te. Er ist ein guter Bekannter des Opus-Dei-Mitglieds Joaquín Navarro Valls, der viele Jahre päpstlicher Pressesprecher war. Navarro Valls hat dafür gesorgt, dass Messori, kurz nach Veröffentlichung seines Pro-Opus-Dei-Buches, dem damaligen Papst, Johannes Paul II., die Fragen für das Interview-Buch »Vacare la Soglia della Speranza« stellen durfte. Vatikankenner vermuten, dass dieses Papst-Buch eine Idee des Opus Dei gewesen sei, um mit einem internationalen Bestseller die Finanzen des Vatikans aufzubessern. Auch aus Deutschland kam Schützenhilfe, und zwar vom Verlag Hoffmann & Campe[4].

Opus Dei und CL bemühen auch sonst militärische Denkmuster. Das Werk Gottes versteht sich als »Kampftruppe«[5]. Seine Welt, vor allem seine Kirche, stecken offenbar voller Feinde: Marxisten, Abgefallene, Kirchenvolksbegehrler, Laxe, Ungläubige, Donumvitler, Liberale und Befreiungstheologen; vor allem aber: Postkommunisten und Hedonisten. Seine Mitglieder sind »Soldaten Christi«[6] – jedenfalls laut Josemaría Escrivá, dem spanischen Gründervater. Er rief seine Organisation auf zum Kampf gegen den »Liberalismus« und den »Marxismus«, von denen die katholische Kirche in die Auflösung getrieben werde. In seinem Brief »Dei amore«[7] sprach er, wie sein deutscher Biograph, das inzwischen verstorbene Opus-Dei-Mitglied Peter Berglar, berichtete, »von drei großen ›manchas‹, Flecken, die die Welt verschmutzen: zunächst ›esa mancha roja‹, jener rote Fleck (gemeint ist der marxistische Atheismus), der sich mit großer Geschwindigkeit über die Erde ausbreitet, der alles niederreißt, der noch die winzigste übernatürliche Regung zu zerstören trachtet. Dann das Vordringen einer zweiten großen Woge von losgelassener Sinnlichkeit, ja geradezu Verblödung, die die

4 Die Schwelle der Hoffnung überschreiten (Hoffmann & Campe).
5 Geist und Fromme Gewohnheiten (De Spiritu et de piis servandis Consuetudinibus – **künftig zitiert: GF**), Rom, 9-IV-1990, Nr. 64.
6 Josemaría Escrivá, Tiempo de reparar, in: Crónica, Opus Dei Rom, Februar 1972, S. 13 [109].
7 Peter Berglar, Opus Dei, Leben und Werk des Gründers Josemaría Escrivá, Salzburg 1983, S. 215.

Opus Dei – kurz gefasst

Der offizielle Name des Opus Dei lautet: Sancta Crux et Opus Dei (= Heiliges Kreuz und Werk Gottes bzw. Gottes Werk). Sitz ist Rom. Seine kirchliche Rechtsform ist seit 1982 die Personalprälatur (von 1950 bis 1982 Säkularinstitut).

Gegründet wurde die Organisation vom spanischen Priester Josemaría Escrivá de Balaguer y Albás, geb. am 9.1.1902 in Barbastro (Spanien), 1925 Priester, gest. am 26.6.1975 in Rom; 1992 seliggesprochen, am 6.10.2002 heilig. 2.10.1928 Männerabteilung, 14.2.1930 Frauenabteilung, 11.10.1943 Priestersparte in der Männerabteilung.

Leiter war bis 1982 der Generalpräsident, der vom Vatikan zum »Prälaten des Opus Dei« und 1991 in den Bischofsrang erhoben wurde: bis 1975 Josemaría Escrivá, 1975 bis 1994 Alvaro del Portillo, seit 1994 Javier Echevarría Rodríguez. Leiter einer Region bzw. eines Landes ist der »Regionalvikar«.

Dem Opus Dei gehörten zunächst nur ehelose Männer an, ab 1930 auch ehelose Frauen. Seit etwa 1950 hat es auch verheiratete Mitglieder.

Laut dem Annuario Pontificio, dem Päpstlichen Jahrbuch für 2007,[8] hatte das Opus Dei Ende 2006 insgesamt 88 145 Mitglieder; darunter waren 2337 Kleriker (1977 davon Priester). Es hatte weltweit 1809 Kirchen und pastorale Zentren.

Das Opus Dei ist in 64 Staaten als katholische Personalprälatur errichtet, Mitglieder wirken in knapp 100 Ländern. Außerdem hat es zwei Assoziationen: Priestergesellschaft vom Heiligen Kreuz und Mitarbeitervereinigung.

---

8 Annuario Pontificio per l'anno 2007 (Päpstliches Jahrbuch 2007), Città del Vaticano 2007.

Menschen dazu bringt, sich wie Tiere aufzuführen. Schließlich ein noch ›andersfarbiger Fleck‹: die ständig zunehmenden Tendenzen, Gott und Kirche sozusagen die objektive Wirklichkeit und Bedeutung abzusprechen und sie in einen Winkel des Privatlebens zu verbannen, wo sie unter Kuratel eines subjektivistischen ›Gewissens‹ gestellt werden sollen; mit anderen Worten, die Verdrängung des Glaubens und seiner Bekundungen aus dem öffentlichen Leben. Diese drei ›manchas‹ stellen andauernde, offenkundige und aggressive Gefährdungen dar«.[9]

In diesem Krieg gegen Marxismus und Atheismus wie auch Liberalismus und Hedonismus [Genusssucht] erwartete Escrivás Nachfolger, Alvaro del Portillo, von seiner Gefolgschaft die »Generalmobilmachung« der Laien.[10] Das »mobile Corps«[11], das dem Vatikan besonders dort zur Verfügung stehe, wohin sein Arm nicht reiche, solle einen »Kreuzzug der Romanität« führen. Der heutige Leiter, Javier Echevarría Rodríguez, rief 1994 mit einem Begriff aus dem Zweiten Weltkrieg zu einer »neuen Maginot-Linie«[12] gegen »hedonistisches« Konsumdenken, Sexualisierung und allgemeinen Sittenverfall auf. Die angeblich marxistische und atheistische Bedrohung der katholischen Kirche, die für das Opus Dei vor allem aus der »Kirche der Armen«, der »Kirche des Volkes« und der Befreiungstheologie kommt, wird heute insbesondere von lateinamerikanischen Bischöfen des Opus Dei bekämpft. (Siehe S. 67-81)

9 Siehe Fußnote 7.
10 Generalmobilmachung der Laien, Welt-Gespräch mit dem neuernannten Prälaten des Opus Dei, Alvaro del Portillo, in: Die Welt, Bonn, 6.12.1982, S. 7.
11 Alvaro del Portillo e Javier Echevarría, Transformazione dell' Opus Dei in Prelatura Personale (Anhang zu »A Sua Eminenza Reverendissima il. Sig. Card. Sebastiano Baggio«), Roma, 23.4.1979, S. 4 und 9. Heute wird diese Aussage im Opus Dei und seinem Umfeld gelegentlich verharmlost: Es habe sich um eine unbedachte Bemerkung des verstorbenen Portillo gehandelt. Außerdem habe er eine Aussage über den weltweiten Einsatz seiner religiös ausgebildeten Mitglieder treffen wollen, nicht aber über ein Opus Dei, das als Truppe agiere.
12 Romana. Bolletino della Prelatura della Santa Croce e Opus Dei. Rom, Juli-Dezember 1994, S. 336.

Christinnen und Christen, die sich dem Evangelium und der menschenfreundlichen Kirche des Zweiten Vatikanischen Konzils verpflichtet wissen, werden über solche militärischen Feindbilder womöglich erschrecken. Ist auch in der katholischen Kirche die Zeit der Glaubenskrieger angebrochen? Papst Johannes XXIII. und das Zweite Vatikanische Konzil (1962-1965) wollten das »Aggiornamento«, die kritische, aber liebevolle Zuwendung zur Welt – auch zu Andersdenkenden. Und nun ein Verteidigungswall gegen die »böse Welt«? Da scheinen sozusagen Ungetüme aus Stahl aufzutauchen, die niederwalzen, was sich ihnen in den Weg stellt; die so leise und schleichend heranrücken, dass man sie erst wahrnimmt, wenn sie da sind und ihre Feuerrohre längst auf diejenigen, die sie als Feinde ansehen, gerichtet haben.

Zutreffende Visionen für die katholische Kirche des dritten Jahrtausends? Immerhin ist Gründer Escrivá der Kirche als ein heiliges Vorbild präsentiert worden. Er sei ein Wegbereiter des Zweiten Vatikanischen Konzils gewesen, wird begründet; denn er habe neu entdeckt, dass alle Menschen im Alltag heilig werden könnten. Aber andererseits: Seine Selig- und Heiligsprechung von 1992 und 2002 wurde eilends, auch mit Regelverstößen, vorangetrieben.

Sein Opus Dei erscheint heute als Lehrbuchausgabe einer hoch gerüsteten katholischen Kirche. Es ist die umstrittenste katholische Organisation. Zwar sehen manche in ihr eine gottgewollte Bewegung zur Rettung der Kirche. Doch selbst ansonsten brave Gläubige meinen, sie schade ihr wegen eines skandalösen Sündenregisters: Geheimniskrämerei, rigides Innenleben, dubiose Werbemethoden, Indoktrination Minderjähriger, Nähe zum Faschismus, Freundschaft Escrivás mit dem Diktator Franco; Verwicklung finanziell versierter Mitglieder des »Gotteswerkes«, das im spanischen Ursprungsland auch »Santa Mafia« genannt wird, in kriminelle Geschäfte.

Seit Papst Johannes Paul II. im Dezember 2001 die Heiligsprechung Escrivás in Aussicht gestellt hatte, nahmen kritische Positionen gegenüber dem Geehrten und dem Opus Dei ab. Ein Beispiel dafür bot

Kardinal Karl Lehmann, der Vorsitzende der Deutschen Bischofskonferenz. Im Frühjahr 2002 hatte er mir mitteilen lassen, er habe sich nicht für Escrivá als Heiligen eingesetzt. Aber hinterher präsentierte er ihn auf einer zentralen Veranstaltung des Opus Dei als »Vorläufer des Zweiten Vatikanischen Konzils« und verteidigte den Geheimbund gegen angebliche »Vorverurteilungen«[13].

Noch spektakulärer hatte bereits Anfang 2002 der Basler Bischof Kurt Koch, der heutige Präsident der Schweizer Bischofskonferenz, reagiert. 1995 habe er – laut Zürcher *Tages-Anzeiger* – »monatelang warten müssen, bis Rom seinem progressiven Ruf zum Trotz seine Wahl zum Bischof durch das Domkapitel bestätigte«; aber nun habe er als Freund des Opus Dei »mit seiner nach rechts revidierten Theologie selber alle Chancen«, Kardinal zu werden.[14] Koch war nämlich lange als scharfer Kritiker des Opus Dei bekannt. Doch in einer Publikation, herausgebracht vom Opus Dei zum 100. Geburtstag seines Gründers,[15] drehte er sich um 180 Grad: Gott selber habe das Opus Dei geschaffen. Der Heilige sei »ein leuchtender Stern für die Kirche auf ihrem Weg im dritten Jahrtausend«.[16] Der Basler Bischof wurde daraufhin vom Opus Dei international als leibhaftiger Beweis vorgezeigt, dass selbst ehemalige »progressive« Kritiker neuerdings erkennen würden, ihre alten Vorwürfe seien unhaltbar; denn das Opus Dei habe sich ja seit den achtziger Jahren gewandelt.

Als er noch Theologieprofessor in Luzern war, hatte Koch dem Vatikan eine »universalkirchliche Instrumentalisierung von Opus Dei« vorgehalten: Es werde als Werkzeug »zur Disziplinierung der Ortskir-

13 Stefan Meetschen, »Charismen, die in der Kirche entstanden sind, nicht verachten« – Karl Kardinal Lehmann zeichnete in Berlin ein vorurteilsfreies Bild des »Opus-Dei«-Gründers Josemaría Escrivá, in: Die Tagespost, 19. November 2002.
14 Michael Meier, Vom Kritiker zum Verehrer des Opus Dei, in: Tages-Anzeiger, Zürich, 19. Januar 2002.
15 César Ortiz (Hrsg.), Josemaría Escrivá – Profile einer Gründergestalt, Köln 2002.
16 Kurt Koch, in: ebd., S. 325.

chen und ihrer Bischöfe verstanden und eingesetzt«. Der Name »Werk Gottes« stelle eine »ekklesiologische Arroganz« dar. Da der katholische Glaube bekennt, dass die Kirche als Ganzes ein großartiges ›Werk Gottes‹ ist, ist prinzipiell nicht einzusehen, wie ein einzelnes Werk innerhalb der Kirche diese Ehrenbezeichnung für sich allein reklamieren kann.«[17]

Kochs Worte stammten aus einem Buch über das Opus Dei aus dem Jahre 1992, an dem auch ich mitgewirkt habe.[18] 1993 hatte er ergänzt: »Mit seinem forcierten Bemühen um die Wahrung und Sicherung der Identität und Integrität des katholischen Glaubens tendiert das Opus Dei allerdings zu einer integralistischen Umklammerung, wenn nicht gar zu einer ›Christianisierung‹ der Gesellschaft, wie Peter Hertel hellsichtig konstatiert … Es ist genau diese integralistische Exklusivität des Opus Dei, mit der um die Aufrechterhaltung des Primates der katholischen Kirche in der heutigen Gesellschaft gekämpft wird …«[19]

Seine wundersame »Wende«, die er, wie er zugab, 2002 »in der Tat« vollzogen habe, verteidigte der Gelehrte Koch mit mangelnder wissenschaftlicher Professionalität: Bei seiner früheren Kritik am Opus Dei habe er sich »von den von Journalisten und Theologen veröffentlichten Meinungen (ver-)leiten lassen«[20]. Als einzigen Beleg für sein Anliegen, Escrivá nunmehr vor »unwissenden oder beabsichtigten – Missdeutungen seiner Person und seines Werkes«[21] in Schutz zu nehmen, nützte er eine Verschwörungstheorie des füh-

---

17 Kurt Koch, Die geheime Sehnsucht nach Rückkehr ins Getto oder Glaubensverrat, in: Paulus-Akademie (Hrsg.), Opus Dei – Stoßtrupp Gottes oder »Heilige Mafia«?, Zürich 1992, S. 267 f.

18 Peter Hertel, Intelligent gehorchen – aber blind, in: ebd., S. 35-151.

19 Kurt Koch, Offene, aber nicht ungestaltete Identität des Christentums (2), in: Schweizerische Kirchenzeitung, 47/1993, S. 655.

20 Ders., Richtigstellung, Solothurn 24.1.2002, veröffentlicht vom Opus Dei im Internet.

21 Ders. in: César Ortiz (Hrsg.), S. 312.

Variationen einer Verschwörungstheorie

Dezember 1991. In der Katholischen Akademie Freiburg i. Br. attackierte mich Professor Ulrich Kluge (Dresden): ob ich mit Behörden bzw. der Stasi der ehemaligen DDR zusammengearbeitet hätte, wollte er wissen. Denn in deren Dresdner Akten fänden sich Aussagen von mir über das Opus Dei. Kluge stand auf einer Liste, auf der das deutsche Opus Dei einige Sympathisanten für die Freiburger Tagung benannt hatte.

Ich habe mich umgehend an die Gauck-Behörde gewandt. Zu meiner Überraschung stellte sich heraus, dass in ihrer Dresdner Filiale tatsächlich eine Stasi-Akte über mich liegt. Ohne dass ich davon Kenntnis erhalten hatte, hat die Stasi versucht, mich als Spitzel zu gewinnen und zunächst »in der BRD« eine »operative Fahndung« (so die Stasi-Akte wörtlich) nach mir eingeleitet; drei Jahre später jedoch hat sie – das ergibt sich ebenfalls aus der Akte – den Versuch als aussichtslos eingestellt und sie abgelegt. Ungeklärt ist, woher Kluge bzw. das Umfeld des Opus Dei – im Gegensatz zu mir – anscheinend wussten, dass ich von der Stasi überwacht worden bin.

Im Mai 1992 hatte ich in Zürich eine Reihe von geheim gehaltenen Schriften des Opus Dei veröffentlicht. Das schweizerische Opus Dei bestritt deren Echtheit nicht, sondern behauptete, sie seien überhaupt nicht geheim: »Dies zeigt sich schon daran, wie leicht Hertels Spitzel an sie herangekommen sind.«[22] Mit dieser Aussage unterstellte mir das Gotteswerk, ich hätte Spitzel und würde sie sogar in seinen Häusern arbeiten lassen. Eine Absurdität, die allenfalls zeigt, welch unfeine Methoden Hausbewohner des Opus Dei bei Mitbewohnern vermuten.

Im August 1992 schrieb Kluge in der erzkonservativen *Deutschen Tagespost*, meine Aussagen über das Opus Dei würden »in

22 Erklärung des Informationsbüros des Opus Dei in der Schweiz vom 7.5.1992.

Stil und Argumentation an Dossiers über die katholische Kirche in den Akten der ehemaligen DDR-Behörden« erinnern.[23] Vergebens bat ich ihn um Fundstellen für seine Behauptung. Mit der Beantwortung meiner Fragen beauftragte er einen Anwalt, von dem ich aber ebenfalls nichts erfuhr.

1993 erschien ich bei Hans Thomas als Mitglied einer kommunistischen und damit antikirchlichen Seilschaft. 1995 stellte er sogar einen Zusammenhang[24] zwischen der »Stasi-Analyse ›Papst-Vatikan‹« und einem Live-Gespräch her, das ich 1984 dem WDR gegeben hatte. In der DDR, so schrieb er, seien »praktizierende Christen« von der Stasi »bespitzelt« worden; »auch bei uns« gebe es Leute, »die mit journalistischem Sendungsbewusstsein – als selbst berufene Repräsentanten der Öffentlichkeit – Mitbürger beruflich zu diskreditieren suchen, indem sie deren kirchliche Bindung verunglimpfen und als angeblich bedrohlich denunzieren« würden. Meine »Informationen über das Opus Dei« seien eine »Komplottlyrik«, die sich aus »wahren, halbwahren und unwahren Geschichten sowie gestohlenen Dokumenten« nähre. Dann konstruierte er einen Zusammenhang zwischen mir und einer Stasi-Akte, die aus dem »gleichen Jahr 1984« wie mein Live-Bericht stamme. Diese Akte zeige ebenfalls »Verwandtschaft mit der literarischen Gattung Komplottlyrik«. Fakten für Verbindungen zwischen meinem Bericht und der Akte nannte er indes nicht. Es gibt nämlich keine. Denn in Wirklichkeit wird in der Stasi-Analyse »Papst-Vatikan«, die ich nachträglich gelesen habe, kein einziger meiner zahlreichen Berichte und keine meiner Rundfunksendungen über das Opus Dei erwähnt.

---

23 Ulrich Kluge, Angriffe, die ungute Erinnerungen wecken, in: Deutsche Tagespost, Würzburg, 6.8.1992, S. 5.
24 Hans Thomas, Komplottlyrik – oder die Lust an der Friedensstörung, in: Westfalenblatt (Bielefeld), 6./7. Mai 1995, S. 4 (Themen der Zeit).

15

renden deutschen Opus-Dei-Mitgliedes Hans Thomas[25] aus dem Jahre 1993. Ihn hatte der schweizerische Opus-Dei-Priester Martin Rhonheimer[26] zitiert, um Koch vorzuwerfen, er baue seine genannte Kritik am Opus Dei »vor allem« auf meinen Thesen auf; doch meine Informationen hätten eine »zweifelhafte Herkunft«, wie Thomas in seinem Artikel gezeigt habe.

Thomas hatte mich, entsprechend dem marxistischen Feindbild des Opus Dei, mit einem »Quellenkarussell zwischen Moskau und Chile« in Verbindung gebracht. Es habe bis »unmittelbar nach der Wende« bestanden, »als die östlichen Geldhähne versiegten«. Um meine Einbindung in das kommunistische Netz zu belegen, hatte er mir wörtliche Zitate unterschoben, die nicht von mir stammten. In seinem Buchbeitrag hat Kurt Koch aber auch über das christliche Bemühen um »ein heiligmäßiges Leben mitten in den irdischen Wirklichkeiten«[27] geschrieben. Die meisten Christinnen und Christen dürften vieles davon zu Recht positiv aufnehmen. Doch seine ehemalige kirchenpolitische Kritik gegenüber dem Hl. Stuhl und an der Arroganz des Opus Dei ließ der Basler Bischof völlig unter den Tisch fallen.

Zehn Jahre früher als Koch und Lehmann hatte sich Joseph Ratzinger dem Opus Dei angenähert. Zunächst hatte der Glaubenspräfekt diskret Zurückhaltung gegenüber dem Geheimbund gezeigt. Aber seit Escrivás Seligsprechung im Jahre 1992 wandelte sie sich diskret in eine Parteinahme für dessen Gründung.

25 Hans Thomas, Zur Inszenierung der Medienkritik am Opus Dei, in: Klaus M. Becker/Jürgen Eberle (Hrsg.), Die Welt – eine Leidenschaft. Charme und Charisma des Seligen Josemaría Escrivá **(künftig zitiert: Becker/Eberle)**, St. Ottilien 1993, S. 132-156.
26 Martin Rhonheimer, Neuevangelisierung und politische Kultur (1) – Fundamentalismus, Integralismus und Opus Dei, in: Schweizerische Kirchenzeitung, 44/1994, S. 608.
27 K. Koch, in: César Ortiz (Hrsg.), S. 311. Außer Koch schreiben folgende Oberhirten: Titularbischof Echevarría (Rom), Leiter des Opus Dei, und Bischof Klaus Küng (St. Pölten); Kardinal Joachim Meisner (Köln) und Bischof Reinhard Lettmann (Münster); Kardinal Leo Scheffczyk, inzwischen verstorben.

16

So trägt der kirchliche Einfluss des Opus Dei unter der Ägide Papst Benedikts XVI. seine Früchte. Das jüngste Beispiel ist die öffentliche Rehabilitation der Tridentinischen Messe, die Papst Benedikt XVI. im Motu Proprio »Summorum pontificium« vom September 2007 verfügt hat. Sie wurde nicht nur von erzkonservativen Gruppen wie »Pro Missa Tridentina« gefordert. Escrivá, dessen oberste Autorität auch heute noch im Opus Dei unbestritten ist, hatte die päpstliche Entscheidung längst antizipiert. Der englische Priester Vladimir Felzmann, das ranghöchste Mitglied, das die Organisation in den vergangenen drei Jahrzehnten verlassen hat, hatte vier Jahre in Rom eng mit Escrivá zusammengearbeitet. In zwei Gesprächen, die ich bereits in den Achtzigerjahren mit ihm geführt habe,[28] berichtete er, Escrivá habe große innere Beschwernisse mit der Messreform nach dem Zweiten Vatikanischen Konzil verspürt. Nur widerwillig habe er sich einige Male auf Konzelebrationen eingelassen, und die vatikanische Sondererlaubnis, die Tridentinische Liturgie feiern zu können, habe er eifrig genutzt. Escrivá konnte sich mit der tätigen Mitfeier der Gemeinde am Gottesdienst nie richtig abfinden – mit dem Recht der Laien, der Eucharistiefeier nicht nur beizuwohnen, sondern aktiv daran teilzunehmen. Ein Konflikt, hinter dem zwei unterschiedliche Kirchenbilder stecken (siehe auch S. 63-65). Im einen Fall dreht sich alles um den geweihten Priester, den »zweiten Christus«[29] (Escrivá), im anderen kommt auch das Volk Gottes zur Geltung, das nicht einfach dabeisteht, sondern mitwirkt.

Der unaufhaltsame Aufstieg des »Werkes Gottes« tritt heute markanter vor Augen als in den achtziger Jahren des vergangenen Jahrhunderts. Insofern mag dieses neue Buch auch den bisherigen Tiefpunkt

28 Interview mit Vladimir Felzmann, in: Peter Hertel, »Ich verspreche euch den Himmel«. Geistlicher Anspruch, gesellschaftliche Ziele und kirchliche Bedeutung des Opus Dei, Düsseldorf 1985, 4. Aufl. 1991, S. 194-213; **(künftig zitiert: V. Felzmann/P. Hertel).**

29 J. Escrivá, Camino, Nr. 66.

auf dem Thermometer der kirchlichen Eiszeit anzeigen. Die erste Kältewelle war um 1985, als meine Publikation »Ich verspreche euch den Himmel« erschien, über die Kirche hereingebrochen. Jenes Buch[30] sah das Opus Dei als »einen herausragenden und mächtigen Repräsentanten der Strebungen, die die Neuanfänge der Theologie in diesem Jahrhundert und insbesondere die Aufbrüche nach dem Zweiten Vatikanischen Konzil zurückstutzen wollen«. Die zweite Veröffentlichung »Geheimnisse des Opus Dei«[31] gab 1995 einen Einblick in das gut gehütete Innenleben der Organisation, und zwar mit Hilfe des Wortlauts seiner wichtigsten derzeit gültigen internen Dokumente; deutlich wurde auch der Kampf der Organisation für einen Katholizismus, wie er vor dem Zweiten Vatikanischen Konzil bestand: autoritär, uniform, geschlossen, schlagkräftig. Das Buch »Schleichende Übernahme« von 2002 und seine teilweise überarbeiteten und seine jetzt ganz neu erstellten Kapitel zeigen, wie rasant das Opus Dei in den vergangenen Jahren aufgestiegen ist: durch Besetzung zentraler kirchlicher Schaltstellen und Kapitalansammlung. Viel schneller und weiter, als es 1985 zu erwarten war, ist »die Furcht erregende Armee«[32] (Opus Dei über Opus Dei) in der katholischen Kirche vorangerückt.

Peter Hertel

---

30 Peter Hertel, »Ich verspreche euch den Himmel«. Geistlicher Anspruch, gesellschaftliche Ziele und kirchliche Bedeutung des Opus Dei, Düsseldorf 1985, 4. Aufl. 1991.

31 Ders., Geheimnisse des Opus Dei. Geheimdokumente – Hintergründe – Strategien, Freiburg 1995, 3. Aufl. 1996.

32 Crónica, 1966, Heft 5.

»Das Werk ist ein Instrument der Rettung, das ausdrücklich von Gott gewollt ist – im Herzen seiner Kirche –, und es sollte bekannt gemacht und geliebt werden, wie es ist, in all seinem göttlichen Glanz, als ein Erweis der unbegrenzten Gnade Gottes, als eine maßlose Wohltat für die gesamte Menschheit.«[1]

Opus Dei über sich selbst

1. Kapitel

»Reinigt diese Schmutzflut«

Ein Jahr nach dem Tode Escrivás schrieb das Opus Dei: »Am 26. Juni 1975 um 12 Uhr starb Msgr. Josemaría Escrivá de Balaguer y Albás – sehr still und ohne jedes Aufsehen, so wie er es immer gewünscht hat. Er war durch göttliche Bestimmung der Gründer und der erste Generalpräsident des Opus Dei ... Der Vater – wie ihn viele Tausende nannten – war im Himmel.«[2]

Schon zu Lebzeiten wurde Escrivá im Opus Dei verherrlicht und mit den großen Gestalten des Glaubens verglichen: mit Abraham, dem Patriarchen, der am Anfang des Ersten Bundes stand; und mit Jesus von Nazaret, der den Neuen Bund stiftete. Mit Abraham schloss Gott den Bund und machte ihn zahlreich, zum Vater vieler Völker (Gen 17,4-7). Jesus nannte sich selbst den guten Hirten: »Ich bin der gute Hirt. Der gute Hirt gibt sein Leben für die Schafe« (Joh 10,11).

Der bizarre Personenkult um Vater Escrivá enthüllte sich 1972 in der Opus-Dei-internen Zeitschrift *Crónica*, die ohne Erlaubnis nur

1 Crónica, 1966, Heft 5.
2 Josemaría Escrivá de Balaguer, Gründer des Opus Dei, Informationsblatt Nr. 1, Köln, Dezember 1976, S. 3.

Worte des Gründers

Caudillos! … stähle deinen Willen, damit Gott dich zum Führer mache. Siehst du nicht, was die verfluchten Geheimgesellschaften treiben? Die Massen haben sie nie erobert. – In ihren Zentren bilden sie Kader teuflischer Menschen heran, welche die Menge aufrühren und aufwiegeln und ihr den Kopf verdrehen, um sie hinter sich zu bringen und in den Abgrund der Unordnung zu führen … in die Hölle. – Sie bringen eine Saat des Fluches. Wenn du willst … dann bringst du das Wort Gottes, das tausend- und abertausendmal gesegnet ist und nie fehlgehen kann.[3]

Die Ehe ist für das Fußvolk und nicht für den Generalstab Christi. Nahrung ist für jeden einzelnen notwendig. Zeugung aber nur, um die Art zu erhalten. Einzelne dürfen sich ihr entziehen.[4]

Ich habe dir die Bedeutung der Diskretion ans Herz gelegt. Vielleicht ist sie nicht die Spitze deiner Waffe, aber zumindest der Griff.[5]

Du beklagst dich innerlich, weil du hart angefasst wirst. Du spürst den Gegensatz zum Verhalten deiner Verwandten. Für dich schreibe ich aus dem Brief eines Militärarztes ab: »Gegenüber dem Kranken ist eine klare, nüchterne, sachliche Haltung des Arztes nötig; nicht aber das weinerliche Klagen der Familie. Was würde aus einem Verbandsplatz während der Schlacht, wenn sich der Strom der Verwundeten staut, weil der Abtransport nicht schnell genug vor sich geht und an jeder Tragbahre eine Familie steht? Es wäre zum Davonlaufen.«[6]

---

3 Josemaría Escrivá, Camino, Nr. 833. Hier schreibt Escrivá im »Camino«: »las malditas sociedades secretas«; der deutsche »Weg« übersetzt: »die gottfeindlichen Geheimbünde«.

4 Ebd., Nr. 28.

5 Ebd., Nr. 655.

6 Ebd., Nr. 361.

von der männlichen Führungsriege gelesen werden darf: »Wenn wir an den Vater denken, dann erheben wir gemeinsam unsere Herzen zu Gott; wir erinnern uns an den Mann, den die Schrift preist, weil er in der Prüfung treu befunden wurde. Deshalb versprach ihm Gott mit einem Eid, dass in seinen Nachkommen die Nationen gesegnet würden, dass er ihn zahlreich mache wie den Staub der Erde und seinen Stamm wie die Sterne erhöhen werde; dass er ihm einen Besitz von Meer zu Meer gebe und vom Strom bis an die Enden der Erde (Ekklesiastikus 44,21-24) …

Unser Vater ist auch der gute Hirt, der die Herde des ganzen Opus Dei führt. Er kennt uns und führt uns auf heilsame und überfließende Auen. Er gibt sein Leben hin, sodass wir, seine Kinder, es in immer größerer Fülle besitzen können …

Bei seinem Letzten Abendmahl betete Unser Herr das hohepriesterliche Gebet für die Einheit seines Mystischen Leibes: damit alle eins seien (Joh 17,12). Und Er wünschte diese starke, unzerstörbare Einheit des Opus Dei mit einem Geist der Kindschaft zum Vater zu besiegeln, die unsere beste Verteidigung ist.«[7]

Das Opus Dei in Jesu Gebet beim Letzten Abendmahl. Unglaublich. 2002, zum 100. Geburtstag, erreichte die Apotheose Escrivás einen neuen Höhepunkt. Der Startschuss wurde mit einem Kongress in Rom gegeben. Dann folgte eine Feier nach der anderen. In Österreich lud Kardinal Christoph Schönborn in den Wiener Stephansdom und enthüllte eine Gedenkplatte zu Ehren Escrivás. In Deutschland rief Kardinal Joachim Meisner in den Kölner Dom, assistiert von Kardinal Leo Scheffczyk (1920-2005), Ehrendoktor der Opus-Dei-Universität in Pamplona. Meisner (»Unser Dom ist fast eine Escrivá-Gedenkstätte«) ist Mitglied im Kuratorium des Internationalen Mariologischen Arbeitskreises Kevelaer (IMAK), der von Priestern des Opus Dei initiiert wurde und geführt wird.

7 Crónica, 1972, Heft 2.

Wie die Prediger in Domen, die Redner in Festhalle und Börsensaal, so hob auch Meisner hervor: Escrivá sei ein Vorläufer des Zweiten Vatikanischen Konzils gewesen; denn er habe »unseren Laienchristen« klargemacht, dass nicht nur Geistliche, sondern alle Christen heilig werden könnten. Seine Neu-Entdeckung einer alten Wahrheit sei »im Zweiten Vatikanischen Konzil in Rom voll zum Ziel« gekommen, »indem in der bedeutendsten Konstitution dieses Konzils, nämlich in der Kirchenkonstitution, ein Kapitel ›über die allgemeine Berufung zu Heiligkeit‹ aller Christen aufgenommen wurde«[8].

Jedoch: In dem Konzils-Kapitel stößt man weder auf eine Idee, die von Escrivá stammen würde, geschweige denn auf seinen Namen. Aber die Legende wird weiter gepflegt.

Oft wird in Heiligenlegenden berichtet, ein außergewöhnliches Ereignis in der Kindheit des Heiligen – beispielsweise ein von Menschenhand unbeeinflusstes, unerklärliches Glockengeläut während der Taufe – habe schon frühzeitig auf seine spätere übernatürliche Berufung hingewiesen. An Escrivás Legende wurde schon während seines Lebens gestrickt. Das Ergebnis schlug sich in den Unterlagen für seinen Seligsprechungsprozess nieder. Seine Mutter habe ihm gesagt: »Die Jungfrau [Maria] muss dich in der Welt gelassen haben, um irgend etwas Großes zu tun, denn du warst schon mehr tot als lebendig.«[9]

Dahinter stand: Im Jahre 1904 war der zweijährige Josemaría so schwer erkrankt, dass die Ärzte ihn schon aufgegeben hatten, wie seine Mutter später berichtete. Sie empfahl ihn der Jungfrau Maria, und zwar »Unserer Lieben Frau von Torreciudad«, die in einer kleinen Bergkapelle der Pyrenäen verehrt wurde. Nachdem das Kind wider Erwarten gesund geworden war, wurde es von den dankbaren Eltern von Barbastro ins 30 Kilometer entfernte Torreciudad gebracht.

---

8 Predigt von Kardinal Meisner zum 100. Geburtstag des seligen Josemaría, Informationsbüro des Opus Dei im Internet, Deutschland, 29.1.2002.
9 Artikel 7 der Prozessakte, mit der das Opus Dei 1979 die Selig- und Heiligsprechung Escrivás forderte. Zitiert nach P. Berglar, S. 23.

1956 erfuhren Mitglieder des spanischen Opus Dei, dass die Muttergottes von Torreciudad ihren Gründer auf wunderbare Weise gerettet habe. Doch niemand kannte den Ort. Man entdeckte ihn auf einer Wirtschaftskarte des 18. Jahrhunderts. Nun machten sich einige Opus-Dei-Leute auf den Weg und fanden eine kleine Kapelle, die der zuständige Bischof sechs Jahre später dem Opus Dei zur Betreuung übertrug. Sofort plante die Organisation eine riesige Wallfahrtskirche – zum Gedenken an die Errettung des Erwählten und zu Ehren der Muttergottes.[10] Escrivá selbst kam erst 1970, zum ersten Mal seit 1904, wieder an den legendären Ort, als die Bauarbeiten für die Kultstätte bereits begonnen hatten.[11] Heute ist Torreciudad das geistliche Zentrum des Opus Dei. Die Organisation sucht die Escrivá-Gedenkstätte in Wallfahrtsrouten einzubeziehen, die über Lourdes nach Santiago de Compostela führen.

Zunächst war das Leben des kleinen José María Julian Mariano, der anno 1902 das Licht der Welt erblickt hatte, in normalen Bahnen verlaufen.[12] Josemaría Escrivá wuchs in einem frommen Elternhaus auf. Den Eltern ging es nicht schlecht, aber sie waren auch nicht reich. Als er 15 Jahre alt war, hatte er eine Art geistliches Schlüsselerlebnis: Im Schnee sah er die Fußspuren eines unbeschuhten Karmeliters. »Was tue ich für Gott?«, fragte er sich und gewahrte, dass Gott etwas Besonderes von ihm erbitte. Er beschloss, Priester zu werden, und studierte Theologie. Mit 23 Jahren erhielt er in Saragossa die Priesterweihe.

Inzwischen hatte er mit dem Zweitstudium der Jurisprudenz begonnen, war kurze Zeit Aushilfspfarrer und wurde dann Seelsorger im Stift einer Vereinigung wohltätiger Damen. Dort betete er inständig, dass sich ihm der Wille Gottes deutlich offenbare. Im Opus Dei

---

10 P. Berglar, S. 356 f.
11 Der Diener Gottes Josemaría Escrivá de Balaguer, Informationsblatt Nr. 5, Opus Dei, Köln 1983, S. 11.
12 Der Darstellung liegen weitgehend die Biografien der Opus-Dei-Mitglieder Peter Berglar, a.a.O., und Salvador Bernal, Msgr. Josemaría de Balaguer, Aufzeichnungen über den Gründer des Opus Dei, Köln 1978, zu Grunde.

heißt es: »In diesem Zustand überraschte ihn der 2. Oktober 1928. Er machte gerade Besinnungstage im Haus der Paulaner, in der Straße Garcia de Paredes in Madrid, als an jenem Tage das Opus Dei zur Welt kam.«[13] Sein spanischer Biograf Salvador Bernal fuhr fort: »Während er hier betet, ... sieht er das Opus Dei, und er hört gleichzeitig die Glocken der nahen Kirche Unserer Lieben Frau von den Engeln zu Ehren ihrer Herrin läuten. Von diesem Augenblick an, so sagte er, ›... fand ich keine Ruhe mehr. Ich begann zu arbeiten, widerwillig, weil ich mich nicht darauf einlassen wollte, irgend etwas zu gründen; aber ich fing an zu arbeiten, mich zu bewegen, zu wirken: die Fundamente zu legen.‹«[14]

Zuerst hatte der Gründer nur an eine Herrenriege gedacht. Von Frauen, die er ja betreut hatte, wollte er seine religiöse Gründung fernhalten. Sie sollten »nicht einmal im Scherz« vorkommen. Doch er beugte sich, wie er sagte, dem Willen Gottes.[15] Bernal berichtete: »Er gab das später vor seinen Töchtern ausdrücklich zu: Ich wollte weder eine männliche noch eine weibliche Abteilung des Opus Dei gründen. An die weibliche Abteilung hatte ich vorher nie gedacht. Ich versichere euch mit physischer Sicherheit – jawohl, physischer –, dass ihr Töchter Gottes seid.«[16] Mit solchen und ähnlichen Worten hat Escrivá darauf aufmerksam gemacht, dass das Opus Dei, insbesondere die Aufnahme der Frauen, unmittelbar von Gott angeordnet worden sei. Allerdings wurden sie weitgehend auf die Rolle der Dienstmagd abgeschoben (siehe S. 99).

Der innere strukturelle Aufbau des Opus wurde im Jahre 1943 abgeschlossen. Escrivá hatte längst bemerkt, dass seinem Werk eine wichtige tragende Säule fehlte: die Priester. Dieses Manko wirkte sich ungünstig nach innen aus: Die Opus-Dei-Mitglieder mussten bei Pries-

13 S. Bernal, S. 103.
14 Ebd., S. 105.
15 P. Berglar, S. 75.
16 Bernal, S. 136.

tern beichten, die – so fürchtete »El Padre« – vom Opus Dei nicht genügend wussten oder sogar Priester waren, die nicht rechtgläubig seien. So könnten seine Söhne und Töchter vom rechten Weg abkommen. Einen Ausweg bot eine Priestergesellschaft. Ihre Gründung trug dem Werk am 11. Oktober 1943 die vorläufige Approbation durch den Heiligen Stuhl ein. Seitdem ist es ein ungeschriebenes Gesetz im Opus Dei, dass Mitglieder nur bei den guten[17] Hirten der vereinseigenen Priesterkaste vom Heiligen Kreuz beichten.

Wie das organisatorische ist auch das politische Fundament des Opus Dei in den dreißiger und vierziger Jahren gelegt worden – unter dem theologischen Firmament eines weitgehend geschlossenen katholischen Landes. Die Mitglieder profilierten sich zunächst zu einer Art Kadergruppe in Madrid. Es waren Teile der antikommunistisch geprägten Elite des Landes, die sich in dem neuen Verband zusammenfanden. Nicht von ungefähr berichtete Opus-Dei-Mitglied Peter Berglar:

»Während es auch selbst in Rot-Spanien gemäßigtere Zonen gab, wie etwa die Provinzen Valencia und Alicante, wo es nicht zu den ärgsten Exzessen der Grausamkeit kam, entwickelte sich während der folgenden Wochen und Monate in Madrid eine Schreckensherrschaft ... Der Gründer hatte am Morgen des 20. Juli [1936] in Monteurkluft – als Priester erkenntlich, wäre er umgebracht worden – das Zentrum des Werkes verlassen, zusammen mit den wenigen Gefährten, die die Nacht über bei ihm gewesen waren, darunter Isidoro Zorzano. Schon die durch keine Kopfbedeckung versteckte priesterliche Tonsur bedeutete Lebensgefahr, aber niemand bemerkte sie, und so konnte er in der Wohnung seiner Mutter die erste Zuflucht finden. Hier musste er sich völlig versteckt halten ...: in der Nachbarschaft des Hauses der

---

17 Escrivá wörtlich: »Alle meine Söhne haben die Freiheit, bei irgendeinem vom Ortsbischof approbierten Priester zu beichten, und man ist nicht verpflichtet, den Direktoren des Werks zu sagen, dass man das getan hat. Sündigt, wer das tut? Nein. Hat er einen guten Geist? Nein. Er ist auf dem Weg, auf die Stimme des schlechten Hirten zu hören.« (Cuadernos 3, Vivir en Cristo, Opus Dei Rom, ohne Datumsangabe, S. 131).

Mutter hängte man einen Mann auf, den man mit Josemaría verwechselt hatte; menschlich gesprochen ein tödlicher Irrtum; in Gottes Augen ein Blutzeuge des Opus Dei.«[18]

Erfahrungen, die umso prägender wirken, weil sie ursprünglich sind und an die Nieren gehen. In diesem Zusammenhang sah der englische Priester Vladimir Felzmann im Gründer einen leidenschaftlichen Antikommunisten: »Wenn er in seinem Leben etwas hasste, dann war es der Kommunismus. Das war das Böse für ihn, weil er darunter gelitten hatte.«[19] In den siebziger Jahren habe man Mitgliedern in der römischen Zentrale das Beispiel der frühen Gefolgsleute Escrivás vor Augen gestellt: Jedes einzelne Mitglied, so hieß es, habe sich »freiwillig für die Blaue Division« – eine spanische Freiwilligentruppe, die im Zweiten Weltkrieg auf deutscher Seite gegen die Sowjetunion kämpfte – gemeldet. Man habe sie nicht genommen, aber sie seien zum Einsatz bereit gewesen.

Escrivá über Hitler

In diesem Zusammenhang informierte mich Vladimir Felzmann bereits 1984 über ein Gespräch mit Escrivá, dessen Inhalt ungeheuerlich erscheint und das in den neunziger Jahren – vom US-Magazin *Newsweek* aufgegriffen – weltweit Entsetzen hervorrief. Nach seiner Überzeugung sei der Gründer durch Hitlers Eingreifen in Spanien zu Gunsten Francos und des Christentums so geblendet worden, dass er die Nazigräuel kaum wahrgenommen habe. Er habe »Nazi-Deutschland als einen Kreuzzug gegen den Kommunismus« gesehen. Es habe für ihn nicht »Hitler gegen die Juden, Hitler gegen die Slawen, sondern Hitler gegen den Kommunismus« geheißen. Escrivá habe ihm gesagt, »wenn die Leute behaupteten, Hitler habe sechs Millionen Juden getötet, dann übertrieben sie. So schlecht sei Hitler

18 P. Berglar, S. 148.
19 V. Felzmann/P. Hertel, S. 205.

nicht gewesen. Er könne nicht mehr als drei oder vier Millionen Juden getötet haben.«[20]

Im ersten Moment mochte ich das nicht glauben. Sollte das ehemalige Opus-Dei-Mitglied, das selbst slawischer Herkunft ist, den Gründer falsch verstanden oder überinterpretiert haben? Ich habe zweimal nachgefragt.

Doch der englische Priester erinnerte sich sogar an den Ort und an die Umstände: Er habe mit Escrivá allein in einem Raum der römischen Opus-Dei-Zentrale zusammengesessen, und bei dieser Gelegenheit habe der Vater seine Gedanken geäußert. Natürlich, fügte Felzmann hinzu, würde Escrivá das nie geschrieben haben. Aber es habe zu seiner Gesamteinstellung gehört. Felzmann suchte mir sogar nahezubringen, dass er Escrivá vor dessen Denkhorizont verstehen könne: Hitler habe für ihn das Christentum in Spanien gerettet. Deshalb könne er so schlecht nicht gewesen sein: »Für ihn war es so: man ist schon fast tot, plötzlich kommen die Deutschen in Waffen, und das Leben geht weiter. Die Kirche, die fast schon zu Grabe getragen wurde, richtete sich wieder auf.«[21]

Für das Opus Dei war Felzmanns Aussage hochexplosiv. Nachdem ich die zitierten Passagen veröffentlicht hatte, setzte sich ein »hohes Führungsmitglied« des englischen Opus Dei mit ihm in Verbindung, warf ihm »Ungenauigkeiten und Unwahrheiten« vor und warnte ihn im Namen der Opus-Dei-Leitung. Als Felzmann ihn fragte, was denn unrichtig oder falsch an seinen Aussagen gewesen sei, nannte der Gesandte des Opus Dei keine einzige konkrete Tatsache. Felzmann ließ sich nicht unter Druck setzen. Ausdrücklich genehmigte er, dass ich das Interview, das ihm schriftlich vorliegt, 1985 in voller Länge veröffentlichen konnte.

In der Aussage Escrivás wurde seine politische Grundhaltung deutlich: Die Politik hat der Kirche zu dienen, ihr zu helfen, den christ-

20 Ebd., S. 206.
21 Ebd.

lichen Besitzstand zu wahren, den Glauben zu erhalten und aus-
zubreiten. Politische Machthaber, die diesen kirchlichen Imperativ
erfüllen, kommen ihrer Hauptaufgabe nach. Alles andere ist unter
diesem Gesichtspunkt zu sehen und zu bewerten – und auch zu ent-
schuldigen. Eine solche Theologie muss mit einer politischen Theologie, die gesellschaftliche Strukturen bedenkt wie auch ihre Wider-
sprüche und die Leiden, die aus ihnen entstehen, zwangsläufig in
Konflikt kommen. Hier liegt offenbar der Grund für den Kampf des
Opus Dei gegen die Befreiungstheologie (siehe auch S. 67-81)

Zu jener Zeit, als sich Felzmann in der Nähe Escrivás aufhielt,
schickte der sich mit dem Opus Dei an, die vorkonziliare katholische
Kirche zu restaurieren; denn das Zweite Vatikanische Konzil richtete
sich – laut Felzmann – »gegen ihr Ideal der Kirche«[22]. Im Opus Dei
reifte die Überzeugung, dass es mit Escrivá zur Rettung der wahren
Kirche berufen sei.

In internen Schriften des Opus Dei schält sich seit 1968 eine neue
Geheimlehre über das Opus Dei und die katholische Kirche heraus. In
dieser Zeit wurde Escrivá dann auch mit Abraham und Jesus verglichen. Der Gründer des Opus Dei erschien als göttlicher Prophet am
Beginn des dritten Jahrtausends.

Crónica befand 1968, der Geist des Opus Dei throne über allen
menschlichen Unterschieden. Er übersteige alle geographischen, sozialen und kulturellen Grenzen, auch die evolutionären Entwicklun-
gen, die sich durch die Jahrhunderte hindurch vollziehen.

Mehr und mehr stilisierte sich das Opus Dei virtuell zur einzig
wahren Kirche empor, die auch heute so zu sein habe, wie sie schon
immer gewesen sei. Im Mai 1966, wenige Monate nach Konzilsende,
schrieb es sich selbst die Eigenschaften zu, die allenfalls nur die katholische Kirche insgesamt für sich in Anspruch nimmt: »›Tota
pulchra es, amica mea, et macula non es in te‹ – ganz schön bist du,
meine Freundin, und kein Makel ist in dir. Das Werk ist ›tota pul-

22 Ebd., S. 203.

chra««.[23] Im nächsten Schritt wurde das Opus Dei zur »Mutter«, ein Titel, der sonst nur der katholischen Kirche insgesamt zukommt: »Übernatürliche Liebe für unsere Schöne Mutter, deren Anfang und Ende in Gott liegt, kann nicht übertrieben sein.«[24]

Sodann zitierte *Crónica* den Gründer Escrivá: »Jeder von uns, der sein Leben in den Dienst der Kirche gestellt hat, muss Opus Dei sein, das heißt: operatio Dei [unterstr. im Original] – Arbeit Gottes, mit dem Ziel, das Opus Dei auf Erden zu tun.«[25]

»Operatio Dei« wurde 1983 von Berglar so gedeutet: eine »›Operation Gottes‹: ein großer rettender Eingriff des göttlichen Arztes, der das Corpus mysticum Christi, den Leib des Herrn, die Kirche, die so sehr geschwächt ist vom Abfall im Glauben und bisweilen an Krücken durch die Welt der Moderne humpelt, heilen und buchstäblich wieder auf die Beine bringen will«.[26]

1972 hat dann Escrivá selber das Wort in *Crónica* ergriffen. Ganz anders als das schöne und reine Opus Dei sah er die verkommene Kirche: »Heute müssen wir mehr als je in Gebet und Wachsamkeit vereint sein, um dieses Schmutzwasser, das die Kirche Gottes überflutet, aufzuhalten und zu reinigen. Possumus (wir können es)! Wir können die Schlacht gewinnen, obwohl die Schwierigkeiten sehr groß sind … Die Situation ist ernst, meine Töchter und Söhne. Die ganze Kampflinie ist bedroht. Lasst nicht zu, dass durch einen von uns eine Bresche geschlagen wird. Ich habe nicht aufgehört, euch zu warnen: Das Böse kommt von innen und von hoch oben. Es gibt eine wirkliche Fäulnis, und zurzeit scheint es, als sei der Mystische Leib Christi [die Kirche] ein Leichnam in stinkender Verwesung. Wie viele Beleidigungen gegen Gott gibt es. Wir sind so zerbrechlich, und sogar noch zer-

---

23 Crónica, 1966, Heft 5.
24 Ebd.
25 Ebd. Escrivá gebraucht in diesem Text, den er auf Spanisch verfasst hat, nicht das Wort »Obra – Werk«, sondern »Opus Dei«, den Namen seiner Vereinigung, weshalb ich nicht »Werk« bzw. »Arbeit«, sondern »Opus Dei« übersetzt habe.
26 P. Berglar, S. 228.

brechlicher als andere. Aber wie ich schon immer gesagt habe: wir haben eine Verpflichtung zur Liebe; wir müssen jetzt unserem Dasein einen Sinn zur Wiedergutmachung geben.«[27]

Im Gegensatz dazu sieht sich das Werk Escrivás in göttlichem Glanz: »Zugleich bringt uns die Demut zur Erkenntnis und Liebe der übernatürlichen Schönheit des Werkes, die heller leuchtet als ›die Morgenröte, schön wie der Vollmond, klar wie die Sonne‹ … (Hl 6,10)«. Das Opus Dei sei »ein Instrument der Rettung, das ausdrücklich von Gott gewollt im Herzen seiner Kirche« sei – »eine maßlose Wohltat für die gesamte Menschheit«.[28]

Während diese interne theologische Lehre über das unverschmutzte Opus Dei geheim zu halten ist,[29] wurde nach dem Zweiten Vatikanischen Konzil das »spezifische Charisma« Escrivás, nämlich eine neue Laien-Spiritualität entwickelt zu haben, gezielt hervorgehoben. Laut der ehemaligen spanischen Opus-Dei-Leiterin María Angustias Moreno habe der Gründer einigen Mitgliedern sogar gesagt, das einzige am Zweiten Vatikanischen Konzil, das als geheiligt anzusehen sei, sei die Kanonisierung der täglichen Arbeit, also des Wesentlichen des Geistes des Opus Dei (»esencia del espíritu de la Obra«). Er habe hinzugefügt, die Tätigkeit der Opus-Dei-Mitglieder in Rom habe eine sehr große Effizienz, »weil der Papst nicht nur vom Heiligen Geist inspiriert wird«[30].

Zweifellos ist anzuerkennen, dass Escrivá und das Opus Dei akzentuiert haben, was auch das Vaticanum II herausgearbeitet hat: »die Berufung des Laien«, ja vielleicht hat der spanische Priester dieses Kapitel des Konzils mit angestoßen. Zwei Jahre nach dem Konzilsbeschluss reklamierte Escrivá für das Opus Dei: »Wir sind

27 J. Escrivá, in: Crónica, 1972, Heft 2.
28 Crónica, 1966, Heft 5.
29 Vademecum für die Örtlichen Räte (Vademecum de los Consejos locales – **künftig zitiert: VC**), Rom, 6-XII-87, S. 142 f.
30 Zitiert nach Ramiro Cristóbal, Hacia un control del Vaticano, in: triunfo, Madrid, 14. Oktober 1978.

gekommen, um von neuem auf das Beispiel Christi aufmerksam zu machen, der 30 Jahre lang in Nazareth gearbeitet und ein Handwerk ausgeübt hat. Unter den Händen Christi wird die Arbeit – eine berufliche Arbeit, wie sie Millionen von Menschen in der ganzen Welt verrichten – zu einem göttlichen Werk, zu einer Erlösungstat und zu einem Weg des Heiles.«[31]

Einzigartig war Escrivás Entdeckung allerdings nicht. Schon immer haben Christen versucht, die gewöhnliche Alltagsarbeit zu heiligen. Die Laien der Sodalitäten, der Dritten Orden und die Oblaten waren durch die Jahrhunderte überzeugt, dass alle Christen zur Heiligkeit berufen sind und dass diese in der Welt auch tatsächlich gelebt werden kann. Zu erinnern ist ferner an die katholische Laienbewegung in Deutschland und Frankreich zu Beginn des 20. Jahrhunderts. Sie war ein Nährboden, auf dem sich charismatische Impulse für eine neue Alltagsfrömmigkeit, die Heiligung der Arbeit, bildeten. Ähnlich war es in England. Dort hatte der Humanist Friedrich von Hügel, der drei Jahre vor der Gründung des Opus Dei starb, längst publiziert: »Jedes arme Waschweib, das sorgfältig die Vorschriften für eine gute Wäsche sich aneignet und ausführt, das sich abwechselnd von dieser Aufmerksamkeit auf das Ding zur Gesammeltheit und zu einem zunehmend liebenden Gebet und zu den Anfängen der Betrachtung hinwendet, ... oder jeder einfache Landarbeiter oder Schmied oder Bergarbeiter«[32] könne volles christliches Leben verwirklichen. Insofern irrt man im Opus Dei, wenn man meint, Gott habe mit Escrivá und seinem Werk »eine neue Seite im Buch der Kirchengeschichte aufgeschlagen«[33].

In Spanien steckte diese Entwicklung offenbar noch in den Kinderschuhen. Josemaría Escrivá empfand sein Vorhaben deshalb als tollkühn. Und folgerecht fand er nur »das massivste Unverständ-

---

31 Gespräche mit Msgr. Escrivá de Balaguer, Köln 1992 (Erstauflage 1969), Nr. 55.
32 Friedrich von Hügel, Andacht zur Wirklichkeit, München 1952, S. 222.
33 P. Berglar, S. 14.

nis«[34]. 1962 erinnerte er sich: »Es galt, die gesamte theologische und asketische und auch die gesamte juristische Lehre erst zu schaffen. Wenn ich die Jahrhunderte überschaute, konnte ich nur eines feststellen: es war nichts da. Rein menschlich betrachtet, war das Werk Wahnsinn. Deshalb sagten auch manche, ich sei verrückt oder ein Ketzer oder was sonst noch alles.«[35] In seiner angeblichen Originalität, der Wiederentdeckung der »Laien-Heiligkeit«, die zu einem entscheidenden Kriterium für seine Heiligsprechung hochstilisiert wurde, ist Escrivá also – gesamtkirchlich betrachtet – weder originell, noch war er damals der Erste.

Die eigentliche revolutionäre Neuerung, die das Opus Dei in die katholische Kirche gebracht hat und die durch die Kunde von der »Heiligung des Alltags« verdeckt wird, ist gar nicht religiös: Nie zuvor hat eine kirchliche Gemeinschaft so gezielt soziale Techniken entwickelt, um seine Apostolatsziele, nämlich die Christianisierung bzw. Re-Katholisierung der Gesellschaft (vgl. S. 171-176), zu bewirken. Es hat regelrecht eine gesellschaftliche Strategie entworfen: Wie Felzmann, sich auf Escrivá berufend, andeutet, arbeitet es sich »von oben nach unten« vor, getreu dem Grundsatz: »Cuius regio – eius religio« (Wer ein Land beherrscht, bestimmt auch dessen Religion).[36] Es sucht führende Leute für sich zu gewinnen, um sich in einem bestimmten Bezirk einen Zugang zu schaffen, von dem aus es dann langsam, aber stetig weiter »nach unten« arbeitet. Felzmann über Escrivá, dessen Autorität und Lehre auch heute im Opus Dei unumstritten ist: »Wenn Sie die Führer auf Ihre Seite bekommen, dann haben Sie das ganze Land. Das war seine Motivation.«[37]

Ein Beispiel: Schon zu Beginn der vierziger Jahre hatte sich Escrivá mit Francisco Franco angefreundet. Auf Wunsch des Bischofs von Ma-

34 S. Bernal, S. 108.
35 Ebd.
36 V. Felzmann/P. Hertel, S. 204.
37 Ebd.

drid hielt der religiöse Caudillo einige Besinnungstage (»un curso de retiro«) für den politischen Caudillo und dessen Frau.[38] Sicher ginge man zu weit, wollte man behaupten, »El Padre« habe schon damals die Weichen für eine künftige Regierungsbeteiligung von Opus-Dei-Mitgliedern stellen wollen. Aber der freundschaftliche Kontakt blieb, und 1951 saßen auf einmal drei Opus-Dei-Beamte in Regierungsbüros. Mehr und mehr öffneten sich dann Mitgliedern des Werkes die Pforten.[39] Als Franco 1957 das Kabinett umbildete, berief er gleich drei Opus-Dei-Leute zu Ministern. 1962 kam ein weiterer hinzu, und nach weiteren sieben Jahren soll die Organisation zehn Minister gestellt haben – eine Zahl, die in Veröffentlichungen von Opus-Dei-Mitgliedern bestritten wird. Es seien nur vier gewesen.

1975 starb Josemaría Escrivá im Alter von 73 Jahren. Er war nicht nur Gründer des Opus Dei, sondern auch Professor für Allgemeine Ethik und Berufsethik an der Hochschule für Publizistik in Madrid sowie Professor für Kanonisches und Römisches Recht in Saragossa und Madrid; Großkanzler der Opus-Dei-Universitäten in Pamplona und in Piura (Peru); päpstlicher Hausprälat; Mitglied der päpstlichen Römischen Akademie für Theologie; tätig als Konsultor der Kongregation für Seminare und Universitäten sowie der päpstlichen Kommission für die authentische Interpretation des Codex Iuris Canonici (CIC), des kirchlichen Gesetzbuches; Marqués von Peralta; Träger des Großkreuzes des heiligen Raimund von Peñaforte, das ihm Franco verliehen hatte.

---

38 P. Berglar, S. 296.
39 Vgl. Maurice Roche, The Secrets of Opus Dei, in: Magill, Dublin, Mai 1983, S. 19.

>>*Es ist mir eine Ehre und eine große Freude,
dass ich mit der Ehrenpromotion zu einer
Fakultät gehöre, mit der ich schon seit etlichen
Jahren durch persönliche Freundschaft und
durch das wissenschaftliche Gespräch verbunden bin.*<<[1]

**Joseph Ratzinger, theologischer Ehrendoktor
der Opus-Dei-Universität in Pamplona**

2. Kapitel

Ratzingers diskrete Wende

1984 überraschte der Kölner Erzbischof Höffner (1906-1987) die Öffentlichkeit mit der Nachricht, er werde dem Opus Dei eine Pfarrgemeinde in Köln-Holweide zur Übernahme anbieten. Die Mitteilung
provozierte einen Aufstand. Schließlich machte die Leitung des Opus
Dei einen Rückzieher, weil >>sie ihren Priestern nicht zumuten könne,
in der vorgesehenen Pfarrei pastoral zu wirken<<.[2] Deshalb schanzte
der Kardinal dem Werk zunächst die Pfarrei in dem abgelegenen Ei-
felort Kreuzweingarten zu – und dann 1987, ebenfalls geräuschlos, die
Kölner Pfarrei St. Pantaleon. Dort suchten die Priester des Opus Dei
von Anfang an die Gemeinde auf die ideologische Werkslinie ein-
zuschwören. Zum Beispiel belobigten sie in der Zeit der Nachwende
das >>Freiwerden von der geistigen Lüge, der marxistischen Ideologie<<
und wandten sich gegen >>Materialismus, Atheismus, Hedonismus<<.[3]

1 Der Wahrheit verpflichtet, Faltblatt der Universität von Navarra, Pamplona, Februar 1998, S. 4.
2 Kardinal Joseph Höffner, Brief an den Pfarrverweser von St. Mariä Himmelfahrt
in Köln-Holweide, in: PEK/Dokumente, Nr. 184, 3.9.1984.
3 Horizont, Oster-Pfarrbrief, St. Pantaleon Köln, 2/90.

Der Opus-Dei-Pfarrer, Peter von Steinitz, provozierte mehr und mehr einen offenen Aufruhr in der Pfarrei. Autoritär nahm er viele Gemeinde-Aktivitäten selbst in die Hand und förderte einseitig bestimmte Frömmigkeitsformen. Die Opposition warf ihm eine ausgeprägte Gehorsamsvorstellung vor, eine Verschleierungstaktik im Umgang mit Kirchenmitgliedern und eine vorkonziliare Einstellung, die voll durchschlug, als in der Kirche wieder Chorschranken eingeführt wurden: Zu den Sonntagsgottesdiensten kamen vor allem Mitglieder des Opus Dei aus der Umgebung. Ihnen sollte ermöglicht werden, sich beim Kommunionempfang hinzuknien und die Hände auf die Kommunionbank legen zu können. Damit war die Mundkommunion wieder eingeführt.

Der autoritäre Stil des Opus-Dei-Pfarrers mündete in einen Eklat: Acht der zwölf gewählten Mitglieder des Pfarrgemeinderates – also zwei Drittel derjenigen, die von der Gemeinde demokratisch gewählt worden waren – erklärten ihren Austritt aus dem Gremium. Sie begründeten: »Wir sind gemeinsam ausgetreten, um ein Zeichen zu setzen. Wir sprechen für viele in der Gemeinde, die aus Angst nichts sagen wollen.« Sie sahen keinen anderen Ausweg, als sich voll Trauer zu anderen Pfarrgemeinden zu orientieren: »Wir haben unsere Heimatpfarrei verloren.« (Vgl. S. 162 f.)

War es das, was die Priester des Opus Dei anvisiert hatten? Jedenfalls hatten sie nun freie Bahn zur Umgestaltung. St. Pantaleon entwickelte sich sozusagen zum geistlichen Zentrum des Opus Dei in seiner Kölner Hochburg. Werksnormen, die schon Escrivá verfestigt hatte, wurden in die Gottesdienstpläne aufgenommen; beispielsweise, täglich den Rosenkranz zu beten und, wie Pfarrer von Steinitz im Januar 2007 predigte: Maria »einzubeziehen mit ihrer Fürsprache« – vor allem im Hinblick auf die Muslime, entsprechend dem Wunsch des Papstes Benedikt, der »mit dem Islam, der so große Bedeutung erlangt hat heute, in den Dialog« kommen möchte. Zwar sei Jesus für den Islam »nur ein Prophet, ein Mensch – das ist natürlich falsch«. Anders sei es bei Maria. »Was den Islam angeht, haben wir da eine Brücke – auch sie verehren Maria und zwar als jungfräuliche Mutter Jesu, das tun ja nicht einmal alle Christen, die die Jungfräulichkeit Mariens übersehen. Und da ist sicherlich eine Brücke, eine Möglichkeit, ins Gespräch zu kommen.«[4] Zu den Normen gehört außerdem das tägliche Angebot der Ohrenbeichte, das pro Woche an mindestens zehn Stunden von Opus-Dei-Priestern präsentiert wird. So ist es nicht nur dem Werksvolk möglich, bei Werkspriestern zu beichten und den schlechten Hirten zu entkommen.[5]

Der Ruf als einer Pfarrei des Opus Dei, die von der »Schmutzflut« freigehalten wird, ziert St. Pantaleon auch heute im Rechtskatholizismus. Unter diesen Vorzeichen wurde die Gemeinde gezielt als die einzige Kölner Pfarrei ausgewählt, die Papst Benedikt XVI. während des Weltjugendtreffens von 2005 besuchte. Der Vatikan hat das Happening geplant und seine Organisation in der Hand behalten – auch wenn er dabei eng mit der Erzdiözese Köln zusammenarbeitete: die Auswahl von St. Pantaleon war unter vatikanischer Regie eine gemeinsame Demonstration des Papstes, der Kölner Diözesanleitung unter Kardinal Meisner und des Opus Dei. Nach St. Pantaleon wurde die Begegnung zwischen Benedikt XVI. und dem weltweiten Priesternachwuchs gelegt. Opus-Dei-Priester von Steinitz begrüßte Seine Heiligkeit: »Herzlich willkommen, Heiliger Vater! ... Die Mehrzahl der Teilnehmer am Weltjugendtag sind junge Leute, die in unserer Zeit, nicht zuletzt durch die Lehren des heiligen Josefmaria Escrivá, ... dem für alle gültigen Ruf zur Heiligkeit zu folgen versuchen.«[6]

Ein Jahr später bedankte sich der Papst, indem er Steinitz zum *Kaplan Seiner Heiligkeit* beförderte.

Escrivá als Motor der katholischen Weltjugend? Immerhin sah der Papst in St. Pantaleon die neue Josefmaria-Kapelle, den Altar und den

---

4 Predigt des Pfarrers Peter von Steinitz am 29.1.2007 im Hochamt von St. Pantaleon Köln (Wortlaut).
5 Kap. 1, Fußnote 17.
6 Begrüßung des Papstes am 19.8.2005 in St. Pantaleon Köln durch Pfarrer Peter von Steinitz (Manuskript).

Opus-Dei-Gründer als eilends präparierte Wachsfigur, und dort traf er auch kurz mit dem Opus-Dei-Chef Echevarría zusammen, der eigens aus Rom eingeflogen war: der römische Nachfolger des hl. Petrus begegnete in St. Pantaleon dem römischen »Nachfolger des hl. Josefmaria«[7] (O-Ton des Opus Dei). Beide kannten sich schon aus mehreren Begegnungen. Beispielsweise war es Echevarría, der im Jahre 1998 dem damaligen Glaubenspräfekten Joseph Ratzinger die theologische Ehrendoktorwürde der bedeutendsten Universität des Opus Dei, nämlich im spanischen Pamplona, verliehen hatte.

Es hatte lange gedauert, ehe sich Kardinal Ratzinger dem Opus Dei so weit angenähert hatte, dass es ihm diese Ehrung zuteil werden lassen konnte; denn in der Regel wird sie nur an Freunde und Gleichgesinnte vergeben. Auf der anderen Seite ist die Gemeinschaft in eigenem Interesse bemüht, bedeutende Kirchenführer für sich zu gewinnen. 1966 habe Escrivá seiner Führungscrew anvertraut, mit Karrieren, mit Doktortiteln und Ordenslametta, die »ohne Prüfungen« erhältlich seien, könne das Werk »viele Menschen zu unserem Apostolat locken«[8], berichtete die ehemalige spanische Opus-Dei-Leiterin María Angustias Moreno.

Außer Ratzinger hat nur ein einziger weiterer deutscher Bischof diesen Doktorhut erhalten: Franz Hengsbach (1910-1991) aus Essen wurde 1974 von Escrivá, dem er in Freundschaft[9] (O-Ton Hengsbach) verbunden war, persönlich ausgezeichnet.[10] Er hatte sich nach dem Zweiten Vatikanischen Konzil auf das Opus Dei zubewegt – gleich dem Kölner Kardinal Joseph Höffner, der zwar nicht mehr zu seinen Lebzeiten, aber doch posthum von der Prälatur honoriert wurde: 1997 benannte sie die repräsentative Aula ihres römischen

---

7 Horizont 2005/2006, Pfarrbrief St. Pantaleon Köln, S. 26.

8 María Angustias Moreno, La Otra Cara del Opus Dei, Barcelona 1978, S. 32 f.

9 Franz Hengsbach, Ging in J. Escrivá de Balaguer ein moderner Heiliger von uns?, in: Ruhrwort, Essen 34/75, S. 10.

10 Leo Scheffczyk war bereits Ehrendoktor in Pamplona, als er Kardinal wurde.

Ateneo, der späteren Opus-Dei-Universität vom Heiligen Kreuz, nach ihm.[11]

Höffners und Hengsbachs Zuwendung war ein Erfolg der Strategie des Opus Dei, auch in die katholische Kirche von oben nach unten einzusteigen. Um die »Schmutzflut« wie den vermeintlichen Irrtum einzudämmen und eine rechtgläubige Kirche zu verteidigen, wurde jeder Kirchenmann, der wichtig war oder es werden konnte, ins Zentrum der römischen Opus-Dei-Priester eingeladen.[12] Schon 1970 kam zum ersten Mal Kardinal Karol Wojtyla aus Krakau, der spätere Papst Johannes Paul II. Unter seiner Ägide ist das Opus Dei zum mächtigsten kirchlichen Global Player aufgestiegen.

Dagegen hielt sich Joseph Ratzinger gegenüber dem Opus Dei lange zurück. Doch unter der wachsenden Macht der Organisation begab er sich – wie andere Bischöfe und Kardinäle – auf den Weg des Gesinnungswandels. Als Escrivá 1992 selig gesprochen wurde, outete er sich als neuer Sympathisant des spanischen Werkes.

In dem Buch »Die Welt – eine Leidenschaft. Charme und Charisma des Seligen Josemaría Escrivá«, das die deutschen Opus-Dei-Priester Becker/Eberle herausgaben und in dem mindestens sieben der neun Autoren dem Opus Dei angehörten, stand sein Artikel an der Spitze.[13] Unbemerkt von vielen dehnte der Glaubenspräfekt anschließend seine Belobigung Escrivás auch auf das Opus Dei selbst aus. Die Prälatur nutzte gern seine theologischen und kirchenpolitischen Erkenntnisse über Escrivá als Plädoyer für ihre weithin angezweifelte Glaubwürdigkeit. Sie lud ihn deshalb gern zu Kongressen ein. Zum Beispiel hielt er 1993 in Rom den Eröffnungsvortrag auf ihrem theologischen Symposion, das sich mit Padre Escrivá beschäftigte. Schließlich folgte dann die theologische Ehrendoktorwürde der spanischen Opus-

---

11 Scoprimento della lapide nell'Aula, Cardinale Joseph Höffner, 30 Ottobre 97, Roma, Pontificio Ateneo della Santa Croce.
12 V. Felzmann/P. Hertel, S. 213.
13 Joseph Kardinal Ratzinger, Wollen, was Gott will, in: Becker/Eberle, S.10-17.

Geheimpriester

Die Priester und Bischöfe, die zur Personalprälatur Opus Dei gehören, sind in der Regel bekannt, weil sie öffentlich als Opus-Dei-Mitglieder zu Priestern geweiht worden sind. Sie zählen von Amts wegen zur »Priestergesellschaft vom Heiligen Kreuz« und bilden ihre Führungsgruppe. Die eigentlichen Zielpersonen, die mit der Priestergesellschaft erreicht werden sollen, sind Diözesanpriester, Bischöfe und womöglich Kardinäle, die keine Mitglieder des Opus Dei sind und, da sie bereits in Diözesen inkardiniert sind, es formalrechtlich auch nicht mehr werden können. Aber praktisch sind sie Gefolgsleute der Geheimorganisation: sie leben nach ihren Normen, unterstehen und gehorchen dem Leiter des Opus Dei als ihrem Generaloberen. Nach Angaben des deutschen Opus Dei beträgt ihre Zahl weltweit 2000. Ihre Namen werden in der Regel geheim gehalten. Sie müssen nicht einmal ihren Bischof bzw. Erzbischof über ihre Option unterrichten.

Zur Priestergesellschaft gehörten aus dem Diözesanklerus, soweit namentlich enthüllt, zu Beginn des Jahres 2007 zwei Erzbischöfe, zehn Bischöfe als Leiter einer Diözese oder Territorialprälatur, zwei Weihbischöfe und drei emeritierte Bischöfe (Liste, S. 183-184). Von den zehn Bischöfen, die einen Sprengel leiten, wurden bis auf einen einzigen alle in ungewöhnlicher Weise Oberhirten – nämlich indem sie ohne Mitwirkung bzw. Beteiligung der Diözesen, die sie leiten, vom Papst direkt in ihre Ämter gehievt wurden: als Koadjutoren eines amtierenden Bischofs mit dem Recht der Nachfolge oder als Leiter von Territorialprälaturen. Nicht selten kommt, wenn überhaupt, erst nach ihrer Amtsübernahme heraus, dass sie an das Opus Dei gebunden sind. Womöglich wären nicht alle auf ihren Leitungsposten gelangt, jedenfalls nicht ohne Widerstand in den betroffenen Diözesen, wenn der übliche Weg gewählt worden wäre.

Dei-Universität. 2002 stellte Ratzinger in Anwesenheit Echevarrías der Öffentlichkeit das Buch »Opus Dei – Il messagio, le opere, le persone«[14] (Opus Dei – Botschaft, Werke, Personen) vor, das von der Geheimorganisation angeregt worden war. 2003 berief er den aus Deutschland stammenden Monsignore Georg Gänswein, der nicht nur Mitglied der Glaubenskongregation, sondern auch Dozent der römischen Opus-Dei-Universität vom Hl. Kreuz war, zu seinem Privatsekretär. Gänswein gehört zwar nicht dem Opus Dei an, aber üblicherweise lässt der Geheimbund keinen Priester, der nicht wenigstens Mitglied seiner Priestergesellschaft vom Heiligen Kreuz ist, an seinen Universitäten unterrichten.

Nun konnte niemand mehr zweifeln: aus dem Kritiker Ratzinger von einst war ein herausragender Sympathisant des Opus Dei geworden.

Rückendeckung bei der Papstwahl

Am Konklave, aus dem Joseph Ratzinger als Papst hervorging, scheinen das Opus Dei und sein Umfeld nicht unerheblich beteiligt gewesen zu sein, behaupten jedenfalls kenntnisreiche Beobachter. Bereits zwei Tage nach der Wahl Benedikts berichtete die *Washington Post*[15] unter Berufung auf zwei Mitarbeiter nicht-amerikanischer Kardinäle, Ratzinger sei unter starker Rückendeckung drei mächtiger Kurienkardinäle in das Konklave eingezogen. Der Bericht, der sich weitgehend auf Informationen und wörtliche Aussagen von Kardinälen stützte, nannte als Wahlhelfer des Glaubenspräfekten: Julian Herránz Casado, den damaligen Präsidenten des Päpstlichen Rates zur Auslegung des Kanonischen Rechts (der 2007 aus Altersgründen aus seinem Amt schied); Dario Castrillon Hoyos, den Präsidenten der Päpst-

14 San Paolo, Cinisello Balsamo (Mi) 2002.
15 At Conclave – A Prediction And Promise, Washington Post Foreign Service, Thursday, April 21, 2005; S. A01.

lichen Kommission »Ecclesia Dei«; Alfonso Lopez Trujillo, den Präsidenten des Päpstlichen Familienrates. Herranz ist Opus-Dei-Mitglied. Castrillon Hoyos und Lopez Trujillo waren schon als Bischöfe in Kolumbien beflissene Förderer des Opus Dei. Im Vatikan avancierten sie zu seinen potentesten Freunden.

Nachdem Joseph Ratzinger auf den Papstthron gelangt war, stellte Bischof Javier Echevarría Rodríguez, der Chef des Geheimbundes, fröhlich fest, auf der »Ebene der Verbundenheit« mit dem Opus Dei gebe es »keine Unterschiede« zwischen Johannes Paul II. und Benedikt XVI. Der deutsche Papst kenne die Vereinigung sogar noch genauer als der polnische bei seinem Amtsantritt.[16]

Echevarrías Euphorie bewirkte zunächst Kopfschütteln: eine solch große Nähe zum Opus Dei, wie Papst Wojtyla sie mitbrachte, hatte die Öffentlichkeit über Ratzinger bis dahin nicht gehört. Sollte die Bindung Benedikts XVI. tatsächlich noch enger als die des Vorgängers sein, der als Fan des Opus Dei bekannt war?

Gewiss spiegelt Echevarrías Behauptung eine Portion Selbstüberschätzung wider. Aber kein Zweifel: Die Pro-Opus-Dei-Linie seines Vorgängers setzt der Ratzinger-Papst beharrlich fort. Als Papst nahm er seinen persönlichen Sekretär Gänswein, der, wie erwähnt, unter anderem beim Opus Dei tätig gewesen war, mit in den Apostolischen Palast; wie im Übrigen aber auch seine langjährige Mitarbeiterin, die ehemalige Hamburger Musikprofessorin Ingrid Stampa, die unter anderem für den Haushalt des Glaubenspräfekten zuständig gewesen war. In der Umgebung des Papstes blieb sie jedoch nicht lange: Auf Veranlassung des feschen Prälaten Gänswein fand sie sich plötzlich zu ihrer eigenen Überraschung im Staatssekretariat wieder. Statt ihrer umhegen den Papst nun vier Damen, die sich einem ungewöhnlichen, dem weiblichen Zölibat verschrieben haben.

16 Bischof Echevarría: Benedikt XVI. kennt das Opus Dei besser als Johannes Paul II. zu Beginn seines Pontifikates, Informationsbüro des deutschen Opus Dei, 15.8.2005.

Kurz nach der Begegnung in Köln traf Benedikt XVI. erneut den Opus-Dei-Chef. An der Außenseite des Petersdoms in Rom wurde eine fünf Meter hohe Marmorskulptur Escrivás aufgestellt. Der klerikale Opus-Dei-Gründer der angeblich laikalen Organisation gehört nun, im Messgewand positioniert, zu den 150 Heiligen, deren Standbilder dort stehen. Am Sockel Escrivás sind zwei päpstliche Wappen eingemeißelt – das eine von Johannes Paul II., der die Idee hatte, Escrivá im Herzen der katholischen Zentrale steinern zu verewigen; das andere von Benedikt XVI., der sie vollendete. Auch ließ er es sich nicht nehmen, die Statue persönlich zu segnen. Bischof Echevarría Rodríguez dankte ihm bei der Zeremonie in warmen Worten.

Bereits Ende 2006 hatten dann unter dem neuen Papst sechs Priester aus der Mitgliederschaft der Prälatur und aus ihrer Priestergesellschaft (soweit herauszufinden) leitende Bischofsstühle übernommen. Nicht zuletzt die florierende Zahl ihrer Bischöfe erzählt von der wachsenden Macht der Organisation: Wenn von den 1977 Priestern der Personalprälatur 22 Bischöfe sind, bedeutet das: Auf 89 Priester des Opus Dei kommt ein Bischof. Bedenkt man dann aber, dass sich die Priester des Opus Dei laut seinen päpstlich genehmigten Statuten vor allem um die Gläubigen der Personalprälatur kümmern, aber nicht Diözesen leiten sollen,[17] dann wird klar: Mit der Aufwertung des Opus Dei zur Personalprälatur im Jahre 1982 war seine Privilegierung längst nicht abgeschlossen. Konsequent wird es in kirchliche Schaltstellen in Diözesen und im Vatikan hochgeschossen.

Zu den Bischöfen der Prälatur kommen diejenigen Bischöfe (und womöglich Kardinäle) der Priestergesellschaft vom Heiligen Kreuz, die nicht in die Prälatur, sondern in Diözesen inkardiniert sind. 17 davon sind namentlich bekannt. Ihre Anzahl dürfte aber wesentlich höher sein.

Die Klerikerquote der Organisation, die einst als »Laienvereinigung« angetreten war, steigt und steigt. Inzwischen kommt auf 37 Lai-

17 Codex Iuris Particularis Operis Dei (»Statuten«), Rom 1982, Nr. 4, §1; Nr. 38.

en des Opus Dei, von denen ohnehin etwa die Hälfte unverheiratet ist oder zölibatär lebt, ein Kleriker der Prälatur (88 145: 2337).[18] Auffällig, dass die vatikanische Kleruskongregation stark mit Spitzen des Opus Dei besetzt ist.

Die Klerikalisierung des Opus Dei geht Arm in Arm mit einer Papalisierung. Das Opus Dei ist zur servilen Leibwache des Papstes geworden: Außer den 22 Bischöfen hat die Prälatur insgesamt 95 Päpstliche Prälaten und Hauskapläne (Namenslisten: Anhang 3, Seite 185 f.) sowie neun Priester, die ohne Titel in der römischen Kurie tätig sind. Dazu kommen mehr als zehn Priester, die in päpstliche Akademien in Rom berufen worden sind. Unterm Strich: Von 14 Priestern des Opus Dei hat einer ein Amt oder einen Titel, die der Papst verleiht. Um 1990 war es nur einer von etwa 100 Priestern. In dieser Aufzählung sind die Diözesanpriester der Priestergesellschaft vom Heiligen Kreuz, die weitgehend unbekannt sind, nicht enthalten.

Aber auch hier ließe sich einwenden, durch einige eigene Oberhirten, eine Reihe von befreundeten Bischöfen und Kardinälen sowie päpstlich Berufene und eine unbekannte Zahl von Bischöfen bzw. Kardinälen in seiner Priestergesellschaft werde noch lange nicht die große Macht begründet, die dem Opus Dei nachgesagt wird. Daran ist richtig, dass sie nicht auf einzelnen Mitglieder oder Sympathisanten in einem einzelnen Land fußt. Wichtiger ist beispielsweise, dass die Geheimorganisation[19] durch diese Gefolgschaft weltweit an Informationen gelangt, die sie zur Machtausübung benötigt: Die Informationen fließen in ihre römische Zentrale, können dort ausgewertet werden und dem geheimen Wirken dienen.

18 Die Berechnungen ergeben sich auf Grund der Angaben im Annuario Pontificio 2007, a. a. O., S. 1071.

19 Nach dem Urteil des schweizerischen Bundesgerichts in Lausanne vom 5. April 1988 darf behauptet werden, das Opus Dei verstehe sich als »Geheimorganisation«. Eine Opus-Dei-nahe Vereinigung hatte den Prozess angestrengt, aber verloren.

Die Mitglieder des Opus Dei sind ja ihrem Prälaten zu blindem[20] Gehorsam verpflichtet. Jedes einzelne Mitglied hat eine/n persönliche/n Leiter/in, der/die ihn kontrollieren kann. In den Regionen des Opus Dei wird eine detaillierte Mitgliederkartei geführt, in die alles Wichtige aufgenommen ist. Daten werden mit Passfoto nach Rom weitergemeldet. Ähnlich haben auch die Kleriker der Priestergesellschaft dem Prälaten des Opus Dei zu folgen, wenngleich sie juristisch ihren diözesanen Oberhirten unterstehen.

Gerade solche Methoden sichern dem Opus Dei dauerhaft den Zugang an die Hebel der Kirchenmacht, weil sie sein Wissen enorm vermehren, ihm gezielt globalisiertes Handeln erlauben und in kirchlichen Amtsstuben Angst hervorrufen: Man weiß, dass die Geheimorganisation da ist; aber nur selten sind Mitglieder, Mitarbeiter und geheime Informanten zu erkennen. Vorsicht und Zurückhaltung können Scheren im Kopf ihrer Opponenten erzeugen und damit die eigene Macht vergrößern.

Auf den rasanten Aufstieg des Opus Dei in den neunziger Jahren lassen darüber hinaus die Jahreszahlen der Ernennung seiner päpstlichen Prälaten und Hauskapläne schließen (Vgl. Anhang 3, Seite 185 f.). Weil sich die spanische Gründung vor allem in Spanien und Lateinamerika breitgemacht hat und weil seine spanischen Priester in viele andere Länder ausschwärmten, trägt der päpstliche Hofadel des Opus Dei überwiegend spanische Namen.

Opus Dei im päpstlichen Verwaltungsapparat

Der wachsende Einfluss des spanischen Unternehmens im Herzen der katholischen Weltkirche zeigt sich außerdem an der relativ starken Berufung von Opus-Dei-Mitgliedern in päpstliche Kongregationen, Räte und Kommissionen, also in den Verwaltungsapparat des Papstes.

---

20 J. Escrivá, Camino, Nr. 941. Vgl. auch Fußnote 35 im 10. Kap.

Die Übersicht kann nicht vollständig sein, weil die Identitäten einer unbekannten Zahl von Opus-Dei-Mitgliedern, vor allem der Diözesanpriester in der Priestergesellschaft, nicht offengelegt werden und weil sie aus dem vatikanischen Jahrbuch wie aus den Opus-Dei-Verlautbarungen *Romana* nur teilweise ersichtlich sind.

Staatssekretariat. Im zentralen Leitungsorgan des Heiligen Stuhls, dem Nerven- und Kommunikationszentrum, sitzt der Opus-Dei-Priester Stefano Miglorelli als Mitglied des Leitungsteams. Auch der Priester Osvaldo Neves de Almeida ist dort beschäftigt. Titular-Erzbischof Justo Mullor García (Priestergesellschaft vom Heiligen Kreuz) ist Konsultor (Berater). Außerdem ist er Präsident der Päpstlichen Akademie für den diplomatischen Dienst, in der künftige Diplomaten des Heiligen Stuhls herangebildet werden. Aus den USA ist bekannt, dass zölibatäre Numerarierinnen, sogenannte »Opus Dei nuns«, in Päpstlichen Botschaften beschäftigt werden, weil sie preisgünstig zu bekommen sind. Auf diese Weise spart der Heilige Stuhl Kosten, und das Opus Dei hat seine Leute in dieser Schaltstelle. Zum Beispiel beschäftige die Päpstliche Nuntiatur in Deutschland, wie es der ehemalige Bonner Nuntius Lajos Kada sagte, zwei »Mädels vom Opus Dei«.

Kongregation für die Glaubenslehre. In der wichtigsten der Kongregationen, die über den Glauben wachen, hat das Opus Dei seinen Kardinal Julián Herranz Casado sowie vier weitere hochpositionierte Konsultoren: die Priester Fernando Ocáriz (Generalvikar des Opus Dei) sowie Angel Rodríguez Luno (aus dem Lehrkörper seiner römischen Universität), Antonio Miralles (ehemals Dekan der Theologischen Fakultät an dieser Einrichtung) sowie Carlos José Errázuriz Mackenna (ehemals Dekan ihrer Kirchenrechtlichen Fakultät).

Kongregation für den Gottesdienst und die Sakramentenordnung. In dieser Kongregation, die unter anderem die rechte Liturgie verficht und »Wildwuchs« zu verhindern sucht, wirken drei Mitglieder des Opus Dei: seine beiden Kardinäle Juan Luis Cipriani Thorne und Julián Herranz Casado sowie der Kirchenrechtler Carlos José Errázuriz Mackenna.

Kongregation für die Selig- und Heiligsprechungen. Eine Kongregation, die für das Opus Dei besonders wichtig ist: Sie hat nicht nur den Selig- und Heiligsprechungsprozess Escrivás durchgeführt, sondern weitere Seligsprechungen für Mitglieder des Opus Dei ins Auge gefasst, zum Beispiel die des 1994 verstorbenen Prälaten Alvaro del Portillo. Entsprechend stark ist die Organisation vertreten. Zu den Mitgliedern zählen Kardinal Juan Luis Cipriani Thorne und Titular-Bischof Javier Echevarría Rodríguez, der Prälat des Opus Dei. Dem zentralen fünfköpfigen Steuerungsgremium »Kollegium der Relatoren«, das vom Dominikanerpater Ambrosius Eßer, einem Fan Escrivás (s. S. 94 f.), geleitet wird, gehört der Opus-Dei-Priester José Luis Gutiérrez Gómez an. Konsultoren sind die Opus-Dei-Priester Joaquín Alonso Pacheco, Miguel de Salis und Alfonso Chacón.

Kongregation für die Bischöfe. Sie befindet unter anderem über die Besetzung von Bischofsstühlen (wenngleich der Papst letztlich entscheidet) – außer in Missionsgebieten und bestimmten Staaten, zum Beispiel Deutschland, wo auf Grund besonderer Verträge zwischen dem Heiligen Stuhl und dem Staat das Staatssekretariat zuständig ist. In der Bischofskongregation hat das Opus Dei als Mitglied Titular-Erzbischof Julián Herránz Casado und als Konsultor den Priester Eduardo Baura de la Peña.

Kongregation für die Evangelisierung der Völker. In dieser Kongregation, die unter anderem über die Bischofsernennungen in den Missionsländern entscheidet, hat das Opus Dei seinen Kardinal Julián Herránz Casado und als Konsultor den Priester Francesco di Muzio.

Päpstliche Kommission für Lateinamerika. Die Kommission steuert die Kirchenpolitik, aber auch Geldmittel für Lateinamerika. Hier hat das Opus Dei seine beiden wichtigsten und mächtigsten lateinamerikanischen Bischöfe: Kardinal Juán Luis Cipriani Thorne und Erzbischof Fernando Sáenz Lacalle.

Kongregation für den Klerus. Sie wacht unter anderem über die römische Ausrichtung des Klerus und die Verteidigung der priesterlichen Aufgaben gegenüber den Laien, beschäftigt sich mit der Sicherung der Männerkirche und mit Entlassungen aus dem Priesterstand. Dort hat das Opus Dei eine hochkarätige Truppe: Kardinal Julián Herránz Casado und Bischof Klaus Küng; dazu kommen drei Opus-Dei-Priester: Fernando Ocariz, Generalvikar des Opus Dei; Antonio Miralles, ehemals Dekan der Theologischen Fakultät seiner römischen Universität, und Juan Ignacio Arrieta Ochoa de Chinchetru, eines seiner wichtigsten Mitglieder im Vatikan: er hat sieben Ämter inne.

Kongregation für das Katholische Bildungswesen. Hier befinden sich als Konsultoren: die Opus-Dei-Priester Lluis Clavell Ortiz-Repiso und Gonzalo Herránz Rodríguez.

Besonders die kanonischen (rechtlichen) Institutionen des Vatikans sind stark mit Opus-Dei-Leuten durchsetzt. Kein Wunder, denn das Denken ist im Opus Dei eher juridisch und juristisch-strukturell. Viele seiner Priester sind Kanonisten.

Oberster Gerichtshof der Apostolischen Signatur. Mitglieder: Kardinal Julián Herranz Casado; Titular-Bischof Javier Echevarría Rodríguez; Berichterstatter: Priester Joaquín Llobell; Referent: Priester Juan Ignacio Arrieta Ochoa de Chinchetru.

Päpstlicher Rat für die Interpretation von Gesetzestexten mit Kardinal Julián Herránz Casado und Bischof John Joseph Myers (Priestergesellschaft vom Heiligen Kreuz); Sekretär: der Priester Juan Ignacio Arrieta Ochoa de Chinchetru; Konsultoren: die Priester Carlos José Errázuriz Mackenna, José Luis Gutiérrez Gómez; dazu: M. Alberto de la Hera, Leitender Direktor für Religionsfragen im spanischen Justizministerium.

Außerdem richtet das Opus Dei seine Kräfte stark auf die Institutionen des Lebensschutzes und der Familie.

Päpstlicher Rat für die Familie. Hier sind Konsultoren: die Opus-Dei-Priester Ignacio Carrasco de Paula und Juan Ignacio Arrieta Ochoa de Chinchetru. Als Mitglieder des Opus Dei gelten die Ratsmitglieder Jean Marie und Anouk Meyer aus Frankreich, Alberto und Cristina de Vollmer Herrera aus Kolumbien sowie die Konsultorinnen Christine Boutin aus Frankreich und Janne Haaland Matlary aus Norwegen.

47

Päpstlicher Rat für Gerechtigkeit und Frieden (Iustitia et Pax): als Opus-Dei-Mitglied gilt Ratsmitglied Janne Haaland Matlary aus Norwegen.

Päpstlicher Rat für die Pastoral im Krankendienst. In diesem Gremium geht es unter anderem um Probleme der Bioethik und der Abtreibung. Mitglied M. Juan de Dios Vial Correa, Rektor der Katholischen Universität von Santiago de Chile, gilt als Opus-Dei-Mitglied wie auch Birthe Lejeune (Frankreich) und Alain F. G. Lejeune (Belgien). Konsultor: Opus-Dei-Priester Ignacio Carrasco de Paula.

Päpstliche Akademie für das Leben (Pro Vita). Kanzler ist der Opus-Dei-Priester Ignacio Carrasco de Paula. Als weitere Opus-Dei-Mitglieder sind bekannt: der Priester Angel Rodriguez Luno und der Laie Gonzalo Herranz Rodríguez. Das Mitglied Cristina Vollmer wird allgemein als Mitglied des Opus Dei bezeichnet.

Auch in folgenden Einrichtungen sitzen Opus-Dei-Mitglieder:

Päpstlicher Rat für die Kultur. Konsultor: der Priester Lluis Clavell Ortiz-Repiso.

Päpstlicher Rat für die Laien. Mitglied: Kardinal Julián Herránz Casado; Konsultor: der Priester Luis Felipe Navarro.

Päpstlicher Rat für die sozialen Kommunikationsmittel. Konsultoren: Russell Shaw, Norberto González Gaitano.

Päpstliche Kommission »Ecclesia Dei«. Sie dient traditionalistischen Vereinigungen wie der Petrus-Bruderschaft (romtreuer Zweig der Lefebvre-Bewegung), dem französischen Traditionalistenzentrum, nämlich dem Benediktinerkloster Barroux und den »Pfadfindern Mariens« (SJM/KPE). Mitglied ist Kardinal Julián Herránz Casado. Als Ständiger Experte gehört ihr an: Fernando Ocáriz, Generalvikar des Opus Dei.

Päpstliche Akademie des Heiligen Thomas von Aquin. Diese Hochschule erarbeitet zum Beispiel päpstliche Enzykliken. In ihrem Akademischen Rat ist Monsignore Lluis Clavell Ortiz-Repiso. Zu den Akademiemitgliedern gehören fünf weitere Opus-Dei-Mitglieder: die

Priester Antonio Livi, Alejandro Llano, Luis Romera, Martin Rhonheimer und Rafael Tomás Caldera.

Auch gegen diese Aufzählungen könnte man einwenden: Einige Mitglieder des Opus Dei im großen Apparat der Kurie begründen noch keinen starken Einfluss. Das ist richtig. Aber andererseits:

Jede Kurienabteilung hält häufiger ordentliche Sitzungen, doch nur jährlich oder alle zwei bis drei Jahre Plenarsitzungen. Zu den ordentlichen Sitzungen werden jene Mitglieder eingeladen, die sich in Rom aufhalten. Dass zahlreiche Mitglieder des Opus Dei in Rom wohnen, zeigt schon die ungewöhnliche Zahl der Wohnzentren des Opus Dei in der Ewigen Stadt (s. S. 206); es sind mindestens sieben. Auf den ordentlichen Konferenzen der Kurienabteilungen werden Beschlüsse gefasst, die auf den Plenarsitzungen meist nur noch abgehakt werden. Wer aber, wie die meisten der kurialen Mitarbeiter des Opus Dei, in Rom wohnt, kann umso eher an entscheidende Details kommen und vatikanische Entscheidungen beeinflussen.

In der Tat hat das Opus Dei überall seine eigenen Leute, die Informationen zusammentragen. Aus diesen Gründen dürfte das Werks-Gehirn, nämlich Prälat Echevarría und sein klerikales Berater-Quartett, ausgezeichnet über das weltkirchliche Gesamtgeschehen informiert sein. Das gibt Möglichkeiten, sich frühzeitig einzuschalten, das vergrößert die Macht der Geheimorganisation. Und dann kann der römische Chef der weltweiten Personalprälatur seine Truppen global an den Diözesanbischöfen vorbei instruieren.

»Kämpft, meine Kinder, kämpft. Handelt nicht wie diejenigen, die sagen, dass die Firmung uns nicht zu Soldaten Christi macht. Vielleicht sagen sie es, weil sie nicht kämpfen wollen. Und so sind sie, was sie sind: besiegte Menschen, unterworfene Menschen, glaubenslose Menschen, gefallene Seelen wie der Satan.«[1] **Josemaría Escrivá, Gründer des Opus Dei**

3. Kapitel

Warnung vor dem Satan

Escrivás Mobilmachung gegen die Schmutzflecken des Marxismus und Atheismus, der losgelassenen Sinnlichkeit und Verblödung prägt weiterhin das Opus Dei. Zum einen wehrt es sich gegen den angeblichen Sittenverfall, zum anderen gegen eine Kirche des Volkes Gottes, wie sie von der politischen Theologie, insbesondere der vermeintlich marxistischen Befreiungstheologie Lateinamerikas, angestrebt wird. Der Streit um die Theologie der Befreiung tobt nun seit 40 Jahren. Unter Benedikt XVI. wird er in unerbittlicher Härte weitergeführt. Kein Wunder. Von den 1,2 Milliarden Katholiken lebt etwa die Hälfte auf dem amerikanischen Subkontinent.

Den militärischen Appell, das Opus Dei solle eine »neue Maginot-Linie«[2] errichten, verkündete 1994 sein Chef, Bischof Javier Echevarría, in einer Botschaft an den »Panamerikanischen Kongress für Familie und Erziehung« des Opus Dei im Vorfeld der Kairoer Weltbevölkerungskonferenz (1994) und der Pekinger Frauenkonferenz (1995). Dem Vatikan galten die beiden Konferenzen als sehr brisant im Hin-

1 J. Escrivá, in: Crónica, 1972, Heft 2.
2 Einführung, Fußnote 12.

blick auf Moral und Sexualität. Echevarría ließ den Kongress wissen, der Papst fordere einen »großen Verteidigungswall« gegen das »hedonistische Konsumdenken«, das, aus Europa kommend, die Entwicklungsländer zu befallen drohe.

Außer mit dem Hedonismus stehen die »Soldaten Christi«, die sich nicht gleich glaubenslosen Menschen dem Satan unterwerfen sollen, weiterhin mit dem Marxismus auf Kriegsfuß. Für Erzbischof Fernando Sáenz Lacalle in El Salvador ist die Theologie der Befreiung »eine Relecture des Evangeliums mit marxistischer Brille«, die unvermeidlich in den Klassenkampf führe. Opus-Dei-Kardinal Juan Luis Cipriani Thorne, der Erzbischof von Lima, ließ per Internet seine Privatoffenbarung verbreiten, wonach die Befreiungstheologie Gott selber[3] beleidige. Cipriani schmähte die Armen: in Peru könne »von Armut keine Rede« sein; denn die »Bauern und Arbeiter würden ihr Geld für Trinkgelage verschwenden und sich bei religiösen Festen vergnügen«.[4]

Hedonismus und Marxismus sind die beiden Flügel ein und derselben Windmühle, wie wir sie aus dem spanischen Ursprungsland des Opus Dei kennen. Um die bigotte Quichotterie aufzudecken, ist ein Blick auf die Jahre nach dem Zweiten Vatikanischen Konzil notwendig, und zwar zunächst auf zwei Ereignisse von 1968.

Ereignis 1: Am 25. Juli 1968 erließ Papst Paul VI. die Enzyklika »Humanae vitae«. Damit begann die Krise um die Autorität des Papstes, die auch heute noch ein beherrschender Konflikt in der katholischen Kirche ist. Knapp drei Jahre nach dem Ende des vatikanischen Reformkonzils hatte Papst Paul VI. den katholischen Christen die künstlichen Mittel der Empfängnisregelung verboten, »die Pille«, wie es verkürzt hieß. Sein Lehrschreiben hatte eine fatale Folge. Die Auto-

---

3 Juan Luis Cipriani, Befreiungstheologie beleidigt Gott selber, in: kreuz.net – katholische nachrichten, 31.10.2004.
4 Peter Burghardt, Juan Luis Cipriani, in: Süddeutsche Zeitung, München, 2.1.1997, S. 4.

rität des Papstes, die sich grundsätzlich auf Fragen des Glaubens und der Sitte – »fides et mores« – bezieht, wurde seit 1968 mehr und mehr mit dem Bereich der Sexualität zusammengebracht, attackiert und von vielen ganz abgelehnt.

In Deutschland probten die katholischen Bischöfe auf einer außerordentlichen Vollversammlung in Königstein den Aufstand. Angeführt wurde er vom Münchner Kardinal Julius Döpfner (1913-1976), der als Bischofsvorsitzender mit seinem Rücktritt drohte und sich so gegen die Hardliner um den Kölner Kardinal Joseph Höffner durchsetzte. Zum Abschluss ihrer Sonderversammlung erklärten die Bischöfe:

»Die Lehre der Enzyklika über die Methoden der Geburtenregelung ist eine authentische, das heißt mit Amtsautorität vorgetragene, aber nicht unfehlbare Entscheidung … Im vergangenen Jahr haben wir … auf die Notwendigkeit und den Verpflichtungsgrad von Aussagen des kirchlichen Lehramtes zu Fragen des christlichen Lebens hingewiesen. Dabei haben wir auch die Möglichkeit nicht ausgeschlossen, daß ein katholischer Christ aus ernstzunehmenden Gründen glaubt, von einer nicht mit Unfehlbarkeit verkündeten Entscheidung des kirchlichen Lehramtes abweichen zu sollen. Offensichtlich sind viele gewissenhafte Katholiken, Priester und Laien, davon überzeugt, daß für sie in der Frage der Methoden der Geburtenregelung dieser Fall gegeben ist.«[5]

Kurz und klar: Grundsätzlich sind die Katholiken an die päpstliche Verordnung gehalten. Aber wer meint, dass er ihr nach ernsthafter Prüfung nicht folgen kann, darf sich nach seiner anderslautenden Gewissensentscheidung richten. Denn ein solches Lehrschreiben, eine päpstliche Enzyklika, ist nicht unfehlbar. Die Bischöfe forderten dazu auf, dies bei der Verkündigung der Enzyklika deutlich zu sagen. Andere Bischofskonferenzen, so auch die österreichische, folgten ihr mit ähnlichen Erklärungen.

5 Enzyklika »Humanae vitae« ernsthaft bedenken, in: Katholische Nachrichtenagentur, Aktueller Dienst, Nr. 203, 31.8.1968.

Wie nachhaltig Döpfner die vatikanischen Instanzen geschockt hatte, zeigte sich zwei Jahre nach seinem Tode: An der römischen Peterskirche war eine Bronzeplatte mit den Profilen der vier Moderatoren des Zweiten Vatikanischen Konzils angebracht. 1978, zehn Jahre nach der Erklärung von Königstein, wurde das Werk ausgewechselt: Man sah nur noch drei Köpfe; es fehlte derjenige, der Döpfner andeutete.

Ereignis 2: Auch in Lateinamerika begehrten Bischöfe gegen die vatikanische Linie auf. 1968 – also im Jahr der deutschen Bischofsrebellion – beschloss die lateinamerikanische Bischofsversammlung im kolumbianischen Medillín, der Geist des Zweiten Vatikanischen Konzils solle in den konkreten Verhältnissen von Lateinamerika Gestalt annehmen: der Geist einer Kirche, die sich nicht fest und unveränderlich eingerichtet hat, sondern unterwegs ist. Von unten her sollten neue kirchliche Strukturen aufgebaut werden – Basisgemeinden, eine *Kirche des Volkes*. Auch das war bischöflicher Aufruhr gegen das traditionelle kirchliche System.

Einer Kirche, die jahrhundertelang Stütze der Reichen gewesen war, verordneten die bischöflichen Therapeuten die »Befreiung der Armen« – als dem »Mittelpunkt« der »Verkündigung des Gottesreiches«. Die Konzilstheologie des Volkes Gottes ließ sie eine neuartige Arznei für eine menschenfreundliche Kirche entdecken: nicht die Leiter sind es, welche die Befreiung oben einträufeln, damit die Medizin unten wirke; sondern das Volk erforscht und erarbeitet sich mit ihnen die Heilmittel für seine Befreiung.

Vielerorts hatte diese politische Theologie sichtbare Folgen für das Leben der Christen. Bischöfe wie gebildete Laien verließen ihre Amtsstuben, zogen aus Palästen in einfache Häuser um, wechselten ihren gesellschaftlichen Standort und gingen in die Elendsviertel. Dort lebten sie unter landlosen Bauern und armen Fischern, verteidigten ohnmächtige Indianer gegen den Zugriff internationaler Konzerne, boten illegal Streikenden Zuflucht, unterstützten Familienangehörige von Entführten. Sie wandten sich gegen Folter und Mord.

Die lateinamerikanischen Basisgemeinden, die über das Evangelium und die Gesellschaft nachdachten, gelangten auch zu der Forderung nach einer neuen, gerechten Gesellschaft. Und damit wurden sie in lateinamerikanischen Militärdiktaturen zu unerwünschten Volksorganisationen, zu Triebfedern der Veränderung. Gleichzeitig schwächten sie die herrschenden Generäle, die vorgaben, dem Kommunismus zu wehren.

Das spektakuläre Schaufechten gegen die kommunistischen Windmühlenflügel lenkte vom eigentlichen Konflikt ab. Es dauerte einige Zeit, bis er ins Blickfeld kam: Angesichts der beiden geschilderten Ereignisse von 1968 stellte sich letztlich die Frage nach Kirchenstruktur und Autorität, und damit verbunden auch nach der Macht in der katholischen Kirche: Ist der Papst Alleinherrscher? Wie weit gehen die Kompetenzen der Bischöfe? Darf das Kirchenvolk mitentscheiden? Oder sind der jeweilige Bischof in seinem Kompetenzbereich und der Papst in der Weltkirche die alleinigen Regenten?

Schon bald formierte sich Widerstand gegen die entstehende Befreiungstheologie, vor allem unter wohlsituierten Bischöfen Westeuropas. In Deutschland setzte sich der Essener Bischof, Franz Hengsbach, an die Spitze der Rekonstrukteure. Die Gefechte entzweiten in Deutschland sogar die Bischofskonferenz. Hatte zunächst Döpfner im bischöflichen Bruderzwist die Oberhand, so konnten Hengsbach und Höffner, nicht zuletzt mit Hilfe vatikanischen Rückenwindes, immer mehr Punkte sammeln. Hengsbach war der mächtigste Kirchenpolitiker in der Deutschen Bischofskonferenz. Unter anderem war er für ihre weltkirchlichen Aufgaben verantwortlich. Als Chef der Aktion Adveniat konnte er auf Prioritäten bei der Geldvergabe in Lateinamerika hinwirken.

1972 gründeten Höffner und Hengsbach die theologische Zeitschrift *Communio* – als Gegenpol zu *Concilium*. Diese Zeitschrift war 1965 aus der Taufe gehoben worden, damit sie den Geist des Zweiten Vaticanums bewahre und pflege. Die rivalisierende *Communio* wurde vornehmlich von denen unterstützt, die der Meinung waren, die alten kirchlichen

Strukturen verteidigen und Geschlossenheit predigen zu müssen; dem Gehorsam gegenüber der kirchlichen Hierarchie gebühre unbedingter Vorrang. Zu den *Concilium*-Begründern hatte neben den Theologen Karl Rahner und Hans Küng auch der Theologe Joseph Ratzinger gehört. Nun schwenkte er zu *Communio* um.

Während des Zweiten Vatikanischen Konzils war Professor Ratzinger mit seinen Kollegen Rahner und Küng die progressive theologische Speerspitze des deutschen Katholizismus. Doch schon bald nach dem Konzil verflüchtigte sich sein Reformeifer. Die Wende wurde anscheinend durch die Studentenrevolution von 1968 und ihre Nachwehen hervorgerufen. An den Universitäten wurden Professoren durch die »APO« (Außerparlamentarische Opposition) und »marxistische Studentenkader« verunsichert. Theologen fürchteten, dass die »Heilslehre« des Marxismus in die Kirche eindringe und dass die kirchliche »Basis« demokratische Verhaltensmuster einführen wolle. Die neue theologische Opposition unter Höffner und Hengsbach setzte alles daran, die bestehende kirchliche Monarchie, die sie für göttlichen Willen hielt, zu sichern. Gleichzeitig erlebte der Dogmatik-Professor Ratzinger, der aus dem gärenden Tübingen ins eher betuliche Regensburg entwichen war, eine merkwürdige persönliche Wandlung, die sich allerdings nach außen weitgehend unbemerkt vollzog.

Hengsbach und Höffner entdeckten Gesinnungsgenossen im damals erstarkenden Opus Dei, in dessen römischem Priesterzentrum sie seit 1971 mehrfach auftauchten. Dort ermahnte 1972, gut sechs Jahre nach Beendigung des Zweiten Vatikanums, der Priester Josemaría Escrivá seine Novizen: »Die ganze Schlachtreihe ist bedroht. Lasst nicht zu, dass eine Bresche geschlagen wird.«[6] Sein Ziel war es, die katholische Kirche, die anscheinend ein »Leichnam in stinkender Verwesung«[7] geworden sei, zu retten, seitdem sein Opus Dei die Kirche durch »Irrlehren, Theologenaufsässigkeit, allgemeinen Disziplinver-

6 J. Escrivá, in: Crónica, 1972, Heft 2.
7 Ebd.

fall, Priesterflucht und Liturgiewillkür«[8] in Auflösung wähnte. Vor diesem Hintergrund, so schrieb das Opus-Dei-Mitglied Peter Berglar, habe der Gründer vor dem Generalrat gestanden: »Ich leide sehr, meine Kinder. Wir durchleben eine Zeit des Irrtums … Millionen Seelen fühlen sich verwirrt.«[9]

In dieser Gemengelage blies Hengsbach 1972 bei den Priestern des Opus Dei in Rom zum Gefecht gegen die neue Befreiungstheologie bzw. gegen die Kirche des Volkes.[10] Es war die erste bekannte Attacke eines für den amerikanischen Subkontinent maßgeblichen europäischen Kirchenführers gegen eine breite theologische Richtung, die den Begriff »Befreiung« in den Mittelpunkt ihres Nachdenkens stellte. 1971 hatte der peruanische Priester Gustavo Gutiérrez das Buch »Theologie der Befreiung« geschrieben und so der neuen Richtung von Medillín den Namen gegeben. Den Priestern des Opus Dei führte Hengsbach die angeblichen Gefahren der »Befreiungstheologie«, die auch Escrivá sah, vor Augen. Zwei Jahre später flog der Gründer selbst nach Peru und wandte sich dort in Häusern des Opus Dei – laut Zeugenaussagen – gegen jene Christen, die nicht mehr von der »Sünde« befreien wollten, sondern »brutal« eine Befreiung propagierten, die nicht »die Befreiung Christi« sei.

Für den Oberhirten aus Essen kam vor dem Opus Dei schon damals ein zweiter Aspekt hinzu – angesichts »Humanae Vitae«: Hedonismus und Liberalismus, verbunden mit dem Streit um die päpstliche Autorität. In seinem Vortrag »Befreiung durch Christus – wovon und wozu?« identifizierte er »Befreiung« mit »geistiger Emanzipation« und attackierte dann beides. Diese Ideen, namentlich die Französische Revolution, seien gescheitert, da sie »im Namen der Freiheit den Menschen Böses« zugefügt hätten. Als Retter erschien ihm das Werk Escrivás: »Opus Dei hat Msgr. Josemaría Escrivá de Balaguer seine

8 P. Berglar, S. 222.
9 Ebd., S. 278.
10 Franz Hengsbach, Befreiung durch Christus – wovon und wozu? Köln 1973.

Gründung genannt, und gerade darum mühen sich er und seine geistlichen Söhne, Weltpriester und Laien aller Berufe im Dienst an der Welt. – Es gibt heute Theorien und Ideologien, marxistische und liberalistische, die aus Religion und Kultur Alternativen machen möchten. Sie werden keine bessere Zukunft und keine wahre Befreiung des Menschen bringen.«

Bereits 1974 verlieh Hengsbach – in Anwesenheit Escrivás – »als Vorsitzender der deutschen Bischöflichen Aktion ›Adveniat‹ meiner Genugtuung darüber Ausdruck«, dass Adveniat wichtige Projekte des Opus Dei in Lateinamerika verwirklicht habe.[11]

Wie der Essener Bischof sah auch der Kölner Oberhirte schwere Bedrohungen auf die römische Kirche und ihre Strukturen zukommen, von denen sie durch das Opus Dei errettet werden könne. Er attackierte ebenfalls die Befreiungstheologie und witterte – auf dem Hintergrund der Diskussion um »Humanae Vitae« – moralische Gefahren, denen die Kirche durch den gesellschaftlichen »Hedonismus« ausgesetzt sei. 1973 sprach auch er vor dem Opus Dei, und zwar auf dem Kolloquium »Die Herausforderung der Vierten Welt« des Kölner *Lindenthal-Institutes*, einer korporativen Opus-Dei-Gründung.[12] Die Vierte Welt treffe man in allen Erdteilen. Ihre »moralische« Unterentwicklung sei »verhängnisvoller« als die Unterentwicklung, der »physische« Hunger der Dritten Welt. »Die unterentwickelte Vierte Welt«, fand er, »wird durch schwere Krisen erschüttert: Zerfall der sittlichen Normen, Umsichgreifen der Unzucht, Manipulierung der Sexualität durch die Pornografie, Zerrüttung vieler Ehen und Familien, Geburtenrückgang, Zunahme der Gewalttaten, Schwächung der das menschliche Leben schützenden Wertvorstellungen, lautloses Abgleiten vieler in die religiöse Gleichgültigkeit, Verunsicherung des

---

11 Ders., in: Escrivá de Balaguer/Hengsbach/Lejeune, Wissenschaft und christliches Leben. Drei Beiträge, Köln 1974, S. 27.
12 Höffner/Inciarte/Lejeune: Die Herausforderung der Vierten Welt, Köln 1973 (Schriftenreihe des Lindenthal-Institutes).

Glaubens, Rückgang der Priester- und Ordensberufe, Vereinsamung vieler Menschen, Ausbreitung der Lebensangst und der Selbstmordanfälligkeit und dergleichen mehr.« Höffners Bestreben war es, einen Schutzwall gegen diese »Bedrohung« zu errichten.

Zweiter Gast der Opus-Dei-Veranstaltung war der Franzose Jerôme Lejeune, ein prominenter Wissenschaftler, der später unter anderem UN-Berater für Gentechnik und die biologischen Wirkungen der Strahlungen wurde. Er war auch als erzkonservativer katholischer Streiter für den Lebensschutz bekannt.

Das Opus Dei griff die ideologischen Vorgaben auf und führte die beiden Themenbereiche – Hedonismus und Befreiungstheologie – zusammen. 1974 ernannte Opus-Dei-Gründer Escrivá – als Großkanzler der Opus-Dei-Universität im spanischen Pamplona – Lejeune und Hengsbach gemeinsam zu Ehrendoktoren.

Nicht ohne Hintersinn erkannte dann die Vatikan-Zeitung *L'Osservatore Romano*, Wochenausgabe in deutscher Sprache, unmittelbar nach der Wahl des Polen Karol Wojtylas zum Papst »gute Beziehungen«, die »den neugewählten Papst mit den deutschen Bischöfen verbinden« würden. Sie illustrierte dies an zwei Fotos, auf denen Papst Johannes Paul II. sich als Kardinal von Krakau mit Kardinal Höffner und Bischof Hengsbach zeigte – und zwar im Zentrum der Opus-Dei-Priester in Rom.[13]

Zwischen 1968 und 1972 waren in der katholischen Weltkirche die Weichen für den späteren innerkirchlichen Richtungskampf gestellt worden. Unter Papst Johannes Paul II. weitete sich seit 1978 der Konflikt aus, insbesondere um die Themen Sexualmoral und Autorität. Das Stichwort »Sexualität« berührt heute – katholisch gesehen – im weiten Sinne: Homosexualität; Schwangerschaftsabbruch; Zölibat bzw. Ehelosigkeit der Priester und Männerkirche; Ehescheidung und Gleichstellung der Geschlechter, damit verbunden das Priestertum

---

13 Die ersten Glückwünsche, in: L'Osservatore Romano, Wochenausgabe in deutscher Sprache, Rom, 20. Oktober 1978, S. 12.

der Frau; Beteiligung der Laien, die in der Regel verheiratet sind, an kirchlichen Entscheidungsprozessen. In Westeuropa, nicht zuletzt in den deutschsprachigen Ländern, wurde die päpstliche Sexualmoral zu einem medialen Dauerbrenner.

Aber auch die Befreiungstheologie und die »Kirche der Armen« waren stets im Visier des Opus Dei und seiner vatikanischen Allianz. Zwar bargen die lateinamerikanischen Ansätze vor allem wegen des marxistischen bzw. kommunistischen Etiketts, das ihnen umgehängt wurde, explosiven Zündstoff. Doch letztlich ging es um die Blockade neuer kirchlicher Strukturen. Damit verband sich beinharte Opposition gegen die moderne Welt, gegen Pluralismus und Demokratie – gepaart mit der Furcht, diese Werte unserer Zeit könnten auch in der katholischen Kirche mehr und mehr an Bedeutung gewinnen und ihre monarchische Regierungsform aufweichen.

Professor Ratzinger und der Marxismus

Für Professor Ratzinger waren seit 1968 »Marxismus« und »Befreiung durch Christus« in Verbindung mit der Kirchenstruktur ebenfalls ein wichtiges Thema. Anfang der 70er Jahre hatte er die Federführung bei einem Gutachten für die Deutsche Bischofskonferenz. Darin wurde die Katholische Deutsche Studenten-Einigung (KDSE) angeklagt, sie sei anfällig für den Zeitgeist der Studentenrevolution, habe die Botschaft Jesu im Sinne einer innerweltlichen, marxistischen Heilslehre verkürzt und den Glauben verfälscht. Sie habe Jesus durch Marx ersetzt. Das Gutachten führte mit dazu, dass der katholische Akademiker-Nachwuchs sich selbst liquidieren musste. Den Jung-Akademikern half es auch nicht, dass die beiden ehemaligen Mitstreiter Ratzingers – Karl Rahner und der münsterische Theologe Johann Baptist Metz, der Begründer der neueren Politischen Theologie – für sie vehement Partei ergriffen.

Nachdem er Erzbischof in München und dann Kardinal geworden war, nutzte Ratzinger auch den kirchenpolitischen Hebel gegen Metz und seine Politische Theologie, von der er die Befreiungstheologie beeinflusst sah. Er wirkte auf den bayerischen Kultusminister Hans Maier ein, den Theologieprofessor aus Münster gegen den Willen der Universitätsvertreter nicht an die Münchener Universität zu berufen. Karl Rahner sah darin, wie er in einem öffentlich vorgetragenen Protest zum Ausdruck brachte, eine für die Kirche schädliche, »höchst verschlungene und verschleiernde Verfahrensweise«[14].

1980 gab der Münchner Kardinal Ratzinger auf der römischen Bischofssynode den Einführungsbericht in die Synodenarbeit. Wenngleich diese Bischofsversammlungen nach außen verrammelt sind, so gibt es doch, freilich gelegentlich zensiert, Veröffentlichungen des vatikanischen Presseamtes; und vor allem Oberhirten, die Informationen nach außen sickern lassen. Über die Enzyklika »Humanae vitae« werde nicht länger verhandelt, beschied der Nachfolger Kardinal Döpfners, ebenso wenig über andere moralische Themen wie über den Ausschluss wiederverheirateter Geschiedener von den Sakramenten: »Die Kirche kann die Ehe weder auflösen noch ändern, sondern muss sie verteidigen.« Auf dieser Bischofsversammlung brach ein Streit aus zwischen Ratzinger und Bischöfen aus Afrika und Lateinamerika. Der Münchner Oberhirte attackierte unter anderem voreheliche, sexuelle Beziehungen, die in Ländern der Dritten Welt auch unter katholischen Christen nicht unüblich seien. Indes drangen afrikanische Bischöfe darauf, dass es ihren Gläubigen ermöglicht werde, Wege zu finden, die ihrer eigenen – indigenen – Kultur und Tradition wie auch ihren gesellschaftlichen Umständen entsprechen. Was für Europa gelte, sagte Kardinal Razafimahatratra aus Tananarife/Madagaskar, gelte noch längst nicht für Afrika und Asien. Die Christen wollten unter dem gemeinsamen kirchlichen Dach, aber auch in Treue zur eigenen Kultur leben.

Ähnlich argumentierte die brasilianische Bischofskonferenz: die katholische Kirche solle sich nicht auf die abendländisch-kleinbür-

14 Karl Rahner, Ich protestiere – Offener Brief an Kultusminister Hans Maier und Kardinal Joseph Ratzinger, in: Publik-Forum, Frankfurt, 23/1979, S. 15-19.

gerliche Christenfamilie beschränken. Die meisten Familien auf der Welt seien arm, unvollständig und hätten kaum Rechte. Die Ehe dürfe nicht nur als Sakrament gesehen werden, hielten die befreiungstheologisch orientierten Brasilianer dem Münchner Kardinal entgegen und formulierten eine eigene christliche Antwort auf ihre Situation: die Lehre der Kirche müsse auch den säkularen, gesellschaftlichen Bezug der Ehe werten.

1982 wurde Ratzinger neuer Präfekt der römischen Glaubenskongregation. Nun war er in eine Position befördert, aus der er direkt eingreifen konnte, wenn ihm gefährliche Tendenzen schwanten. Nun konnte er Professoren oder gar Bischofskollegen durch administrative Maßnahmen zum Schweigen bringen oder als kirchliche Außenseiter brandmarken und so ihren Einfluss stutzen. Er war zum Richter und Vollstrecker unter seinesgleichen geworden.

1984 entdeckte die Glaubenskongregation in der Befreiungstheologie schwere Abweichungen marxistischer Art, ja marxistischen Klassenkampf – und zwar in einer Instruktion zur Befreiungstheologie, publiziert von Ratzinger.[15] Ein Jahrzehnt zuvor hatten die Opus-Dei-Freunde Hengsbach und López Trujillo – der damals noch kolumbianischer Weihbischof war und es binnen kurzem in einer erstaunlichen Karriere bis zum Kardinal brachte – mit drei Professoren den *Studienkreis Kirche und Befreiung*[16] gegründet. Ziel war die Eindämmung der Befreiungstheologie. An die Vorwürfe des Studienkreises fühlte man sich nun erinnert, als Ratzingers Glaubenskongregation mit fast wortgleichen Argumenten urteilte wie jener Studienkreis.

Ehemalige Gesprächspartner wie der führende lateinamerikanische Befreiungstheologe Leonardo Boff, aber auch der flämische Do-

---

15 Instruktion der Kongregation für die Glaubenslehre über einige Aspekte der »Theologie der Befreiung«, Verlautbarungen des Apostolischen Stuhles, hrsg. von der Deutschen Bischofskonferenz, Bonn, 6.8.1984.
16 Vgl. die Veröffentlichungen des Studienkreises Kirche und Befreiung, hrsg. von Franz Hengsbach und Alfonso López Trujillo (z. B. Kirche und Befreiung, Aschaffenburg 1975).

minikaner Edward Schillebeeckx, die dem Glaubenswächter als ketzerisch erschienen, hatten nun nichts mehr zu lachen. Schillebeeckx, der sich offen zur Befreiungstheologie bekannte, hatte gesagt, dass das Amt in der Kirche von unten komme, nicht von oben. Aus der Sicht des Zweiten Vatikanischen Konzils war das eine Binsenwahrheit; denn jeder Gläubige ist zunächst einmal getaufter Christ und nicht gleich Bischof oder Papst. Aber die Kritiker unterstellten dem Theologen postwendend, er sei ein Gegner Roms. Alle gegenteiligen Beteuerungen nützten dem als vorsichtig bekannten Schillebeeckx nichts. Boff hatte schon 1972 geschrieben, das Streben in der Kirche nach Sicherheit sei in der Vergangenheit stärker gewesen als das nach Wahrheit und Echtheit. Spannungen würden oft durch repressive Mittel unterdrückt. Damals musste Professor Ratzinger noch versuchen, Boff in Artikeln theologischer Zeitschriften zu widerlegen und so die Autorität der kirchlichen Institution zu verteidigen. Seit 1982 reichte es jedoch, gegen angebliche Irrtümer oder auch nur »Gefährdungen« durch Erlasse und Sanktionen einzuschreiten.

Merkwürdig war, dass Ratzinger fast nur gegen diejenigen tätig wurde, die überlieferte Strukturen der Kirche und damit auch ihr Autoritätsgefüge öffentlich und hörbar infrage stellten. Schon zu Beginn der achtziger Jahre hatte Boff längst internationalen Ruf genossen. 1981 veröffentlichte er auf Portugiesisch das Buch »Kirche: Charisma und Macht«[17], in dem er die kirchlichen Strukturen untersuchte und unter anderem eine neue Machtverteilung zwischen Klerus und Laien forderte. Aber erst vier Jahre danach, als es in mehrere Sprachen übersetzt worden war und Boffs Thesen der Weltöffentlichkeit bekannt wurden, verpasste ihm Ratzinger ein Bußschweigen. Ganz ähnlich war es, nebenbei bemerkt, bei dem deutschen Theologen Eugen Drewermann: Der eigentliche Anstoß, ihn stillzulegen, waren nicht seine theologischen Aussagen, sondern

---

17 Leonardo Boff, Igreja: Carisma e Poder, Petrópolis 1981 (Kirche: Charisma und Macht, Düsseldorf 1985).

sein Buch über die Kleriker.[18] Darin untersuchte er unter anderem die Kirchenstruktur und die Stellung sowie die Psychologie des Klerus. Als 1989, kurz vor dem Erscheinen, erste Einzelheiten bekannt geworden waren, schrieb Kardinal Ratzinger dem Paderborner Erzbischof Johannes Joachim Degenhardt einen Brief: er solle Drewermann die kirchliche Lehrbefugnis entziehen.

»Autorität« und »Kirchenstruktur«, nicht aber »Marxismus« und »Hedonismus« entpuppen sich aus der Rückschau als der eigentliche Schlüsselkonflikt. Damit verkoppelt ist der Streit um die Rolle des Papstes. Es zeigen sich zwei unterschiedliche Kirchenbilder, die man pointiert »monozentrisch« bzw. »polyzentrisch« nennen könnte: zum einen geht es um die Organisation – hier ein Zentrum, das weltweit alles im Sinne der Einheitlichkeit leitet und überwacht, dort viele kleinere Zentren mit vielfältiger Pastoral, Theologie und Liturgie; zum andern um die Spiritualität und Mentalität: hier Zentralismus, dort Mannigfaltigkeit in den Gestalten des Glaubens und seiner Weitergabe.

Im Grunde stehen zwei seelsorgliche Konzeptionen gegeneinander. Das traditionelle Konzept geht »von oben nach unten« herab, das neue dagegen entfaltet sich aus der Mitte, aus dem Volk. Im traditionellen Konzept arbeitet die Kirchenspitze mit den politischen Machthabern zusammen, trägt zur Ruhe und Ordnung bei und erhält zur Belohnung einen gewissen Freiheitsraum. Diese Kooperation macht unter Umständen notwendig, dass die Kirche zu politischen Untaten schweigt. Im neuen Konzept der Befreiungstheologen sieht sie auf die Unterdrückungen und das Leid, denen das Volk ausgesetzt ist; sie ist ja das Volk. Das hat Konsequenzen für das Verhältnis der Kirche zu den Mächtigen in Staat und Wirtschaft, gegen die sie dann, auf der Seite der Armen und Rechtlosen stehend, auch auf Konfrontationskurs geht. Sie ergreift Partei für die Armen, deren Leben sie durch Hunger begrenzt und durch vorzeitigen Tod bedroht sieht.

18 Eugen Drewermann, Kleriker. Psychogramm eines Ideals, Olten und Freiburg i. Br. 1989.

Kardinal Ratzinger und der hierarchische Gehorsam

Die Forderung der Gegenseite heißt, die Kirche solle sich aus der Politik heraushalten. Überhaupt sollen Religion und Politik nicht vermischt werden, vor allem die Priester sollen sich auf die Seelsorge beschränken. Auch Kardinal Ratzinger unterstrich diese Position häufig. Nun hält sich jedoch im traditionellen Konzept die Priesterschaft keineswegs aus der Politik heraus. Die katholische Kirche pflegte und pflegt durchaus auch politisch zu agieren. Nur: sie setzte dabei auf die Mächtigen – auf Tyrannen und Monarchen – so, wie sie neuerdings ebenso auf Demokraten setzt.

Die Frage jedoch, ob sie sich so weit mit den jeweiligen Machthabern arrangieren darf, dass sie möglicherweise an politischen Verbrechen mitschuldig wird, ist in der europäisch geprägten Kirchengeschichte meist recht pragmatisch ausgeklammert worden. In der Befreiungstheologie dagegen, die eine neue Theologie aus der Dritten Welt ist, wird diese moralische Frage eindringlich gestellt.

Dass es letztlich um ein reformiertes Kirchenmodell bzw. seine Verhinderung geht, hat der brasilianische Bischof Antonio Batista Fragoso († 2006) verdeutlicht: die Kirche des Volkes, die der katholischen Kirche in Lateinamerika ein neues Gesicht gegeben habe, mache dem Vatikan Angst. Rom befürchte Anarchie.

Wer ein allemal festgelegtes Kirchenbild präferiert, sieht die Kirche schnell bedroht: wenn neue, auf mehr allgemeine Mitwirkung und Pluralismus angelegte Strukturen entstehen, wenn Laien mitentscheiden, sich auf ihr Gewissen berufen und sogar Maßstäbe setzen, ist dann nicht die monarchisch aufgebaute Kirche selbst infrage gestellt? Wer soll in einer solchen Kirche die Wahrheit rein erhalten? Es muss doch klare moralische, katholisch-moralische Maßstäbe geben, meint die eine Seite. Und ihre Furcht vor Anarchie gebiert den Vorwurf, die Reformer wollten die hierarchische Kirchenverfassung durch eine basisdemokratische ersetzen. Doch eine solche Gefahr besteht nicht. Für die Kirche des Volkes gilt weiterhin die hierarchische

Verfassung. Nur: das Volk ist nicht von »denen da oben« getrennt. Auch Fragoso hat dargelegt, in der Kirche des Volkes sei die Hierarchie nicht abgeschafft. Aber der Bischof sei als Bruder unter Brüdern und Schwestern verwurzelt. Indes wolle der Vatikan ein »eher zentralistisches, klerikales und autoritäres« Kirchenmodell restaurieren.

In diesem Kirchenstreit fürchtete Kardinal Ratzinger – ähnlich Höffner und Hengsbach, der später ebenfalls zum Kardinal avancierte – bereits in den 1970er-Jahren, die kirchliche Autorität werde durch politische Theologen geschwächt. Aber im Gegensatz zu den Oberhirten in Köln und Essen mochte sich der Professor und spätere Münchner Erzbischof nicht auf die Geheimorganisation Opus Dei als dem willfährigen Papst-Corps einlassen. Anfang der achtziger Jahre, als der Kardinal bereits Chef der vatikanischen Glaubenskongregation war, meinte er noch immer, die rapid wachsende Macht des Opus Dei einschränken und eine Kirche in der Kirche verhindern zu müssen. 1983 berichtete der Dogmatikprofessor a. D., wie es heißt, ehemaligen Schülern in München, er habe in Rom mit dazu beigetragen, dass das Opus Dei die kirchliche Rechtsform nicht erhielt, die es angestrebt hatte. Es wurde nicht, wie es sich wünschte, eine Personal*diözese*, sondern nur eine Personal*prälatur*.

1992 änderte sich das, wie bereits erwähnt. Johannes Paul II., der Chef, hatte Escrivá zum Seligen erhoben – für den Glaubenspräfekten ein Glaubensakt mit unfehlbarem Anspruch. Jetzt hielt er es anscheinend für notwendig zu versuchen, mit dem Opus Dei und mit Hilfe seiner zum Seligen erhobenen Gründerfigur die bestehende monarchische Kirchenstruktur zu sichern. Kein Zweifel, schon vorher bejahte er Theorien Escrivás über Marxismus und Sittenverfall, auch wenn er sich in Nuancen unterschied. Aber erst der Beschluss der päpstlichen Autorität, den Gründervater selig zu sprechen und ihn damit zur Ehre der Altäre zu erheben, scheint Ratzingers Umkehr bewirkt zu haben.

Unmittelbar nach der Seligsprechung stellte er als ein markantes Kennzeichen des Opus-Dei-Gründers heraus: er sei ein Gesandter

65

Gottes gewesen, der Gottes Willen erfüllt habe – und zwar im »Gehorsam zur hierarchischen Kirche«.[19] Das »Einssein mit ihr« sei »grundlegender Maßstab seiner Sendung« gewesen. Das ist es: der Glaubenspräfekt hob nicht einen Gehorsam zur Kirche oder gar zum Evangelium hervor, sondern den zur »hierarchischen« Kirche. Diese kirchenpolitische Perspektive, die letztlich um die Autorität des Papstes und die männliche, zölibatäre Kirchenhierarchie kreist, dürfte der Grund für Ratzingers nachfolgenden Schwenk auf Escrivá und seine Gründung gewesen sein.

19 Joseph Ratzinger, in: Becker/Eberle, S. 16.

*»Ich bete zu Gott für Pater Sobrino, dass er
sich den Lehren der Kirche unterwirft.«[1]*

Fernando Sáenz Lacalle, Erzbischof von San Salvador

4. Kapitel

Dramatischer Kurswechsel

München, Odeonsplatz im Juli 1984, Eröffnung des 88. Deutschen Katholikentages. Hoch oben vor der Feldherrnhalle steht Joseph Ratzinger, einer der mächtigsten katholischen Kirchenfürsten. Ehemals war er Erzbischof in der weißblauen Metropole, nun hält er als römischer Kurienkardinal die Eröffnungsrede der deutschen Katholikenversammlung. Plötzlich geht riesenbreit ein Transparent hoch: »Trotz Inquisition: die Befreiungstheologie lebt, Herr Ratzinger«. Der stockt für einen Moment. Dann fährt er fast ungerührt im selben, kerygmatisch-erhobenen Ton fort.

Als Chef der vatikanischen Glaubenskongregation, die aus der Heiligen Inquisition hervorging, hatte Kardinal Ratzinger entdeckt: Befreiungstheologen haben marxistische Denkansätze und Methoden so in ihre Theologie eingebaut, dass eine neue Spielart der christlichen Botschaft entstanden ist. Konsequent weitergedacht, bedeutete das: Befreiungstheologen sind Ketzer.

Lateinamerikanische Bischöfe hatten dem Kardinal heftig widersprochen. Beispielsweise hielt ihm Kardinal Paulo Evaristo Arns, der Erzbischof von Sao Paulo, vor, er überspitze maßlos. Über Marx werde auch in Lateinamerika an den Universitäten diskutiert, wie überall in der Welt. Doch kaum jemand derjenigen, die in den Basisgemeinden lebten, habe überhaupt je von Marx gehört: »Keiner weiß, dass er

---

1 Andreas R. Batlogg und Michael Sievenich, Römische Blitze, in: Neue Zürcher Zeitung, 21.3.2007, NZZ Online.

existiert hat, ein Deutscher war und dass er das *Kapital* geschrieben hat. Wenn einer das den Leuten sagen würde, dann würden sie zurückfragen: ›Ist das also auch ein Kapitalist?‹«[2]

Gleichwohl schritt Joseph Ratzinger mit drakonischen Maßnahmen gegen Befreiungstheologen ein. Er wirkte mit an Lehr- und Publikationsverboten, an Suspensionen. Oft war er der Urheber.

Seit der osteuropäischen Wende und dem abklingenden Streit um den Marxismus schien es, als werde die Befreiungstheologie uninteressant oder gar in der theologischen Linksecke isoliert. Doch auch unter dem Zepter Benedikts wird der Streit weitergeführt. Allerdings hat sich der Schwerpunkt der Auseinandersetzung verschoben. Heute geht es vor allem um den Vorwurf, die Theologie der Befreiung sei eine innerweltliche Heilslehre, die einseitig einen sozialen, politischen Auftrag verfolge.

Der Vorwurf »Kommunimus« wird daneben auch noch erhoben. Beispielsweise hat Opus-Dei-Erzbischof Sáenz Lacalle das theologische Zentrum der Jesuiten an deren Universität (UCA) in El Salvador ein »Zentrum von Kommunisten« genannt. Lange war der Vorwurf »Marxist« oder gar »Kommunist« lebensgefährlich in Lateinamerika. ChristInnen wurden häufig ermordet, weil sie sich für die Armen einsetzten und dann als »Marxisten« oder »Kommunisten« verketzert wurden. Sie waren fast immer Angehörige von Basisgemeinden bzw. der *Kirche des Volkes*. Nie wurde bekannt, dass im Buche der lateinamerikanischen Märtyrer auch nur ein einziges Mitglied des Opus Dei stehe; und nie hat man gehört, dass ein lateinamerikanischer Diktator das Opus Dei getadelt habe. Der Urheber des Begriffs «Theologie der Befreiung«, der peruanische Priester Gustavo Gutiérrez, ist mit 65 Jahren in den Dominikanerorden eingetreten, um auf diese Weise wenigstens einen gewissen Schutz gegen die Bedrohungen zu erhalten.

---

2 Paulo Evaristo Arns, in: »Unser Vater heißt nicht Marx«, Norddeutscher Rundfunk, NDR 3, 22.20 bis 23.15 Uhr, 9.12.1984, S. 15 (Sendemanuskript), Autor: Peter Hertel.

Verfemt und damit für die Rechtsallianz gebrandmarkt wird Gutiérrez auch heute von einem hochrangigen Kirchenführer. 2006 untersagte ihm Opus-Dei-Kardinal Cipriani Thorne, in der Katholischen Universität von Lima einen Vortrag zu halten. Cipriani ist Großkanzler der Universität und behält sich die letzte Entscheidung darüber vor, welcher Theologe dort sprechen darf und welcher nicht.

Die lateinamerikanische Bischofsvision, von unter her neue kirchliche Strukturen zu formen, gilt den Widersachern der »Kirche des Volkes« weiterhin als schwere Bedrohung der katholischen Kirche. Auch wenn sich heute die Herausforderung der lateinamerikanischen Kirche radikal gewandelt hat – Tag für Tag schließen sich 8000 Katholiken (*Latinos*) den Sekten an, die vor allem aus Nordamerika kommen und von dort finanziert werden: Papst und Vatikan führen die alten Grabenkämpfe in konzertierter Aktion mit dem Opus Dei weiter, wie zwei herausragende Beispiele – Peru und El Salvador – veranschaulichen sollen. Im Sur Andino, in dem eine Wurzel der Befreiungstheologie steckt, legten 2006 zwei neue Bischöfe offen die Axt an. Und in El Salvador, dessen ermordeter Erzbischof Oscar Romero auf dem lateinamerikanischen Kontinent als Märtyrer einer gewandelten Kirche verehrt wird, war es sein Vertrauter, der Befreiungstheologe Jon Sobrino, der vom ersten Bannstrahl des Papstes Benedikt getroffen wurde.

Erstes Beispiel:
Die »Götzendiener« vom Anden-Hochland

Peru ist das Land, in dem etliche Bischöfe beherzt eine *Kirche der Armen* geformt hatten; die Wiege waren die fünf Campesino-Bistümer im Sur Andino, der hoch gelegenen Andenregion im Süden Perus. Doch seit den achtziger Jahren wurde die aufgeschlossene Mehrheit der peruanischen Bischöfe schmaler: durch turnusgemäße Rücktritte, Absetzung und Strafversetzung.

Gezielt baute der Vatikan den Opus-Dei-Mann Cipriani als mächtigsten Kirchenführer in Peru auf. Schon als Weihbischof agierte er gegen die Kirche der Armen und ihre Befreiungstheologie, die für ihn marxistisch, ja maoistisch verseucht ist. Während andere Bischöfe oft Menschenrechtsverletzungen in Peru anklagten, ließ er – als Erzbischof von Ayacucho – an seinem Haus eine Tafel befestigen: »Beschwerden in Menschenrechtsfragen werden nicht angenommen.« Zu seinem Umfeld zählten erzkonservative katholische Gruppen um die politische Rechtsbewegung *Renovación*. Sie wünschte, dass ausländische Kritik an der Regierungspolitik als Hochverrat geahndet werde, und nannte den ehemaligen US-Präsidenten Clinton einen »Abtreiber«.[3] Als Erzbischof von Lima schützt Cipriani heute das Menschenleben im Mutterleib, übersieht jedoch seine Vernichtung durch Terror und Mord. Er bestritt sogar die Existenz solcher Verbrechen in seinem Land. 2001 wurde er von Papst Johannes Paul II. zum ersten Kardinal des Opus Dei erhoben.

Unter Benedikt XVI. wird diese Linie anscheinend noch forciert. Inzwischen gehören 11 von 49 Mitgliedern der peruanischen Bischofskonferenz dem Opus Dei bzw. seiner Priestergesellschaft an. Zwei weitere Bischöfe zählen zum *Sodalitium Christianae Vitae*, das 1971 vom peruanischen Laientheologen Luis Fernando Figari gegründet wurde, offenbar als Antwort auf die »Kirche des Volkes« und die entstehende Befreiungstheologie. Vielen gilt das Sodalitium als peruanische Unterformation des Opus Dei. Die neue Organisation, die sich über neun Länder ausgebreitet hat und vom Vatikan offiziell als Gemeinschaft Apostolischen Lebens anerkannt worden ist, umwirbt – wie das Opus Dei – vor allem die Ober- und Mittelschicht. Seine Nachrichtenagentur, die *aciprensa* mit Sitz in Lima, präsentiert die Befreiungstheologie in der Regel als »Marxistische Theologie der Befreiung«.

Mit den Hilfstruppen des Opus Dei und des Sodalitium Christianae Vitae hat sich der Vatikan unter Benedikt XVI. den genannten Sur Andino, den Campesino-Raum in den südlichen Anden, vorgenommen, um die Restauration voranzutreiben. Im Sommer 2006 berief Papst

3 Vgl. César Arias Quincot, La Modernización Autoritaria, Lima 1994.

Benedikt zwei neue Bischöfe: José Maria Ortega Trinidad (Priestergesellschaft des Opus Dei), Bischof der Territorialprälatur Juli, und Kay
Martin Schmalhausen Panizo (Sodalitium Christianae Vitae), Bischof
der Territorialprälatur Ayaviri. Auf der Stelle begannen sie, die seel-
sorglichen Strukturen, die in 30-jähriger, mühevoller Kleinarbeit entstanden waren, brutal zu zerstören. Aus einem Bericht des Sozialwis-
senschaftlers und Theologen Veit Straßner, den die *Herderkorrespondenz*[4] im Mai 2007 publizierte:

»Dramatisch zugespitzt hat sich die Situation in jüngster Zeit in den
peruanischen Südanden ... Seit Mitte des 20. Jahrhunderts hat sich die
Kirche in dieser von extremer Armut und pastoraler Vernachlässigung
geprägten Region um eine der Situation und den kulturellen Gegeben-
heiten angemessene Evangelisierung bemüht. Ende der fünfziger Jahre wurden in den Südanden Prälaturen gegründet, die Ordensgemein-
schaften wie den Maryknoll-Missionaren, den Picpus-Patres oder den
US-amerikanischen Karmeliten anvertraut wurden. Die Seelsorger
versuchten, sich auf die Quechua- und Aymara-Kulturen einzulassen.
Luciano Metzinger, der erste Bischof von Ayaviri, fragte sich: ›Wie kann
man Hirte von Menschen sein, deren Leben, Kultur und Geschichte
man nicht kennt?‹ Aus diesem Grund gründeten die Bischöfe des Sü-
dens 1969 das *Instituto de Pastoral Andina*, das sich mit großem Respekt
vor den andinen Kulturen um ein tieferes Verständnis dieser den Mis-
sionaren so fremden Welt bemühte. Aus ähnlichen Überlegungen heraus wurde 1974 in der Prälatur Juli das *Institut für Aymara-Studien* eingerichtet. Mit vielen Anstrengungen gelang im *Sur Andino* schließlich
eine inkulturierte Evangelisierung, der Aufbau basisnaher kirchlicher
Strukturen, eine aktive Laienarbeit und eine Einwurzelung des Glaubens sowohl in seiner spirituellen als auch in seiner sozialen Dimensi-
on. Der Pastoralverbund des *Sur Andino*, der heute die Diözese Puno sowie die Prälaturen Juli, Ayaviri und Sicuani umfasst, galt und gilt weit-

---

4 Veit Straßner, Die Nerven liegen blank, in: Herderkorrespondenz, 5/2007,
S. 256 ff.

hin als Beispiel einer offenen und sozial wie kulturell sensiblen Kirche, was schon früher Anlass zu innerkirchlichen Differenzen gab.

Im Jahr 2006 nahm die Entwicklung eine dramatische Wende ... [Die beiden neuen Bischöfe bezeichnen] die indigene Bevölkerung der Südanden mit ihren ihr eigenen, traditionellen Frömmigkeitsformen als ›heidnisch‹, ›götzendienerisch‹ und ›sündig‹ und deshalb einer neuen, wahrhaftigen Evangelisierung bedürftig.

Konkrete Maßnahmen, ›um den Niedergang von Glauben und Moral rückgängig zu machen‹, ließen nicht lange auf sich warten: So wurden der Rektor des gemeinsamen Priesterseminars des Sur Andino ausgetauscht, weibliche Dozenten entlassen und Ordensfrauen, die ebenfalls am Seminar studierten, ausgeschlossen. Die Spannungen im Priesterseminar führten dazu, dass vier Professoren ihre Lehrtätigkeit niederlegten und diesen Schritt in einem offenen Brief mit der »ausschließenden und angreifenden Art« begründeten, mit der mit Unterschieden umgegangen wird. Deutlich wird dieser Kurswechsel auch im *Instituto de Pastoral Andina*, das sich statt der bisherigen ethnologischen, religionswissenschaftlichen und theologischen Studien nun stärker auf formale und sakramentale Katechese konzentrieren muss ...

Ein Aufschrei ging durch die peruanische Kirche, als die Wochenzeitschrift *Caretas* im Januar 2007 davon berichtete, dass Bischof Ortega einen Seminaristen aus dem Priesterseminar wegen eines körperlichen Defektes – er hat einen Buckel – ausgeschlossen hatte ...

Die Nerven liegen blank. Dies zeigte auch die sicherlich wenig opportune Äußerung des seit 33 Jahren im Sur Andino tätigen französischen Fidei Donum-Priesters *Francisco Fritsch* bei der Amtseinführung des neuen Bischofs von Ayaviri: Im Namen mehrerer Priester sagte er, dass das Quechua-Volk nach 500 Jahren Evangelisierung nun eigentlich einen Quechua-Bischof verdient hätte. Der neue Leiter der Prälatur, der den nicht gerade nach Quechua klingenden Namen *Kay Martin Schmalhausen* trägt, nahm diese Äußerung zum Anlass, den altgedienten Priester, der sich mit seiner engagierten Pastoralarbeit große Verdienste erworben hatte, der Prälatur zu verweisen – eine Entscheidung, welche die peruanische Kirche weiter polarisierte.«

Bereits im November 2006 hatte der *Brief aus Peru*[5] über umtriebige Tätigkeiten des Opus-Dei-Bischofs Ortega Trinidad berichtet, die im Sur-Andino als »innerkirchliche Verfolgung« empfunden würden: der Oberhirte hatte dem Prior einer Benediktiner-Gemeinschaft eröffnet, er wünsche am Priesterseminar für Indigenas weder seine spirituelle Begleitung noch Lehrtätigkeit. Der Ordensmann hatte ein inkulturiertes Kloster, das pastoralen Mitarbeitern des Sur-Andino diente, zunächst aufgebaut und es dann 20 Jahre lang geführt. Außerdem hatte er mehrere Bücher über die Kirche der Armen und für eine inkulturierte Kirche geschrieben.

Vier Monate nach ihrer Amtsübernahme erschienen die beiden Bischöfe in Deutschland, um Geld für ihre aufwendige Rekonstruktionsarbeit locker zu machen, und zwar in Königstein/Taunus bei der *Kirche in Not/Ostpriesterhilfe*. Deren Gründer, der belgische Prämonstratenser Werenfried van Straaten (»Speckpater«, 1913-2003), sah die katholische Kirche durch die »Ketzerei«[6] der Befreiungstheologie ständig bedroht. 2000 behauptete er wahrheitswidrig, »viele Priester« dieser Richtung hätten »ihre Bistümer verlassen und ihr Priestertum verleugnet, sind zu Terroristen gegangen und umgekommen ... Einige waren zudem infiziert mit marxistischem Gedankengut«. Stellvertretender Vorstandsvorsitzender bei *Kirche in Not* ist heute Hans Thomas, der wohl mächtigste Laie im deutschen Opus Dei.

Nun wurden die neuen Bischöfe Ortega und Schmalhausen bei der Königsteiner Einrichtung »AIS – Hilfe für die leidende Kirche« vor-

---

5 III. Eine konzertierte Aktion gegen die Theologie der Befreiung, in: Brief aus Peru, Aschendorf, Oktober/November 2006, Nr. 80, S. 15 ff.

6 »Es war verdammt schwierig, um Hilfe für die Deutschen zu bitten«, Interview mit Pater Werenfried van Straaten, in: Frankfurter Allgemeine Zeitung, 22.8.2000.

stellig.[7] Die international anerkannte Arbeit ihrer Vorgänger be-
schimpfend bemängelten sie, dass den Menschen in Peru »zu viele
Ideologien« beigebracht worden seien. Die Kirche habe sich zu sehr
um »soziale Belange« gekümmert und »die pastorale Betreuung der
indigenen Bevölkerung« vernachlässigt. Ortega wörtlich: »Jetzt müssen wir die Evangelisierung und Gerechtigkeit voranbringen in Übereinstimmung mit dem kirchlichen Lehramt.« Dafür wünschten sie finanzielle Hilfe von AIS. Van Straaten, der verstorbene Leiter, hatte bereits 1977 in einem vertraulichen Schreiben darauf aufmerksam gemacht, dass sein Werk die Arbeit des Opus Dei weltweit durch großzügige Spenden alimentiere.[8]

Kurzum: Drei Jahrzehnte, nachdem Hengsbach und Escrivá den
Kampf gegen die Befreiungstheologie und die Kirche des Volkes pro-
pagiert hatten, ist er mit Hilfe des Vatikans und des Papstes in Peru, eines ihrer wichtigsten Zentren, eingepflanzt. Er richtet sich in erster
Linie gegen die angeblich heidnischen und götzendienerischen Einflüsse, der die römisch-abendländische Tradition durch die indigene
Kultur ausgesetzt sei. Was letztlich auf dem Spiel steht, hat schon in
den achtziger Jahren des vergangenen Jahrhunderts der brasilianische Befreiungstheologe Leonardo Boff selbstbewusst skizziert:
»Uns geht es darum, daß wir das Recht verlangen, ein neues Gesicht
des Katholizismus zu schaffen. Wie Europa mit dem Beitrag der jüdi-
schen, römischen und germanischen Tradition den römischen Katholizismus geschaffen hat, so können wir mit den großen kulturellen
Traditionen der Inkas, der Mayas, der Quechuas, der Afrikaner – man
sollte nicht vergessen, daß Brasilien die zweitgrößte Afrikaner-Nation
der Welt ist – und der neuen eingewanderten Völker ein neues Gesicht

---

7 Obispos refuerzan cuidado pastoral frente a ideologías en sur peruano, in: aciprensa, Lima, 10.10.2006. S. auch: Hildegard Willer, Mit Moral gegen die Basiskir-
  che, in: Wendekreis, Bethlehem-Mission, Immensee/Schweiz, April/Mai 07,
  S. 35 f.
8 Eine Kopie des Schreibens liegt dem Autor vor.

des Katholizismus hervorbringen. Rom hat Angst, daß unser Katholizismus nicht mehr römisch sein wird.«[9]

Zweites Beispiel:
Die »Kommunisten« des Romero-Zentrums

1989 ist der gebürtige Baske Jon Sobrino nur zufällig einem Massaker in El Salvador entgangen. Sieben Angehörige der salvadorianischen Eliteeinheit Atlacatl, die in den USA ausgebildet worden ist, drangen in den Wohnbereich der Zentralamerikanischen Universität (UCA) ein. Neun Jesuiten und zwei Haushälterinnen wurden bestialisch ermordet. Sobrino, der sich gerade zu Vorträgen in Asien aufhielt, stand ebenfalls auf der Todesliste.

Er war Berater und Vertrauter des Erzbischofs Oscar Arnulfo Romero y Galdámez, der 1980 ermordet worden war. 1977 hatte sich Romero »bekehrt«, wie er es später selber nannte. Sobrino war daran nicht unbeteiligt.

Als der Bischof von Santiago de Maria, Oscar Romero, im Jahre 1977 der Erzbischof von San Salvador geworden war, hatte er als frommer, sensibler und glaubwürdiger Seelsorger gegolten. Aber für die Befreiungstheologen und die *Kirche der Armen* hatte er keine Sympathien. Er ließ sich von Militärs beraten und pflegte enge Kontakte zu den Priestern des Opus Dei. Vom Gründer Escrivá war er tief beeindruckt. 1975, wenige Tage nach Escrivás Tod, schrieb er an Papst Paul VI.: »Ich hatte das Glück, Msgr. Escrivá de Balaguer persönlich zu kennen und mich von ihm ermutigt und gestärkt zu sehen.«

Wie überhaupt in Lateinamerika begann sich aber auch in El Salvador die katholische Kirche, die ein verlässlicher Partner der Obristen und Großunternehmer war, auf die Seite des unterdrückten Volkes zu stellen. Da war Romero für den Vatikan gerade der passende Mann, um für Ordnung zu sorgen. Seine Ernennung zum Erzbischof lag ge-

---

9 Leonardo Boff, NDR-Manuskript, Fußnote 2, S. 68.

nau auf der taktischen Linie des Vatikans, die Beziehungen zum Militärregime von El Salvador neu zu festigen.

Andererseits wusste Romero auch, dass sich die kirchliche Institution, der er angehörte, wegen ihres Schweigens an der Unterdrückung der Armen mitschuldig machte. Doch er glaubte, der Ehre Gottes diene es am ehesten, wenn die Kirche nach außen als rein dastehe. Deshalb trug er mit dazu bei, ihre Fehler und Schwächen zu verdecken.

Und dann kam alles ganz anders. Kurz nach dem Amtsantritt des Erzbischofs wurde zum ersten Mal in El Salvador ein Priester ermordet: der Pfarrer und Jesuit Rutilio Grande. Er hatte vor den Basisgemeinschaften in Apopa eine Predigt gehalten, in der er sagte, in El Salvador sei es praktisch illegal, Christ zu sein:

»Wehe euch, ihr Heuchler, die ihr euch lauthals Katholiken nennt, und innen seid ihr schmutzige Bosheit. Ihr seid wie Kain und kreuzigt den Herrn, welcher umhergeht mit dem Namen Manuel, dem Namen Luis, Chavela, mit dem Namen des einfachen Landarbeiters.«

Vier Wochen später erhielt Pater Grande die Quittung. Zusammen mit einem Bauern und einem Jugendlichen wurde er einfach umgelegt, als er gerade begann, den Gottesdienst zu feiern. Erzbischof Romero, keineswegs ein Freund Grandes, ließ in San Salvador alles liegen, fuhr sofort in die Pfarrei des Ermordeten und hielt die Totenmesse. Anschließend sah er im Vorbeigehen in das armselige, karge Zimmer des Jesuiten und flüsterte:»Das war ein armer Mann.« Er umarmte Priester der Basisgemeinden. Die Nacht verbrachte er mit der Pfarrgemeinde. In diesen Stunden, so sagte Romero es später, begann seine Bekehrung. Der Erzbischof entdeckte die endlose, brutale Verfolgung der Christen, aber auch ihre innere Stärke und ihren Glauben. All das prägte ihn nunmehr. Offen trat er für Arme, Unterdrückte und Familien von Ermordeten ein. Schon vier Wochen nach Grandes Tod klangen in einem Hirtenbrief die Erfahrungen an, die der Erzbischof mit den Landarbeitern, Fabrikarbeitern und deren Priestern gemacht hatte:»Wenn ich ein Wort suchen müsste, um diese Zeit der

Veränderung in der Erzdiözese zu beschreiben, würde ich nicht zögern, sie ›Stunde der Auferstehung‹ zu nennen.«

Jetzt redete der Erzbischof eine deutliche Sprache. In seinen Sonntagspredigten attackierte er die sozialen Missstände. Den Alltag der Leute klammerte er nicht mehr aus, sondern erläuterte wichtige Ereignisse der Woche im Lichte des Evangeliums.

Dabei prangerte er die Verletzung der Menschenrechte an, die Gewalttätigkeiten gegen die Bauern und politische Untaten. Er beschrieb die brutale Tagesaktualität aber nicht nur im Allgemeinen, sondern nannte auch Orte und Personen.

In der Bischofskonferenz von El Salvador verstand man Oscar Romero nicht. Auf internationalen Konferenzen wurde er von Amtskollegen geschnitten. In Rom wurde er denunziert. Auch dort hatte er schließlich kaum Freunde. Auf einer allgemein zugänglichen Audienz hat er sich mit den Ellenbogen Platz machen müssen, um zum Papst vorzudringen und ihn um ein Gespräch zu bitten.

Die Obristen waren verbittert. Romeros Name stand auf einer Todesliste. Doch unbeirrt ging er seinen Weg, für sich selbst jede Gewalt ablehnend. »Brüder Mörder, wir lieben euch«, sagte er bei einem Totengottesdienst. Vielleicht war das Wort auch an seinen eigenen Mörder gerichtet. Am 24. März 1980 wurde er am Altar erschossen. Die Menschen, von unsäglichem Leid erfüllt, begannen, ihn als Märtyrer zu verehren.

Zu seiner Beerdigung kamen Kardinäle und Bischöfe aus der ganzen Welt. Gemeinsam schrieben sie: »Bischof Romero ist zum Symbol einer ganzen Kirche und des lateinamerikanischen Kontinents geworden.« Überall in der Welt haben sich christliche Basisgruppen und Bildungshäuser nach ihm benannt. Aber auch die kleinen Leute in El Salvador und Lateinamerika halten sein Andenken in Ehren. Lieder und Gedichte wurden ihm gewidmet. Eins davon, das der brasilianische Bischof Pedro Casaldaliga verfasst hat, erinnert daran, dass Heilige längst im Volk verehrt werden, ehe sie von der katholischen Kirche offiziell zu Heiligen erklärt werden. Casaldaliga drückte dichterisch aus, was viele Christen auf dem amerikanischen Subkontinent denken: »Heiliger Romero von Amerika, das Volk hat dich heilig gesprochen.« Das ärgerte unverbesserliche Amtsbrüder und römische Prälaten. Kardinal Ratzinger erteilte Casaldaliga eine Abmahnung.

Die beiden ersten Nachfolger Romeros setzten indes den Kurs Romeros fort. Aber dann, 1995, 15 Jahre nach dem Mord, wagte die römische Zentrale die Wende um 180 Grad: mit Fernando Sáenz Lacalle. 1995 wurde der ehemalige Leiter der Geheimorganisation Opus Dei in El Salvador, gebürtiger Spanier und Militärbischof, der Erzbischof in San Salvador – gegen den erklärten Wunsch des Diözesanklerus und von Ordensleuten. Sofort machte er sich daran, das Erbe des Märtyrerbischofs Oscar Romero auszulöschen.

Sáenz Lacalle war nur kurz im Amt, als er bereits die Sonntagspredigten, die Romero eingeführt hatte und die immer noch eine bedeutende gesellschaftliche Rolle spielten, einfach abschaffte. Auf Obere verschiedener Orden übte er Druck aus, sie sollten ihre jungen Mitglieder nicht mehr für das Theologiestudium an die Theologische Fakultät der Universität der Jesuiten, das *Centro Monseñor Romero*, schicken, weil dort keine gute Theologie gelehrt werde. Der Oberhirte verbot zwei Priesterweihen in der Universitätskapelle – am Grab der ermordeten Jesuiten.

Gleichzeitig versuchte er gemeinsam mit dem Opus Dei und vatikanischen Gesinnungsfreunden, die Bedeutung, die Romero als Märtyrer für die Befreiungstheologie in Lateinamerika gewonnen hatte, auszutrocknen. Schulterklopfend versicherte er 1997 seinen alten Widersachern, er sei mit Romero eng verbunden gewesen. Als sie seinem Säuseln widerstanden, warf er ihnen vor, die Armen zu politischen Zwecken zu instrumentalisieren. Bereits 1994 hatte der italienische Journalist Vittorio Messori in seinem schon zitierten, vom Opus Dei empfohlenen Buch *Opus Dei. Un' indagine* begonnen, Romeros Intentionen umzufunktionieren:

»Dieser Märtyrer des Evangeliums ist zum Symbol der progressiven Kräfte geworden, auch wenn er sowohl von kirchlichen wie politischen Kräften brutal instrumentalisiert wurde ... Monsignore Romero hatte 1955 in Europa den Gründer des Opus Dei, Josemaría Escrivá de Balaguer, kennengelernt und war sogleich eine freundschaftliche Beziehung mit ihm eingegangen ... Es war nur logisch, daß er die Freundschaft mit den Mitgliedern des Opus Dei pflegte, auch wenn er im strengen Sinn nie dieser Organisation angehörte.«[10]

Ins Internet stellte das Opus Dei, um nachzuweisen, dass die Rolle des Ermordeten manipuliert worden sei, einen Brief Romeros aus dem Jahre 1975, in dem er Papst Paul VI. um die Seligsprechung Escrivás bat. Laut Opus Dei habe sogar Papst Johannes Paul II. gesagt, von einem »Richtungsstreit« zwischen Romero und Sáenz könne wohl kaum die Rede sein, da Erzbischof Sáenz Lacalle »der Beichtvater von Erzbischof Romero« gewesen sei.

Das alles war starker Tobak. Denn in Wirklichkeit haben 1979 einige Monsignori des Vatikans die Universität Georgetown in Washington vergeblich gebeten, von einer Verleihung der Ehrendoktorwürde an Romero Abstand zu nehmen. Die drei Kurienkardinäle Franjo Seper, Sebastiano Baggio und Silvio Oddi haben den Papst sogar ersucht, Romero seines Amtes zu entheben. Dazu ist es nicht mehr gekommen, weil Romero einige Tage zuvor ermordet wurde. Baggio war mit Opus-Dei-Chef Escrivá bis zu dessen Tode befreundet, Oddi hat sich – nach einem Bericht der Tageszeitung *Die Welt* – als Mitglied des Opus Dei bezeichnet.

Romero selbst kann sich gegen den phasenverschobenen Schmusekurs nicht mehr wehren. Im Versuch, ihn zu vereinnahmen und ihn so zu zähmen, wurde sogar ein Seligsprechungsprozess für ihn eingeleitet. Jon Sobrino, seinem Vertrauten, blieb es vorbehalten, das Andenken des Ermordeten unbeschmutzt zu wahren: Für ihn ist zwar richtig, dass Bischof Romero vor seiner Bekehrung engen Kontakt zum Opus Dei hielt und dass er sich auch nach seiner Bekeh-

10 V. Messori, S. 195.

rung für alle Menschen seiner Diözese verantwortlich fühlte, also auch für die Mitglieder des Opus Dei, weshalb er sie auf ihren Treffen besuchte. Aber ebenso ist gewiss, dass der gewandelte Romero inhaltlich mit ihnen nicht mehr zurechtkam. Das hat Sobrino an die Öffentlichkeit gebracht – als Antwort auf die peinlichen Vereinnahmungen des Opus Dei. Romero habe ihm geklagt, das Werk Gottes verstehe nicht, worum es in El Salvador gehe und warum er sich verändert habe.

Und der Beichtvater von Erzbischof Romero war in Wirklichkeit der Jesuit Segundo Azcue. Bei ihm hat Romero am Nachmittag des 24. März 1980, kurz vor seiner Ermordung, gebeichtet.

Seinerseits hat sich Erzbischof Sáenz Lacalle vergebens bemüht, das *Zentrum Erzbischof Romero,* das Sobrino leitet, zu schließen und dem Theologen ein Redeverbot zu verpassen. Erst die vatikanische Abstrafung brachte ihn diesem Ziel näher. Im März 2007 warnte die römische Glaubenskongregation in einer *Notificatio*[11] vor »einigen Aspekten« der Theologie Sobrinos, die »entweder irreführend oder gefährlich« seien. Sie warf ihm vor, die Gestalt Jesu zu verfälschen, »nicht uneingeschränkt zu vertreten, dass der historische Jesus ein göttliches Sendungsbewusstsein« hatte. Grundlage sind zwei Bücher Sobrinos, in denen er die Erfahrung der Ermordung seiner Mitbrüder theologisch zu verarbeiten sucht. Der Vorwurf, er verfälsche die Göttlichkeit Jesu, erinnert an jenes mehr als drei Jahrzehnte alte Gutachten, das unter Leitung des Theologen Ratzinger der KDSE den Garaus machte (s. S. 59). Auch für Sobrinos Verurteilung gab Ratzinger den Anstoß: er hatte als Glaubenspräfekt die Untersuchung gegen ihn eingeleitet. Als Papst approbierte er die Verurteilung.

---

11 Congregazione per la Dottrina della Fede, Notificazione sulle opere del P. Jon Sobrino S. I., Vatikan, 14.3.2007.

In San Salvador hat Erzbischof Sáenz Lacalle die vatikanische Maß-regelung bereits vor ihrer offiziellen Bekanntgabe verkündet[12] und dabei noch eins draufgesetzt: Sobrino »ist sich seiner [Jesu] Menschlichkeit bewusst, aber nicht seiner Göttlichkeit; darum sind seine Thesen nicht mehr katholisch.« Da das erste Verdikt unter Benedikt jedoch keine Sanktionen gegen Sobrino zu erkennen gab, verschärfte der Opus-Dei-Mann seinerseits: »Der Heilige Stuhl stellt fest, dass die Thesen der theologischen Studien über Jesus Christus, die Pater Sobrino publiziert hat, mit der Lehre der Kirche nicht übereinstimmen; er wird daher in keinem katholischen Studienzentrum mehr Theologie unterrichten können, so lange er seine Thesen nicht revidiert.«

Dass der Opus-Dei-Erzbischof nicht über dem Papst steht, sondern lediglich päpstlicher als der Papst ist, kam dann aber doch heraus. Denn die römische Jesuitenkurie erklärte, der Orden sei »komplett einverstanden mit allem«, was Sobrino geschrieben habe. Und für die Jesuitenuniversität in El Salvador, deren Romero-Institut der Bestrafte, wie erwähnt, leitet, ist der Opus-Dei-Oberhirte überhaupt nicht zuständig.

Gleichwohl haben jetzt, wie die *Christliche Initiative Romero*[13] urteilt, der »Erzbischof von San Salvador und andere ähnlich orientierte Bischöfe wie der Kardinal von Lima, Cipriani, der ebenfalls dem Opus angehört«, die Handhabe, »Jon Sobrino zu verbieten, in ihren Diözesen Vorträge zu halten«. Zwar bescherte der »römische Blitz« (*Neue Zürcher Zeitung*), der auf den Romero-Vertrauten geschleudert wurde, ihm breite internationale Solidarität. Aber andererseits ist er auch geeignet, seine theologische, vor allem seine kirchliche Reputation zu beschädigen. Das war ja wohl auch beabsichtigt.

---

12 Fußnote 1; vgl. auch: Maßregelung des Jesuiten Jon Sobrino aus El Salvador, Erzbischof von San Salvador bestätigt vatikanische Sanktionen gegen Sobrino, in: Informationsdienst der Kirchenvolksbewegung Wir sind Kirche, 12.3.2007.

13 Norbert Arntz, Fragen zum römischen Verfahren gegen Jon Sobrino, Die langen Schatten der Inquisition, in: presente, Bulletin der Christlichen Initiative Romero, Münster, 2/2007, S. 22 ff.

> »Die Verehrung unseres Vaters zu verbreiten
> … ist, vergesst es nicht, die neue Apostolats-
> waffe, die der Herr uns geschenkt hat.«[1]

Alvaro del Portillo, Nachfolger des Vaters Escrivá

5. Kapitel

Wunderwaffe Escrivá

17. Mai 1992. Ein strahlender Sonntagmorgen, blauer Himmel über dem Petersplatz. An diesem Tag wird »El Padre«, der Gründervater, von Papst Johannes Paul II. seliggesprochen und den Katholiken als leuchtendes Vorbild präsentiert. Der Stadt und dem Erdkreis werden Größe und Macht des Gotteswerkes demonstriert.

Zum ersten Mal führt das Opus Dei seine Truppen generalstabsmäßig nach Rom. Die Mitglieder sind, soweit ihnen möglich, zur Teilnahme verpflichtet. Mitarbeiter, Freunde und Sympathisanten, vor allem junge Leute aus werkseigenen Gymnasien und korporativen Studentenheimen, wurden unter anderem mit touristischen Attraktionen angelockt.

Tagelang gleicht Rom einem Heerlager. Die Scharen des Opus Dei legen den Verkehr lahm und verursachen ein weitaus größeres Chaos, als es die Stadt ohnehin schon gewohnt ist. Bis nach Neapel und in die umbrischen Berge müssen einige der Pilger bei der Quartiersuche ausweichen, weil die Ewige Stadt seit Monaten ausgebucht ist. Selbst der Himmel über Rom ist von den Opus-Dei-Getreuen beherrscht. Alle paar Minuten landen auf dem Flughafen Fiumicino Chartermaschinen aus 60 Ländern. Allein aus Spanien treffen über 200 Flüge ein. Um den Andrang der Flieger abfertigen zu können, wird sogar das Nachtflugverbot suspendiert. Bürgermeister Franco Carraro hat

---

1 VC, S. 116 f.

seinen Römern empfohlen, das Haus nicht zu verlassen oder dem Ansturm der Pilger mit Ausflügen zu entfliehen. Doch auch auf den Straßen zum Meer und in den Pinienwäldern an der Küste sind die Mitglieder und Anhänger des Opus Dei nicht zu übersehen: drei Zeltstädte wurden aus dem Boden gestampft, mehrere Campingplätze rekrutiert; im Hafen von Civitavecchia liegt eine von 600 Spaniern gecharterte Fähre. In Ostia sind ein paar Kreuzschiffe aus Südamerika vor Anker gegangen.

Auch die Welt ist dabei, in Europa allerdings nur Italien. Der zweieinhalbstündige Festakt der Seligsprechung wird vom italienischen Fernsehen (RAI) live in Italien, nach Argentinien, Mexiko, Costa Rica, Chile, Paraguay, Uruguay, Bolivien, Puerto Rico, Trinidad und auf die Philippinen übertragen. Zwischendurch ein Film über den neuen Seligen, der Schnitt und Bearbeitung durch Opus-Dei-Experten erkennen lässt. In anderen Ländern wird das Ereignis zeitversetzt gesendet: Kanada, Venezuela, Kolumbien, Kenia, Uganda. Nicht nur der Stadt (Urbs), sondern auch dem Erdkreis (Orbis) – »urbi et orbi«– wird anlässlich der Seligsprechung gezeigt, wer die stärksten Bataillone in der katholischen Welt besitzt und die Macht hat, sie in die Urbs einrücken zu lassen.

Im Morgengrauen sind Pilgerinnen und Pilger mit Sonnenschirmen und Klappstühlen herangekommen. Auf der Via della Conciliazione, die von der Engelsburg zum Petersplatz führt, haben sich 2500 Busse aus allen Winkeln Europas gesammelt. *L'Osservatore Romano*, die Vatikanzeitung, schätzt die Zahl der Pilger auf 300 000, Beobachter sprechen realistischer von 200 000. Seit dem Heiligen Jahr 1950, so klärt ein römischer Monsignore seine Zuhörer auf, habe er eine solche Menschenmasse auf dem Petersplatz, unter den Kolonnaden Berninis und auf der Via della Conciliazione fast bis zum Tiber hin, nicht mehr gesehen. Weder die Absperrungen noch die zahlreichen Ordnungskräfte können das Gedränge bändigen.

Für das Opus Dei ist der Andrang »nicht Menschenwerk«. Flavio Capucci, der Opus-Dei-Anwalt für den Selig- und Heiligsprechungsprozess, erläutert: »Hier ist die Hand Gottes zu spüren.« Beobachter dagegen sehen einen neuen Beweis für die Effizienz des Opus Dei und führen den Massenandrang auf seine überragende Logistik zurück, mit der es seine Truppen befehligt, einsetzt und Macht vorführt. Viele Römer indes sind verärgert, dass die meisten Opus-Dei-Anhänger gleich eine ganze Woche in der Stadt lagern. Edmondo Angele, Verkehrsdezernent in Rom, muss, um Schlimmes zu verhüten, die Bürger bitten, ihre Proteste zu »dosieren«.

Es ist unzweifelhaft, dass das Opus Dei für Papst Johannes Paul II. eine herausragende Stellung hat. Nicht nur wird sein Gründer im Eiltempo seliggesprochen. Sondern auch die Organisation selbst ist bereits vor zehn Jahren privilegiert worden, indem sie zur Personalprälatur erhoben wurde. Eine Personalprälatur steht kirchenrechtlich etwa auf der Ebene einer Diözese – mit einem bedeutsamen Unterschied: Die Diözese hat ein bestimmtes *Territorium*. Dagegen ist die Personalprälatur eine weltweite Einrichtung, die an *Personen* gebunden ist. Durch die Privilegierung des Opus Dei zur einzigen Personalprälatur der katholischen Kirche ist seine Macht gewachsen. Zum Beispiel unterliegt es nicht mehr dem unmittelbaren Zugriff der Diözesanbischöfe.

Bereits 1958 hatte »El Padre« um diesen kirchenrechtlichen Status gebeten. Doch Papst Johannes XXIII. scherte sich nicht darum. 1964 wandte sich Escrivá an dessen Nachfolger, Papst Paul VI. Auch der ließ den Antrag ruhen. Aber Ende der sechziger/Anfang der siebziger Jahre begann die Stunde des Opus Dei. Es war die Zeit, in der Karl Rahner, der wohl bedeutendste deutschsprachige Theologe des vergangenen Jahrhunderts, einen »geheimen Willen« zur Rückkehr »ins Getto« erkannte.[2] Viele, meinte er in einem Kommentar zur Liquidierung der Wochenzeitung *Publik* durch die Deutsche Bischofskonferenz, wollten die Kirche wieder so, »wie sie früher war«: »Eine Gruppe, die in Glaube und Lebenspraxis und in der Reaktion auf die gesellschaftliche Umwelt in sich sehr homogen war und nach außen stolz auf ihre Geschlos-

2 Karl Rahner, in: Stimmen der Zeit, München, Januar 1972, Heft 1, S.1 f.

senheit und auf die Bedeutung, die damit gegeben war ... Man hält jeden, gewiss oft unbequemen Pluralismus in der Theologie für eine Sprengung der Einheit des Glaubens ... Man hält das traditionell Überkommene, die bloße Gewohnheit, für die goldene Mitte, der gegenüber alles Neue sich erst noch zu rechtfertigen habe. Man übersieht, dass auch das Gewohnte sehr ›extrem‹ sein kann ... Man wagt nur Experimente, die keine sind, weil sie, wie immer sie ausgehen, nichts schaden. Es gibt eine Pseudotheologie des Marsches ins Getto, eines Willens dazu, geboren aus Angst, Enttäuschung über Misserfolge, berechtigter, aber verängstigter Sorge um das Evangelium und die Kirche.«

Das Opus Dei weist diese Geschlossenheit anscheinend noch auf, schon im äußeren Erscheinungsbild: Die Priester tragen den Talar und den römischen Kragen, sie vermitteln den Eindruck einer gehorsamen, dem Papst ergebenen Truppe. Dass ihr Lehrsystem auf der Neuscholastik und Papst Pius X.[3] (1903-1914) fußt, mag manchen römischen Prälaten eher für sie als gegen sie einnehmen. Gab es noch gegen Ende des Konzils nur sehr wenige Kardinäle, die dem Werk zuneigten, so ist die Schar der Sympathisanten ab Ende der sechziger Jahre kräftig angewachsen. 1969 ist Papst Paul VI. auf den großen Wunsch Josemaría Escrivás eingeschwenkt und hat ihm geraten, den besonderen Generalkongress des Opus Dei einzuberufen, damit dieser die entsprechenden Untersuchungen zur Aufwertung des Werkes zur Personalprälatur einleite.[4] Im Klima der römischen Wende begann der weltkirchliche Aufstieg des Opus Dei.

Unter diesen Vorzeichen lautet die kirchenpolitische Botschaft des 17. Mai 1992: Escrivás Weg ist in der katholischen Kirche sehr umstritten. Doch ein Gründer, der seliggesprochen ist mit der Prognose, bald heilig zu sein, wird auch die Opus-Dei-Familie als erhaben ausweisen.

---

3 1974 empfahl Escrivá den Seinen den Rückgriff auf den »Katechismus des hl. Pius X. ..., um den Glauben eurer Kinder zu schützen«. (P. Berglar, S. 266)
4 P. Berglar, S. 149.

Ein Seliger oder Heiliger wird von der katholischen Kirche in das Verzeichnis der Heiligen, den Kanon, aufgenommen. Damit erklärt die Kirche, dass er zur Schar der Seligen und Heiligen gehöre, deren endgültige Erlösung feststehe. Heilige und Selige dürfen kirchenamtlich verehrt werden. Dem Namen des Seligen oder des Heiligen darf man Kirchen und Kapellen weihen, und man darf seine Reliquien verehren.

Selige und Heilige sind in der katholischen Kirche hehre Vorbilder, »durch die Gott uns gegenwärtig wird und zu uns spricht« (Johannes Paul II.). Sie werden vom Kirchenvolk im Gebet verehrt, ihre fürbittende Hilfe wird angerufen. Diese an sich andächtige Verehrung, die Escrivá nun in Gebet und Gottesdienst zuteil werden soll, hat für das Opus Dei jedoch eine kirchenpolitische Stoßrichtung: Die »Verehrung des Vaters« sei die »neue Apostolatswaffe«, die der »Herr uns geschenkt hat«,[5] hat Prälat del Portillo seine Gefolgsleute in einer internen Verlautbarung wissen lassen. Kein Zweifel: Durch die Seligsprechung soll auch Escrivás Werk einschließlich seiner umstrittenen religiösen und sozialen Praktiken kanonisiert werden.

Ohne römische Nachhilfe hätte das Werk seine neue Wunderwaffe allerdings nicht erhalten; nicht etwa, weil auf die Fürbitte eines Verstorbenen, der seliggesprochen werden soll, sich zunächst ein Wunder ereignet haben muss. Das war vom Vatikan längst anerkannt. Sondern: In einem bis dahin unbekannten Tempo hat die zuständige Kongregation für die Selig- und Heiligsprechungsprozesse die Erhebung Escrivás vorangetrieben. Kaum war Johannes Paul II. im Amt, als er schon einen Hardliner an die Spitze der Kongregation berief: Kardinal Pietro Palazzini. Einer seiner ersten Hoheitsakte war die Einleitung des Seligsprechungsverfahrens für Escrivá.

Zur Erläuterung: Vor einer Seligsprechung findet in Diözesen, an denen der Verstorbene gelebt bzw. gewirkt hat, ein »Seligsprechungsprozess« statt. Untersucht wird, ob sein Leben einen »heroischen Tugendgrad« aufgewiesen hat. Dazu sollen Zeugen vernommen werden.

5 VC, S. 116 f.

Nicht nur positive, sondern auch negative Stimmen sollen ausreichend zur Geltung kommen. Darüber hatte nun Palazzini die Oberaufsicht.

Papst Paul VI. hatte den Kardinal 1972 in der Versenkung verschwinden lassen. Bei der Auswertung der Ergebnisse, die auf einer Versammlung spanischer Bischöfe und Priester erzielt worden war, hatte Palazzini einzig und allein die Meinung von Alvaro del Portillo, dem damaligen Chef des Opus Dei, gelten lassen. Das Dokument, das als offiziell erschien, attackierte die Linie der spanischen Bischöfe, die sich vorsichtig vom Diktator Franco absetzten. Auf Druck des Vorsitzenden der spanischen Bischofskonferenz wurde Palazzini damals von seinem Amt entbunden. Aber nun, unter Johannes Paul II., war er der Präfekt, also der Chef, der Kongregation für die Selig- und Heiligsprechungsprozesse geworden.

Sechs Regelverstöße

Um den schnellen Sieg der Wunderwaffe herbeizuführen, sind sogar sechs Regelverstöße begangen worden:

Regelverstoß 1: Das Opus Dei hatte sein Bemühen um Escrivás Seligsprechung mit einer umfassenden Kampagne begonnen. Zunächst wurden Kardinäle und Bischöfe aufgefordert, in Rom die Eröffnung des Selig- und Heiligsprechungsprozesses zu erbitten. »69 Kardinäle und 1228 Bischöfe, etwa ein Drittel des Weltepiskopates«,[6] hätten sich dafür eingesetzt, berichtet Opus Dei. Zu diesem überragenden Ergebnis war offenbar jedoch Druck aus der römischen Kurie notwendig. Beispielsweise berichtete mir der brasilianische Kardinal Aloisio Lorscheider: Zwei Opus-Dei-Mitglieder hätten ihn aufgesucht und ihn gebeten, seine Unterschrift unter einen vorbereiteten Brief zu setzen. Er habe gesagt, er kenne Escrivá nicht, wie könne er da unterschrei-

---

6 Informationsbüro der Prälatur Opus Dei in Deutschland, Hintergrund, 16.10.1991.

ben. Doch die Antwort war: Kardinal Sebastiano Baggio (ein Freund Escrivás, der damals in der Kurie für Lateinamerika zuständig war und seine Hand auch auf Geld für Lateinamerika hatte) wolle es gern. Daraufhin hat Lorscheider die Unterschrift gegeben. Als er dann später einiges über Escrivás kirchliche und politische Einstellungen und über das Opus Dei erfuhr, hat er seine Tat bereut.

Bekannt wurde auch: Ein afrikanischer Kardinal, der einen entsprechenden Text zur Unterschrift erhielt, verstand ihn zwar nicht, unterzeichnete ihn aber.

Kurzum: Schon vor der Eröffnung des Seligsprechungsprozesses, die sechs Jahre nach dem Tod Escrivás stattfand, wurde gegen eine Regel verstoßen; denn nach dem damals noch gültigen Kirchenrecht von 1917 mussten solche Briefe spontan geschrieben werden – also nicht unter Zwang oder Druck –, und der Schreiber musste den Kandidaten persönlich gekannt haben.[7]

Doch in der »Positio« Escrivás steht, dass ihn nur 128 Bischöfe persönlich gekannt haben. Worauf haben dann die restlichen 1169 Oberhirten ihre unmittelbare Kenntnis gestützt? Zur Erläuterung: Eine Positio ist ein offizielles vatikanisches Dokument, das die Seligsprechung und die Heiligsprechung eines Verstorbenen zum Ziel hat. Sie veranschaulicht sein Leben und seine Taten, vor allem aber seinen »heroischen Tugendgrad« und seine »Heiligkeit«. Sie wird im Wesentlichen von zwei Konsultorengruppen, nämlich Historikern und Theologen, erstellt.

Nicht dokumentiert wurde, wie viele Bischöfe aus dem Opus Dei aufgefordert wurden, nach Rom zu schreiben, und wie viele dieser Aufforderung nicht nachgekommen sind; denn trotz der massiven

---

7 Das bis 1983 gültige Kirchenrecht legte in CIC 1917, Can. 2077, fest. »Litterae postulatoriae, quibus *personae insigniores in dignitate sive ecclesiastica sive civili constitutae vel personae morales expostulant* a Summo Pontifice ut causae beatificationis alicuius Servi Dei manus apponatur, utiliter exhibentur, dummodo *sponte et ex propria scientia* datae sint.« (Kursivmarkierungen durch den Autor.) Dazu siehe auch: Instruktion der Ritenkongregation vom 15.1.1935.

Einflussnahme durch das Opus Dei hat nur ein Drittel des Weltepiskopats positiv reagiert. Auch Weigerungen sind Voten.

Regelverstoß 2: Der US-amerikanische Journalist Kenneth L. Woodward vom Magazin *Newsweek*, der sich durch das Buch »Making Saints«[8] einen Namen gemacht hatte, hielt der Selig- und Heiligsprechungskongregation, insbesondere dem Opus Dei, auf einer Pressekonferenz in Rom vor, das Opus Dei habe, entgegen der Gepflogenheit, bis zum Schluss verhindert, dass Relatoren der Kongregation, die nicht unmittelbar mit dem Seligsprechungsprozess Escrivás betraut waren, in die 6000 Seiten starke Positio Einblick nehmen konnten. Schon wegen dieser Geheimhaltungen sei der Prozess nicht in der üblichen Form geführt worden.

Regelverstoß 3: Die Kongregation behauptet, bei den Verfahren in Madrid und Rom seien 92 Zeugen gehört worden. Aber die Positio nennt allein 43 Zeugen, die Mitglieder des Opus Dei seien – fast die Hälfte der Zeugen. Eine solche Parteilichkeit war unüblich. Außerdem ist es nicht nachprüfbar, wer von den übrigen dem Opus Dei zuzurechnen ist. Zum Beispiel werden ja Diözesanpriester, die in geistlicher Hinsicht dem Leiter des Opus Dei unterstehen, nicht als »Mitglieder« des Opus Dei geführt, wenngleich sie nach seinen ideologischen Vorgaben zu leben und handeln haben.

Sieht man genauer hin, merkt man außerdem, dass von den 2101 Seiten mit Zeugenaussagen insgesamt 839 vom damaligen Opus-Dei-Chef Alvaro del Portillo stammen und von seinem Vertreter, Generalvikar Javier Echevarría (dem heutigen Opus-Dei-Chef), der zudem noch Konsultor der Kongregation für Selig- und Heiligsprechungen war. Also: Etwa 40 Prozent der Zeugenaussagen kamen von den beiden engsten Mitarbeitern Escrivás.

---

8 Deutsch: Die Helfer Gottes – Wie die katholische Kirche ihre Heiligen macht, München 1991. – Zur grundlegenden Information: Winfried Schulz, Das neue Selig- und Heiligsprechungsverfahren, Paderborn 1988.

Der Theologen-Konsultor Monsignore Luigi De Magistris nannte es äußerst fragwürdig, 455 Seiten des persönlichen Beichtvaters Escrivás, nämlich Bischof Portillos, als Zeugnis zuzulassen. Zwar seien Beichtväter als Zeugen grundsätzlich nicht ausgeschlossen, aber eine solche Fülle von Seiten widerspreche der Praxis der Kongregation, zu verhindern, dass ein Beichtvater Aussagen mache, von denen er unter dem Siegel des Beichtgeheimnisses Kenntnis erhalten habe. Deshalb votierte De Magistris, ein Experte für das Kirchenrecht, sehr energisch dafür, dass Portillos Zeugnis aus den Dokumenten getilgt werde.

Regelverstoß 4: Das Kirchenrecht fordert, dass sowohl positive wie auch negative Zeugnisse gesucht und gehört werden müssen. Der Opus-Dei-Priester Flavio Capucci, der als »Postulator« (Anwalt des Opus Dei) für den Prozess verantwortlich war, erklärte zwar dazu, dass elf ehemalige Mitglieder zur Geltung gekommen seien. Aber nur ein einziger davon gab ein negatives Zeugnis, und zwar der spanische Soziologe Alberto Moncada, ein ehemaliges Mitglied des Opus Dei. Und diese Stellungnahme umfasste lediglich zwei der mehr als 2000 Seiten mit Zeugenaussagen. Darüber hinaus stellte die Positio die Aussagen Moncadas als unseriös hin und nahm sie nicht ernst.

Weiterhin: Einige Kritiker Escrivás wurden daran gehindert, zu Wort zu kommen. Unter anderem wurde ein Verwandter Escrivás ausgeschlossen – sowie sieben ehemalige Mitglieder des Opus Dei, die ihn gekannt hatten, jedoch ihm und dem Opus Dei kritisch gegenüberstanden.

Das bedeutete: Den theologischen Konsultoren war es nicht gestattet, außer dem angeblich unseriösen Moncada noch einen weiteren Zeugen, der gegen Escrivá ausgesagt hätte, zu werten. Umso haarsträubender war, dass einige der ausgeschlossenen Zeugen in der Positio durch den damaligen Opus-Dei-Generalvikar und heutigen Chef Echevarría bezichtigt werden, geisteskrank bzw. sexuell pervers zu sein. Die so Kritisierten haben erklärt, dass sie in einem geheimen Prozess ihrer eigenen Kirche ohne Möglichkeit, sich zu verteidigen, verleumdet worden seien.

Vor diesem Hintergrund hielten zwei Theologen-Konsultoren, die Prälaten De Magistris und Justo Fernandez Alonso, fest, dass die negativen Zeugen hätten gehört werden müssen. Magistris plädierte sogar für eine ergänzende Untersuchung, die Escrivás Kritiker mit einschließen solle; denn ohne sie könnten die Theologen-Konsultoren kein gerechtes Zeugnis fällen.

Regelverstoß 5: Nur einer der acht (bzw. neun, wenn man den Glaubensanwalt hinzuzählt) theologischen Konsultoren bzw. Richter in dem Prozess, nämlich Fernandez, war ein Spanier, die übrigen waren Italiener. Üblicherweise jedoch wählt die Kongregation ausreichend Konsultoren aus dem Heimatland des Kandidaten, weil sie dessen Sprache und historischen Hintergrund genau verstehen.

Der genannte Journalist Woodward sieht hier einen Zusammenhang mit der begründeten Annahme, dass sieben der Konsultoren nicht in Übereinstimmung mit der geltenden Praxis erwählt worden seien. Von vornherein seien Konsultoren, weil sie Kritiker Escrivás waren, ausgeschlossen worden. Dieses Gerücht lässt sich allerdings nicht verifizieren, weil sich der Glaubensanwalt, der – in Absprache mit dem Sekretär der Kongregation – die Theologenkommission zu berufen hatte, dazu nicht geäußert hat.

Regelverstoß 6: Zwei Richter, De Magistris und Fernandez, enthielten sich, als die Theologenkommission über die Positio zu entscheiden hatte, der Stimme, weil sie in ihr Fehler entdeckt hatten. Merkwürdig war dann der Umgang mit dem Votum von Fernandez: Er hatte es zwei Wochen vor dem abschließenden Treffen der Richter abgegeben; denn er konnte nicht daran teilnehmen, weil er sich in Spanien aufhalten würde. Doch die Offiziellen der Kongregation zogen eine unveröffentlichte Regel aus dem Jahre 1986 hervor, wonach – im Gegensatz zu positiven – nichtpositive Voten nicht gewertet würden, wenn der Konsultor abwesend sei und sein Votum nicht verteidigen könne. Aus diesem Grunde wurden die Bischöfe und Kardinäle, also die entscheidenden Mitglieder der Kongregation, und womöglich sogar der Papst, von den sehr ernsten Vorbehalten des theologischen

Konsultors Fernandez offiziell nicht in Kenntnis gesetzt. Sein Einspruch könnte ihnen bei der abschließenden Bewertung der Positio unbekannt gewesen sein.

Franco, Titel und der heroische Tugendgrad

Über die Regelwidrigkeiten im Prozessverfahren hinaus ließe sich gemäß Woodward gegen die Positio einwenden:

1. Sie vernachlässige die Beziehungen Escrivás und des Opus Dei zum Franco-Regime (s. S. 32 f.). Sie leugne, dass Escrivá in politische Angelegenheiten und wirtschaftliche Affären des Opus Dei verwickelt gewesen sei.

2. Sie stelle seinen »heroischen Tugendgrad« fest, bemängele aber nicht, dass Escrivá, wie es nicht gehörte Kritiker wussten, offenbar ein unbeherrschtes Temperament hatte, dass er seine bescheidene Herkunft zu verdecken suchte und für sich und seine Familie den Adelstitel des »Marqués« von Peralta erwarb – Eigenschaften und ein Verhalten, die kaum für Bescheidenheit, geschweige denn für einen »heroischen Tugendgrad« sprechen.

Kritik an dem Verfahren kam aber auch unmittelbar aus der Kongregation für Selig- und Heiligsprechungen, und zwar vom Jesuitenpater Kurt Peter Gumpel, der uns sagte:

»Bisher war das schnellste Verfahren das von der kleinen Therese von Lisieux, das nach ihrem Tode 26 Jahre gedauert hat, während es bei Escrivá zwischen dem Tod und seiner Seligsprechung ja nur um eine Zeitspanne von 17 Jahren geht. Das ist allerdings wirklich völlig ungewöhnlich, und ich muss Ihnen in aller Ehrlichkeit sagen, dass ich auch persönlich es vorgezogen hätte, wenn man sich etwas mehr Zeit und Ruhe genommen hätte. Ich sage das ganz abgesehen von dem, was ich persönlich denke oder denken kann über die Person von Josemaría Escrivá oder über das Opus Dei im allgemeinen, damit hat meine Kritik gar nichts zu tun; es geht mir um ein Prinzip – wenn es sich um Personen handelt, die in sehr exponierter Stellung gewesen sind, die stark in die Öffentlichkeit getreten sind, die schon während ihres Lebens zum Teil sehr umstritten waren, wie das bei Escrivá ohne Zweifel der Fall ist. Wenn auch nach deren Tod immerhin die Meinungen sehr geteilt sind, manche Leute wirklich glühend begeistert sind, andere sehr dagegen sind, dann sollte man nach meiner Meinung zuwarten. Ich bin lange Jahre Universitätsprofessor gewesen; und als ich selbst Student war, hatte ich ausgezeichnete Professoren, die uns immer sagten: ›Wissen Sie, wenn es sich um eine Person handelt, die in der Öffentlichkeit stark hervorgetreten ist, die umstritten war, dann kann eine definitive Biografie, wenn alles gut geht, vielleicht nach 30, 40 oder 50 Jahren verfasst werden.‹ Und dasselbe gilt natürlich auch für unsere Prozesse. Und deswegen hat es mir irgendwie leid getan, dass man dieses Verfahren immerhin in einer so ungewöhnlich kurzen Zeit durchgebracht hat.«[9]

Mehrere Kirchenführer, allen voran der spanische Kardinal Vicente Enrique y Tarancón,[10] der inzwischen verstorbene Alterzbischof von Madrid und einer der angesehensten Kirchenführer in Escrivás Heimatland, haben offen für die Aussetzung des Seligsprechungsverfahrens plädiert. Vergebens.

Kirchenpolitik statt Volksfrömmigkeit

In der römischen Festwoche des Opus Dei, die sich an Escrivás Seligsprechung in Rom anschloss, outeten sich mehrere Kardinäle als Sympathisanten des Opus Dei, indem sie öffentlich Gottesdienste für dessen Pilger aus aller Welt hielten. Die meisten unter ihnen waren

---

9 Kurt Peter Gumpel in: Peter Hertel/Norbert Sommer, Selig die Armen – Wie der Papst die Vorbilder macht, Norddeutscher Rundfunk Hannover, 28.5.1995, Manuskript.
10 Tarancón, sorprendido por la rapidez de la beatificación del fundador del Opus Dei, in: El País, Madrid, 11.7.1991.

als solche bekannt. Zum ersten Mal war der Glaubenspräfekt Joseph Ratzinger in dieser Gruppe anzutreffen.[11]

Und schließlich: Ein Jahr nach der Seligsprechung gab sich der rheinische Dominikanerpater Ambrosius Eßer, der Generalrelator, als Escrivá-Fan zu erkennen. Zwar war bekannt, dass er unnachgiebig Druck gemacht hatte, damit Escrivá seliggesprochen werde. Aber erst jetzt wurde seine Parteinahme offenkundig: Er schrieb für ein Buch, das von zwei Priestern des Opus Dei herausgebracht wurde und das sich mit dem neuen Seligen beschäftigte, als einziges Nichtmitglied des Opus Dei einen Beitrag.[12] In einer regelrechten Hymne sah er den neuen Seligen bereits als Heiligen und stilisierte ihn zum Retter der Kirche empor. Im zentralen Absatz über das »Generalthema Josemarías«, wie er ihn vertraulich beim Vornamen nannte, legte Eßer dar: Escrivás »Wiederentdeckung der Heiligkeit als Berufung für alle Christen« ziele darauf, dass »die große Mehrheit« der Christen nicht »getrost ein Leben im Sumpf fauler Kompromisse mit Ideologien, Moden und Zeitlastern führen könnten. Das wäre wohl ganz im Sinne der kirchenfeindlichen Mächte des Liberalismus, der Freimaurerei, des sogenannten Antiklerikalismus usw. Alle diese Kräfte würden die Abschaltung eines so großen Teils von der religiös-spirituellen Kraft der Kirche begrüßen. Die Infiltration weiter katholischer Massen mit dem Geist dieser Welt, der sich heute vor allem in den weithin zum Selbstzweck gewordenen Massenmedien zeigt – nicht umsonst hatte Marshal McLuhan gesagt: ›The Medium is the Message‹ –, bedingt die praktische innere und äußere Wehrlosigkeit der Kirche gegenüber antikirchlichen, antipäpstlichen und antireligiösen Kampagnen.«[13]

---

11 Seligsprechung von Josemaría Escrivá, in: Der selige Josemaría Escrivá, Informationsblatt des Opus Dei, Nr. 13, Sonderheft, Köln/Wien/Zürich, ohne Datum, S. 19.

12 Ambrosius Eßer OP, Das Licht der Heiligen – Zu Josemaría Escrivá, in: Becker/Eberle, S. 45-54.

13 Ebd., S. 48 f.

Nun war es klar: Anlass und Ziel der Seligsprechung hatten eher mit Kirchenpolitik als mit »Heiligenverehrung« und »Volksfrömmigkeit« zu tun – eher mit religiöser und gesellschaftlicher Macht der Kirchenleitung als mit dem Glauben des Kirchenvolkes. Umso energischer nahmen das Opus Dei und seine Kumpanen im Vatikan nun auch das Ziel in Angriff, den seligen Josemaría zu einem Heiligen zu machen. Der Prozess der Kongregation war ja geführt, notwendig war nur noch ein zweites Heilungswunder, das, so war bereits drei Tage nach der Seligsprechung aus dem Opus Dei zu hören, vorgezeigt werden könne.[14] Zehn Jahre danach war es so weit: Johannes Paul II. erkannte zum zweiten Mal ein Wunder an, das auf Anrufung Escrivás erfolgt sei. Der Heiligsprechung stand nichts mehr im Wege.

14 Opus Dei bereitet nun auch Heiligsprechung für Escrivá vor, in: KNA, Bonn, pl 117, 20.5.1992.

>*Um den Körper zu züchtigen und ihn
dienstbar zu machen, sollen die Numerarier
und Assoziierten des Opus Dei mit Zustimmung ihres geistlichen Leiters an der frommen Gewohnheit festhalten, täglich mindestens zwei Stunden einen kleinen Bußgürtel
zu tragen; außerdem sollen sie einmal pro
Woche die Geißel benutzen und auf dem Fuß-
boden schlafen, sofern es ihrer Gesundheit
nicht schadet.«*[1]* * **Aus den Regeln des Opus Dei**

6. Kapitel

Geißel und Reißwolf

Im Oktober 2002 erschien das Heer des Opus Dei wiederum in Rom
und wiederholte sein Schauspiel. Javier Echevarría Rodríguez, der
zweite Escrivá-Nachfolger, revanchierte sich mit einem Gelöbnis:
das Opus Dei werde dem Papst durch »intensive Gebete« wie berufliche Arbeit weiterhin mit Inbrunst dienen; und durch »großzügige
Abtötungen«[2].

Bereits als Generalvikar des Opus Dei hatte Bischof Rodríguez mit
seinem Vorgänger Portillo den Vatikan wissen lassen: Das Opus Dei
biete »dem Heiligen Stuhl die Möglichkeit, bei größerer Effizienz
über ein mobiles Corps von akkurat vorbereiteten Priestern und
Laien zu verfügen, die überall ein mächtiges geistliches und apos-
tolisches Ferment christlichen Lebens wären; dies vor allem im Bereich der Gesellschaft und im Berufsleben, wo es heute oft nicht

---

1 GF, Nr. 125.
2 Heiliger Josefmaria Escrivá, Informationsblatt Nr. 22 – März 2003, Köln/Wien/
Zürich, S. 35.

leicht ist, in apostolisch-einschneidender Weise mit denjenigen Mitteln anzukommen, die der Kirche gewöhnlich zur Verfügung stehen«[3].

Die rituelle Einübung abtötender Selbstopferung hatte Gründer Escrivá in den lateinischen »Constitutiones« festgelegt. Nach seinem Tode wurden sie in den Regeln »Geist und Fromme Gewohnheiten« bestätigt. Weiterhin unterliegen die Ehelosen (knapp 50 Prozent der Mitglieder) rigoroser Askese. Sie geißeln sich einmal in der Woche, indem sie sich mit einer Peitsche auf Rücken und Hinterteil schlagen, tragen jeden Werktag mindestens zwei Stunden lang einen Bußgürtel:[4] ein dornenbespicktes Band, das mit den Dornen nach innen um den Oberschenkel gebunden wird und Wunden verursachen kann.

Die Männer und Frauen des Opus Dei, kodifizierte Escrivá 1950 in den »Konstitutionen«, bilden »eine Familie, unbelastet von den Beschwernissen der Fleischeslust und eine ›militia‹ [Kampftruppe, Heerschar], die zu größtmöglicher Stärke gerüstet ist dank straffster Disziplin«. Die Regeln »Geist und Fromme Gewohnheiten« aus dem Jahre 1990 formulieren: »eine Familie, die in froher und liebevoller Zuneigung verbunden ist; und eine Kampftruppe, zum geistlichen Kampf bestens gerüstet dank straffster Disziplin.«[5] Allerdings: das lateinische Wort *disciplina* bedeutet nicht nur *Disziplin*, sondern auch *Geißel*. Deshalb ließe sich auch übersetzen: » ... bestens gerüstet dank harter Geißelung«.

Beides will das Opus Dei sein: Familie und Kampftruppe. Dieses Selbstverständnis findet seinen Ausdruck in der Führungsstruktur, die patriarchalisch und quasi-militärisch ist: an der Spitze der Opus-Dei-Prälat, der unabhängig von seiner Familie entscheiden kann und blinden Gehorsam erwarten darf; ihm unterstehen die Priester, dann

---

3 S. Einführung, Fußnote 10.
4 Fußnote 1.
5 GF, Nr. 64. Wortlaut der wichtigsten dieser Regeln in: P. Hertel, Geheimnisse des Opus Dei, a.a.O.

folgen im Range die ehelosen männlichen Laien, die ehelosen Frauen und schließlich die Verheirateten.

Die Priester zählen zu den »Numerariern«. Dazu gehört auch die mittlere Führungsebene: männliche Laien, die, den Priestern ähnlich, ein Theologiestudium absolviert haben und zölibatär leben. Auch bei den Frauen gibt es zölibatäre Numerarierinnen, die aber – im Gegensatz zu den männlichen Laien – Führungsaufgaben für das Gesamt-Opus-Dei nicht übernehmen können. Über die zölibatäre Generalität im mobilen Corps schrieb Escrivá: »Die Ehe ist für das Fußvolk und nicht für den Generalstab Christi. Nahrung ist für jeden einzelnen notwendig, Zeugung aber nur, um die Art zu erhalten. Einzelne dürfen sich ihr entziehen.«[6]

In der Damensparte gibt es nicht nur Numerarierinnen, sondern auch *Hilfs*-Numerarierinnen. Während die Numerarierinnen bei ihrer Arbeit – laut Bestimmung von 1985 – weiß gekleidet sind, haben die Hilfs-Numerarierinnen ein farbiges Kleid zu tragen. Zu ihrer Uniform gehört eine gestraffte Frisur.[7]

In die Führungscrew können nur Priester gelangen, eine überschaubare Riege, derzeit gut zwei Prozent der Mitglieder. Die Priester, die ein Doktortitel schmücken soll, haben das Opus-Dei-Volk nach einer uniformen neuscholastischen Doktrin zu unterweisen. Escrivá zweifelsfrei: »Wenn ein Laie sich zum Lehrmeister der Moral aufschwingt, irrt er sich häufig. Laien können nur Schüler sein.«[8]

Im Einzelnen ergibt das Studium der internen Schriften des Opus Dei 15 Gruppen:

1. Priester-Numerarier, 2. Inscritos, 3. gewöhnliche Laien-Numerarier, 4. Assoziierte, 5. Supernumerarier, 6. Inscritas, 7. gewöhnliche

---

6 J. Escrivá, Camino, Nr. 28.
7 Regulae internae pro Administrationibus (Interne Regeln für die Verwaltung = Frauenabteilung; **künftig zitiert: RE**), editio sexta, Rom MCMLXXXV, Nr. 38.
8 J. Escrivá, Camino, Nr. 61.

Klassen im Opus Dei

Die Numerarier/innen sind Vollakademiker/innen. Nach Möglichkeit sollen sie einen akademischen Titel besitzen. Sie bleiben unverheiratet. Ähnlich den Mönchen und Nonnen verpflichten sie sich zu Armut, Keuschheit und Gehorsam, legen allerdings keine Gelübde ab, sondern gehen entsprechende vertragliche Bindungen gegenüber dem Prälaten ein. Sie wohnen – nach Männern und Frauen getrennt – meist in Opus-Dei-Zentren. Ihr Anteil wird auf gut 20 Prozent geschätzt.

Die Numerarierinnen-Hilfskräfte der Frauenabteilung müssen keinen akademischen Abschluss haben. Sie widmen ihr Leben vornehmlich den manuellen Arbeiten oder häuslichen Pflichten (Kochen, Waschen, Putzen), auch bei den zölibatären Männern.

Die Priester sind Numerarier, waren zunächst zölibatäre Laien – Numerarier (vornehmlich Inscritos) oder (selten) Assoziierte –, ehe sie für das Priesteramt ausersehen wurden. Sie bilden den »Klerus der Prälatur«. Nur die Priester-Numerarier sind für die obersten Leitungsaufgaben qualifiziert. Anteil: gut zwei Prozent.

Die Assoziierten leben ebenfalls im apostolischen Zölibat, gehören aber zu allen Berufen und Schichten. Anteil: etwa 20 Prozent.

Die Supernumerarier/innen siedeln auf der untersten Ebene. Sie sind Laien im Opus Dei, die seit 1950 heiraten dürfen. Die Männer beachten dieselben Normen wie die Numerarier und Assoziierten. Der Anteil der Supernumerarier/innen dürfte gut 50 Prozent betragen.

Die Inscritos/Inscritas (wörtlich: Eingeschriebene) sind aus den Numerarier/innen erwählt. Sie werden nicht in den päpstlich approbierten Statuten, wohl aber in geheimen internen Schriften erwähnt. Sie bilden die oberste Mitgliedsgruppe, werden geheim ernannt, binden sich neben dem normalen Vertrag durch ein weiteres Treueversprechen an die Prälatur und sind für Führungsaufgaben qualifiziert.

Numerarierinnen, 8. Hilfs-Numerarierinnen, 9. weibliche Assoziierte, 10. Supernumerarierinnen. Dazu kommen Nicht-Mitglieder, die dem Werk angeschlossen sind: 11. Aspiranten (14-17 Jahre), 12. Priester-Assoziierte, 13. Priester-Supernumerarier, 14. Kleriker-Aspiranten (künftige Diözesanpriester), 15. Mitarbeiter.

Die einzelnen Gruppen leben weitgehend voneinander abgeschottet. Nur die Priester sind übergreifend tätig.

Die *ehelosen* Männer und Frauen der Familie Opus Dei haben sich möglichst voneinander fernzuhalten. Selbst wenn sie praktisch unter einem Dach wohnen, sollen die Männer nicht einmal die Namen der Frauen kennen – und umgekehrt.[9]

Der französische Opus-Dei-Priester Dominique le Tourneau schreibt über die Numerarier und Numerarierinnen: »Sie führen ein Familienleben wie eine normale christliche Familie.«[10] Dahinter scheint ein geschlechtsneutrales Familienbild zu stecken: die numerarische Elite lebt nämlich, separiert nach Männern und Frauen, zölibatär zusammen und hat keine Kinder.

Aus den lateinischen »Internen Regeln für die Verwaltung«:

(»Residenz« meint ein Haus der Männerabteilung. »Die Verwaltung« beinhaltet dreierlei: erstens den Wohnbezirk der Frauenabteilung, der an die Residenz grenzt; zweitens: die Bewohnerinnen selbst, Numerarierinnen und Hilfs-Numerarierinnen; drittens: die Hausarbeiten, die die Frauen in der Verwaltung und in der Residenz für die Männer verrichten.)

»Die Verwaltung und die von ihr zu versorgende Residenz sind so vollständig voneinander unabhängig, dass sie so leben, als ob sie mehrere Kilometer voneinander entfernt wären.«

»Der Eingang der Residenz ist stets vom Eingang der Verwaltung verschieden; soweit möglich, soll man sogar dafür sorgen, dass jeder Eingang sich an einer anderen Straße befindet, sodass die Personen,

---

9 RE, 13.
10 Dominique le Tourneau, Das Opus Dei, Stein am Rhein 1987, S. 144.

die in den beiden Häusern leben, absolut unabhängig eintreten und hinausgehen können.«[11]

Die öffentlichen Umgangsformen zwischen den Geschlechtern der platonischen Opus-Dei-Familie sind ziemlich streng. Regel aus der geheimen lateinischen Schrift »Geist und Fromme Gewohnheiten«:

»Die Mitglieder des Werks ... verweilen nie – auch nicht aus außerordentlichen oder dringlichen Gründen – mit einem Kollegen bzw. einer Kollegin des anderen Geschlechts allein im Büro, in der Klinik usw.; man sucht sie auch nicht in ihrer Wohnung auf; falls sie miteinander irgendeine Tätigkeit außerhalb des gewöhnlichen Arbeitsortes auszuüben haben, begeben sich die beiden nie allein dorthin, sondern lassen sich von weiteren Personen begleiten oder sie verabreden sich am Ort, an dem sie diese gelegentliche Arbeit zu leisten haben.«[12]

Die Einteilung der Mitglieder in Klassen bewirkt, dass auch das Wissen über das Opus Dei im Opus Dei separiert ist. Am meisten wissen die ehelosen männlichen Numerarier. Aber sogar unter ihnen ist der Wissensstand recht unterschiedlich: ein Inscrito, der an Leitungsaufgaben teilhat und so den höchsten Rang bekleidet, den ein Opus-Laie erreichen kann, weiß in der Regel mehr als ein gewöhnlicher Numerarier oder gar ein Numerarier-Student. Zu denjenigen, die womöglich umfassendere Kenntnisse über Interna haben, gehören wohl nur Inscritos, vor allem die Priester der Opus-Dei-Familie: Der Leiter eines Landes weiß viel, am meisten wissen wohl der Prälat und das priesterliche Quartett, das ihn berät.

Aus dem internen »Vademecum für die örtlichen Räte«: »Das Opus Dei ist eine Familie, die durch übernatürliche Bande zusammengehalten wird, und die Söhne brauchen – wie das in den Familien der Fall ist – nicht in alles eingeweiht zu sein, was ihre Eltern stark beschäftigt,

11 RE 3 und 11.
12 GF, Anm. 10.

und die jüngeren Söhne brauchen nicht um alles zu wissen, was den Eltern und den älteren Söhnen bekannt ist.«[13]

Ja, wie in geheimen Organismen üblich, kennen sich Mitglieder verschiedener Opus-Dei-Gruppen, zum Beispiel Männer und Frauen, Ehelose und Verheiratete, oft nicht einmal untereinander. In Geheimbünden weiß das rechte Auge nicht, was das linke sieht, erst recht wissen die Hände nicht, was die Füße tun – nur das Gehirn weiß alles. Deshalb kennt selbst der gewöhnliche Laien-Numerarier das Werk höchstens bis zur Augenhöhe. Für das Opus Dei hat das den Vorteil, dass ein Abtrünniger nur Häppchen der Werksrealität an die Öffentlichkeit bringen kann.

Wer der Kampftruppe auf Lebenszeit beitreten will, muss mindestens 23 Jahre alt sein. Um dieses Ziel zu erreichen, muss der Kandidat schon als Jugendlicher in die Schule des Opus-Innenlebens eingetreten sein: Mit 16 1/2 Jahren schreibt er den »Brief« an die Leitung des Opus Dei und bittet um die »Admissio«, die einfache Zulassung, die er dann mit 17 erhält. Bis zum Jahr 1982, solange die Konstitutionen galten, war das Zulassungsalter auf 15 Jahre festgelegt. In den neuen Statuten wurde das Alter – entsprechend dem Kirchenrecht – um zwei Jahre heraufgesetzt.

Pfiffige Hürdenumgehung

Doch, wie aus dem geheimen »Vademecum«[14] ersichtlich, hat die Organisation einen Weg gefunden, die juristische Hürde pfiffig auszutricksen. 14-Jährige schreiben weiterhin einen »Brief«, worin sie eine Entscheidung für das Opus Dei treffen. Sie bekunden ihre Absicht, mit 17 Jahren unter die zölibatären Mitglieder aufgenommen zu werden. Als Basis dient eine Bestimmung der päpstlich approbierten Statuten, wonach der 17-Jährige vorher als Aspirant geführt werden

13 VC, S. 111.
14 VC, S. 19.

kann. Daraus ist im Opus Dei ein Aspirantenstatus für zukünftige ehelose Mitglieder entwickelt worden, der es erlaubt, die alte Praxis weiterzuführen und den Geist des Kirchenrechts zu ignorieren. Im Gegensatz zu früher kann man zwar die juristische Zulassung erst mit 17 Jahren erhalten. Aber praktisch ist unverändert, dass die Integration in das Innenleben des Opus Dei bereits mit 14 1/2 Jahren beginnt, wenn es den »Brief« akzeptiert hat. Willig unterwerfen sich die Alumnen dann den religiösen Übungen des Opus Dei und erhalten Kurse und Lehrunterweisungen. Zwei bis drei Wochen, nachdem sie die Admissio beantragt haben, können sie am Circulo Breve (deutsch »Kreis« genannt) teilnehmen.[15]

Im Kreis erforschen die Opus-Mitglieder wöchentlich gemeinsam, ob sie die Normen des Opus Dei erfüllt haben.[16] Einige Fragen:
• Habe ich die gewohnten Abtötungen unterlassen?
• Beweise ich durch Taten meinen Eifer, für das Opus Dei neue Mitglieder zu gewinnen?
• War ich gegenüber meinen Leitern stets tief ehrlich, indem ich persönliche Spontaneität und Verantwortungsgeschick miteinander verbunden habe und indem ich, in Demut unterwürfig und von Herzen, die Vorschriften im Hinblick auf das geistliche Leben und das Apostolat auf mich genommen habe?

14-Jährige nehmen nicht nur an diesen Kreisen teil, sondern sie haben auch bereits ihren persönlichen Leiter, mit dem sie sich wöchentlich zur Aussprache treffen, und jede Woche beichten sie bei einem Priester des Opus Dei.[17]

Im Opus Dei herrschen Bücherverbot und Zensur.[18] Das Zweite Vatikanische Konzil hatte den Index, das Verzeichnis der für Katholiken

---

15 Ebd.
16 Dem Autor liegt der lateinische Wortlaut vor.
17 VC, S. 20 f.
18 Ausführlich aus dem »Vademecum« zitiert in: P. Hertel, Geheimnisse des Opus Dei, S. 139-143.

Schmutz und Schund im Reißwolf des Opus Dei

Die Mitglieder dürfen nur lesen, was erwiesenermaßen nichts Gefährliches gegen Glauben und Kirche enthält. Deshalb sind ihnen mehr als 1000 Werke verboten. Zu ihren Autoren gehören, nach Berichten ehemaliger Mitglieder:

Sophokles, Platon, Luther, Lessing, Spinoza, Kant, Hegel, Hauptmann, Schopenhauer, Nietzsche, Brecht, Pasternak, Solschenizyn, Küng.

Die Zensur wird in der geheimen Schrift »Vademecum für die örtlichen Räte« angeordnet:

»Um die örtlichen Räte in ihrer Aufgabe zu unterstützen, wird den Zentren von Zeit zu Zeit die geeignete Dokumentation gesandt: Bewertungen von Büchern in der Sicht des Glaubens, kurze bibliographische Angaben, Rezensionen, positive Bibliographien, ein allgemeines Verzeichnis von Büchern zur kulturellen Bildung usw. ... Konkret darf man ohne die notwendige Erlaubnis nicht lesen: die Bücher und Artikel von nichtkatholischen Autoren, die ausdrücklich religiöse Themen behandeln, es sei denn, sie enthalten mit Gewissheit nichts gegen Glaube oder Sitten ... die Bücher, die zwar nicht ausgesprochen antikatholisch, häretisch, unmoralisch usw., aber doch zweideutig und verwirrend im Hinblick auf Glauben und Moral sind.«

Wenn ein Mitglied des Opus Dei tätig werden möchte als Autor von Artikeln, Aufsätzen, Drehbüchern, Fernseh- oder Rundfunksendungen usw. über Stoffe, die mit dem Glauben oder den Sitten zusammenhängen, muss ihm die Leitung vorher Erlaubnis erteilen. Die Organisation behauptet, es handle sich hier um »Beratungen« der Mitglieder. Doch aus den Regeln ergibt sich: Wer den Rat nicht befolgt, muss das Opus Dei verlassen:

»Dazu nicht bereit zu sein, ist Grund dafür, dass jemand [zu den Aufnahme-Versprechen] nicht zugelassen werden kann bzw. um Austritt ersuchen muss.«[19]

verbotenen Bücher, abgeschafft; im Opus Dei wird es verschärft fort-
geschrieben und ständig aktualisiert. Lesen darf man nur, was von
verantwortlichen Mitgliedern der römischen Zentrale bzw. der Regionalkommission kontrolliert bzw. gesichtet worden ist und für sie
nichts Gefährliches gegen Glauben und Kirche enthält.

Das Opus Dei sagt, es handle sich nur um Ratschläge an die Mitglieder. Doch in Wirklichkeit sind es strikte Anweisungen; denn wer sie
nicht befolgt, muss, wie das »Vademecum für die örtlichen Räte« fest-
legt, das Opus Dei verlassen.

Ehemalige Mitglieder sagen, durch die Regeln und durch die
Kontrolle ihrer Anwendung werde hoher Gewissensdruck ausgeübt,
der zu Persönlichkeitsveränderungen führen könne, wie Sekten
sie produzieren. Das Opus Dei selbst weist Aussagen über repressive Praktiken, indoktrinierenden Zwang und scharfe Zensur
zurück: Die Mitglieder lebten in Freiwilligkeit und Eigenverant-
wortlichkeit.

Gerade für Mitglieder, die in jungen Jahren dem Innenleben des
Opus Dei eingegliedert worden sind und dann wieder austreten wollen, ist dies ungemein schwer. »Im Übrigen verspreche ich euch den
Himmel«,[20] hat Vater Josemaría seinen Kindern zugerufen. Aber
wenn eines von ihnen dem Werk entfliehen will, kann es sein, dass
ihm die Hölle verheißen wird. Aus zahlreichen Berichten greife ich
zwei heraus. María del Carmen Tapia, ehemaliges Opus-Dei-Mitglied
und Leiterin der Druckerei in der römischen Zentrale:

»Ich wurde acht Monate lang regelrecht unter Hausarrest gehalten.
… Ich wurde dauernd überwacht, durfte weder Briefe schreiben noch
telefonieren. Man sagte mir, wenn jemand nach mir frage, werde man
antworten, ich sei krank oder weggegangen … Dann wurde ich gezwungen, meinen Austritt aus dem Opus Dei zu erklären … Dieses
letzte Treffen mit dem Vater, an dem mehrere Frauen und Priester aus

19 VC, S. 99 ff.
20 J. Escrivá, in: Crónica, 1971, Heft 1.

dem Opus Dei teilnahmen, war unglaublich. Er beschuldigte mich in einer schmutzigen Weise. Er erwähnte zwei Priester des Opus Dei, die er wegen ihrer Hautfarbe ›Neger‹ nannte. Sein Schreien in der Mitte des Raumes, der ›Kapelle der Reliquien‹ genannt wird, erschien mir als höchst seltsam, ein wahrer Albtraum. Die zentrale Direktorin sagte mir, dass ich das Opus Dei in Todsünde verlassen würde wegen meiner Weigerung, die Postfachnummer herauszugeben. Ich wurde in einen Beichtstuhl gezwungen, und ein Opus-Dei-Priester sagte mir, auch wenn ich ein Leben der Buße verbringen würde, sei meine Rettung unwahrscheinlich.«[21]

Widmar Puhl, ehemaliger Numerarier in der Öffentlichkeitsarbeit des deutschen Opus Dei, schilderte in einer Rundfunksendung ein Erlebnis: »In Stuttgart bekam die Verlobte eines Opus-Dei-Mitgliedes, dem man mit 16 Jahren das Zölibatsversprechen abgenommen hatte und das nun heiraten oder austreten wollte, einen anonymen Anruf. Am Telefon war eine Frau, die sich als Mitglied des Opus Dei zu erkennen gab und meinte, ihr Name tue nichts zur Sache. Sie sagte, wer einen Diener Gottes in solche Abgründe der Sünde stürze, sei des Teufels, ihm sei nichts heilig und es sei besser, man hänge ihm einen Mühlstein um den Hals und versenke ihn in die Tiefe des Meeres. Die junge Frau aus Stuttgart unternahm einen Selbstmordversuch, kurz nachdem die anonyme Anruferin eingehängt hatte.«[22]

Die geistliche und körperliche Selbstdisziplinierung der Zölibatären muss von den Supernumerariern, die verheiratet sind oder heiraten dürfen, nicht übernommen werden. Sie müssen die Bußwerk-

---

21 María del Carmen Tapia, Good housekeepers for Opus Dei, in: National Catholic Reporter, Kansas City, 27.5.1983, S. 10-13.

22 Widmar Puhl, Die zwei Gesichter des Opus Dei. Theorie und Wirklichkeit einer katholischen Einrichtung, Deutschlandfunk, 27.6.1984. Puhl war, bevor er das Opus Dei verließ, in der Informationsabteilung des deutschen Opus Dei tätig. P. Berglar dankt ihm in seinem Buch als einem seiner Mitarbeiter.

zeuge nicht benutzen und töten sich vor allem durch hohe finanzielle Spenden ab. Da die meisten Opus-Dei-Angehörigen beruflich wie
gesellschaftlich auf gehobenen Rängen residieren, fließen die Geld-
opfer auf Konten des Opus Dei reichlich.

Aber auch Escrivás Heiligenschein bereichert die Organisation, indem er sie gegen binnenkirchliche Vorwürfe immunisiert. Ein katholischer Christ, der seit Oktober 2002 behauptet, Escrivá sei nicht heilig, kann vom Vatikan disziplinarisch abgestraft werden.

*»Initiativen. – Du sollst sie in deinem Aposto-
lat innerhalb der Grenzen des dir Aufgetrage-
nen entwickeln. Wenn sie über diese Grenzen
hinausgehen oder du im Zweifel bist, dann
frage deinen Vorgesetzten, ohne deine Gedanken einem anderen mitzuteilen. Behalte stets
im Auge, dass du nur ein Ausführender bist.«[1]*

Josemaría Escrivá, Gründer des Opus Dei

7. Kapitel

Hinter den Mauern des Schweigens

Das Opus Dei meldete 1979 dem Heiligen Stuhl, es habe in »87 Nationen« insgesamt »72 375 Mitglieder«.[2] Seitdem wird häufig berichtet,
das Opus Dei gebe es in 87 Ländern. Doch in Wirklichkeit war damals
das Opus Dei als Säkularinstitut nur in 43 Ländern errichtet. Die Personalprälatur von heute hat Filialen in 64 Staaten. Mitglieder wirken
in etwa 100 Ländern.

Während diese Zahlen belegbar sind, lassen sich die Mitgliederzah-
len, die das Opus Dei und mit ihm das Päpstliche Jahrbuch veröffentlicht, von Außenstehenden nicht nachprüfen. Denn einen Einblick in
seine Personalkarteien verweigert das Opus Dei.

Zwar behauptet es, es sei kein Geheimbund. 1986 überraschte die
Prälatur sogar mit der Meldung, sie gehe ins Internet und gebe allgemein Auskunft über sich. Manche folgerten, die Geheimhaltung sei
passé.

Im Internet hieß es außerdem, die etwa 50 Informationsbüros des
Opus Dei in einzelnen Ländern würden gern Auskunft geben. Des-

---

1 J. Escrivá, Camino, Nr. 619.
2 A. del Portillo/E. Echevarría, Trasformazione, S. 9.

halb hat, als ich in Frankreich mit den Vorbereitungen für ein Buch über das Opus Dei[3] begann, der katholische Verlag Golias an sämtliche im Internet angegebenen Fax-Adressen der Informationsbüros einen Fragenkatalog geschickt, damit ich eine möglichst exakte Gesamtbewertung der Ausbreitung und der Macht des Opus Dei vornehmen könne.

Das Frageraster, das jedes Einzelne der Informationsbüros in einem persönlichen Schreiben entweder auf Englisch, Französisch, Deutsch, Italienisch oder Spanisch mit der Bitte um Beantwortung erhielt, war gleichlautend:

• Wie viele Mitglieder hat das Opus Dei in (Land jeweils eingetragen)?
• Wie viele davon sind Priester?
• Wie viele Priester gehören in (Land) der Priesterlichen Gesellschaft vom Heiligen Kreuz an?
• Wie viele Mitarbeiter hat das Opus Dei in (Land)?
• In welchen Orten (Städten und Gemeinden) in (Land) gibt es Zentren der Personalprälatur?
• In welchen Orten (Städte und Gemeinden) gibt es in (Land) Korporative Werke des Opus Dei?

Dem Schreiben nach Italien wurde noch hinzugefügt: Wie viele Mitglieder des Opus Dei sind im Vatikan tätig?

Nach Stiftungen, Banken usw. habe ich erst gar nicht fragen lassen, weil die Personalprälatur behauptet, sie habe damit nichts zu tun; diejenigen, die darüber Auskunft haben wollten, seien Ignoranten, weshalb man ihnen nicht antworte.

Das Ergebnis war: Absolutes Schweigen. Kein Einziges der etwa 50 Büros hat geantwortet.

In der Tat gibt das Werk nur preis, was es mitteilen möchte oder was bereits gegen seinen Willen herausgekommen ist. Ein Autor, der Angaben überprüfen möchte und weitere Informationen benötigt, um zu einer sachgerechten Bewertung dieser kirchlichen Organisation zu kom-

---

3 Opus Dei, Villeurbanne Cedex 2002.

men, stößt, wenn er nicht zu ihren Freunden oder Sympathisanten gehört, auf eine Mauer weltweiten Schweigens – getreu Sankt Josephmarias Rügen für jene, die seinem Werk zu nahe rücken: »Du fragst herum und horchst aus, du bist ein Schnüffler und Schleicher. Schämst du dich nicht, bis in deine Fehler hinein so wenig Mann zu sein?«[4]

Deshalb können die Daten in diesem Kapitel nicht vollständig sein. Sie beruhen auf den spärlichen Informationen, die das Opus Dei publiziert, die von ehemaligen Mitgliedern kommen, oder auf meinen Recherchen und langjährigen Beobachtungen der Opus-Dei-Szenerie.

Die drei Ebenen

Das generalstabsmäßig organisierte Gebäude des Opus Dei hat drei Ebenen:

1. Ebene: Die Personalprälatur

Das Opus Dei ist eine Personalprälatur, deren rechtliche Struktur im katholischen Kirchenrecht (CIC) bzw. im Sonderrecht des Opus Dei (Codex particularis Operis Dei) beschrieben ist. Es wird nicht in einem Staat, sondern in einer Diözese errichtet. Der Diözesanbischof muss die Erlaubnis geben. Sie wird in der Regel selbst von Bischöfen, die dem Opus Dei kritisch oder ablehnend gegenüberstehen, erteilt, weil sie sonst wohl Ärger mit dem Heiligen Stuhl bekommen würden. Dann gründet das Opus Dei in einer Stadt ein Zentrum und kann sich durch die Errichtung weiterer Zentren in dieser Diözese ausdehnen. In der Regel werden in jeder Stadt, in der das Opus Dei tätig wird, gleich zwei Zentren gegründet: eins für die Männer, eins für die Frauen.

Die Zentren innerhalb eines Staates oder einer staatenübergreifenden Region haben eine Zentrale mit den rechtlich vorgesehenen Kommissionen und Räten, getrennt nach Männern und Frauen. An

4 J. Escrivá, Camino, Nr. 50.

der Spitze der Region steht ein Priester (»Regionalvikar«). Er wird von der Regionalkommission beraten, der – laut Codex des Opus Dei – nur zölibatäre Männer angehören dürfen. Die Regionalvikare unterstehen der römischen Leitung des Opus Dei. Wenn das Opus Dei in einem Staat mitgliederstark ist, werden außerdem noch kleinere Einheiten (»Delegationen«) etabliert. In »Delegationen« werden auch Staaten zusammengefasst, in denen das Opus Dei schwach ist oder gar nicht existiert.

In einer Diözese, in der das Opus Dei kirchenrechtlich nicht errichtet ist, aber arbeiten möchte, werden »Stützpunkte« gebildet. In der Regel werden sie dann von einem Priester aus einer Nachbardiözese oder einem Nachbarland betreut.

Das einzelne Mitglied des Opus Dei ist einem bestimmten Zentrum zugeordnet. Dort erhält es die religiöse Unterweisung zur Alltagsheiligung. Praktisch wird ihm außerdem seine Aufgabe in den Apostolischen bzw. Korporativen Vereinigungen, möglicherweise auch eine berufliche Tätigkeit in einer Anwaltskanzlei, an einer Schule, in Stiftungen, Industrieunternehmen, Banken usw. zugewiesen – gemäß dem oben zitierten Wort Escrivás: »Initiativen. – … Behalte stets im Auge, dass du nur ein Ausführender bist.«

2. Ebene: Apostolische bzw. Korporative Werke

Ist die erste Ebene installiert, wird auf ihr die zweite Ebene errichtet: das Apostolat, das die Mitglieder in der Gesellschaft zu verrichten haben.

Die Organisationen, die dazu von Mitgliedern gegründet werden, haben formalrechtlich nichts mit dem Opus Dei zu tun und tragen neutrale Namen, in denen das Wort »Opus Dei« nicht vorkommt. Im Begleittext der Institutionen heißt es meist nur: »Die geistliche Betreuung der Einrichtung ist dem Opus Dei, einer Personalprälatur der katholischen Kirche, anvertraut.« Oder: »Für den Religionsunterricht wurde ein Priester der Prälatur Opus Dei gewonnen.« Aber in der Regel ist alles vom Opus Dei geplant und ihm zu Diensten.

Fast immer beginnt das Apostolat eines Landes im universitären Bereich des Staates. An Gymnasien und Universitäten rekrutiert das Werk offenbar die meisten künftigen Mitglieder. Im Endzustand umfasst diese zweite Ebene (ebenfalls getrennt für Männer und Frauen):

• Studienzentren und Universitätszentren; Studentenwohnheime für Mitglieder und für Nichtmitglieder, die für das Opus Dei gewonnen werden sollen;

• lokale oder regionale Bildungszentren bzw. Kulturzentren, die meist mit den Zentren der Prälatur identisch sind. Ihnen sind in der Regel Jugendclubs angeschlossen, die unter anderem der Werbung von Aspiranten unter Schülern und Gymnasiasten (neuerdings intern »Numerarier-Kinder« genannt) dienen;

• Gymnasien in freier Trägerschaft, an denen frischgebackene Mitglieder dem Abitur entgegengeführt werden und die, aufgrund der staatlichen Lehrpläne und wegen Novizenmangels, auch Nichtmitgliedern offenstehen;

• regionale oder landesweite Bildungseinrichtungen:

– Ausbildungsstätten für Mitglieder und Mitarbeiter; hier absolvieren Mitglieder ihre jährlichen Kurse; Treffen mit Sympathisanten oder Kongresse finden statt;

– Ausbildungshäuser für Frauen, besonders für Numerarierinnen-Hilfskräfte (»Hotelfachschulen« und »Haushaltungsschulen«). Die Hilfskräfte, die oft aus armen Familien der Entwicklungsländer stammen und auch in reichen Ländern eingesetzt werden, dienen ihr Leben lang dem Opus Dei – vor allem den zölibatären Männern –, indem sie die Hausarbeit verrichten.

Eine Einrichtung auf dieser korporativen Ebene hat in der Regel eine »Stiftung«, einen »Förderverein« oder einen »Freundeskreis«, der – entsprechend den Ländergesetzen – steuerfrei oder steuerbegünstigt arbeitet.

In vielen Staaten gibt es – getrennt für Männer und Frauen – zwei korporative Dachverbände, die alle apostolischen Aktivitäten bündeln und letztlich für die Finanzierung der einzelnen korporativen Werke verantwortlich sind. Sie besitzen, was dem Opus Dei offiziell nicht gehört, ihm aber dient: Grundstücke und Häuser, Immobilien und Kapital. Meist heißen sie: »Kulturelle Gemeinschaft«, »Kulturelle Gesellschaft«, »Studentische Kulturgemeinschaft« oder »Internationale Kulturvereinigung«. In Ländern, in denen das Opus Dei schwach ist, existiert nur ein einziger Dachverband, den Männer leiten. Falls die Frauensparte einen eigenen Verband hat, pflegen Männer – vor allem in finanzieller Hinsicht – die Aufsichtsämter zu übernehmen.

Entsprechend ihrer formalrechtlichen Struktur lassen sich die Einrichtungen und Aktivitäten auf dieser zweiten Ebene nur »Opus-Dei-*nah*« nennen, wenngleich sie praktisch durch das Opus-Dei-Apostolat initiiert sind. Als »Opus-Dei-nah« können auch die Freunde und Sympathisanten eingeschätzt werden, die in Institutionen dieser Ebene mitwirken bzw. sie unterstützen.

Offenkundig gibt es aber auch Einzelfälle, in denen prominente Persönlichkeiten des öffentlichen Lebens – auf Grund der Satzungen solcher Vereinigungen – Führungsämter in ihnen übernommen haben, ohne deren Abhängigkeit vom Opus Dei zu kennen und ohne zu durchschauen, dass die Mehrheit der Leitungsmitglieder dem Opus Dei angehört.

Auf dieser Ebene siedeln einige länderübergreifende universitäre und wissenschaftliche Werke:

Der spanische Urtyp. Universidad de Navarra in Pamplona: Sie wurde 1952 durch Escrivá gegründet und hat auch Zentren in Barcelona, Madrid und San Sebastián. 1968 wurde ihr in Barcelona eine Business School (Instituto de Estudios Superiores de la Empresa, IESE) angeschlossen, in der Wirtschaftsexperten ausgebildet werden. Business-Institute wurden auch in Portugal, Mexiko, Peru und Argentinien errichtet.

Weitere Gründungen in Lateinamerika und auf den Philippinen. Sie wurden nach dem Vorbild der spanischen Universität im Spanisch sprechenden Teil Lateinamerikas etabliert, sind jedoch längst nicht so bedeutend: Mexiko (Universidad Panamericana), Peru (Universidad de Piura), Kolumbien (Universidad de La Sabana), Chile (Universidad de Los Andes), Argentinien (Universidad Austral).

1995 folgte die erste Universität außerhalb dieses Bereiches: die *University of Asia and the Pacific (UA&P)* in der philippinischen Hauptstadt Manila. Auch der Katholizismus auf den Philippinen hat einen spanisch geprägten Hintergrund. Die Universität ging aus dem CRC, Center for Research and Communication, hervor, das ebenfalls nach dem Vorbild aus Pamplona gegründet worden war. Sie unterhält außer den ursprünglichen, weitgehend technischen Fächern vier graduierte Schulen: Wirtschaft, Erziehung, Management und Gesundheitswissenschaften. Sie will Fakultäten in Philosophie, Ingenieurwissenschaften und Technologie, Medienwissenschaften, Landwirtschaft, Recht und Politik für den gesamten südostasiatischen Raum aufbauen.

Gründungen in Rom. Die *Pontificia Università della Santa Croce* wurde zunächst 1990 als »Ateneo« in Rom errichtet. Es sollte vor allem das Priesterseminar sein, in dem das Opus Dei seine eigenen Priester und assoziierte Diözesanpriester, besonders aus Osteuropa, Afrika, Asien und Lateinamerika, ausbildet sowie Bildungskurse für Priester erteilt. Fakultäten waren von Anfang an: Theologie, Philosophie und Kirchenrecht. Dann kam auch Kommunikationswissenschaft hinzu. Vorläufer war das *Collegio Romano della Santa Croce* der *Universidad de Navarra,* das 1984 in Rom entstand. 1995 wurde das Ateneo ein päpstliches Institut, 1998 die Päpstliche Universität des Opus Dei.

Das *Libero Istituto Universitario Campo Bio-Medico* in Rom wurde 1993 von Mitgliedern und Freunden des Opus Dei als medizinische bzw. bioethische Fakultät eröffnet. Es bündelt die weltweiten Kontakte und Aktivitäten im Bereich der Medizin, Bioethik und Sexualitätsprobleme und begleitet sie theoretisch. Studenten können ein Diplom in »Wissenschaften der Krankenhauspflege« erwerben.

114

3. Ebene: Das Netz aus Banken und Stiftungen

Während die »Kulturgemeinschaften« gewöhnlich Aufgaben innerhalb eines Staates wahrnehmen, wirken die Stiftungen der dritten Ebene meist international. Das Opus Dei bestreitet zwar, dass es etwas mit dieser Ebene zu tun habe; und im Unterschied zur zweiten Ebene übernimmt die Prälatur nicht einmal die »geistliche Betreuung«, sodass sie in Publikationen dieser Ebene überhaupt nicht auftaucht. Ihre Einrichtungen sind kaum aufzuspüren, weil auch die Identitäten der Opus-Dei-Mitglieder meist verhüllt sind. Gleichwohl ist auch diese Ebene von der Prälatur intendiert, wie sich aus dem internen »Vademecum für die Sitze der Zentren« ergibt: »Um zum Unterhalt jeder Apostolatsarbeit beizutragen, gründet man, falls notwendig, eine Stiftung – mit oder ohne eigene Rechtspersönlichkeit –, die das eventuelle Defizit durch Schenkungen deckt.«[5] Diese dritte Ebene ist so geschickt in das Gesamtgebäude installiert, dass man sie schon als Normalmitglied und Sympathisant kaum, noch seltener als Außenstehender wahrnimmt. Personell sind Institute dieser Ebene gelegentlich mit Banken, Treuhand-Unternehmen und Industrie-Einrichtungen verbunden, aber auch untereinander. Manchmal sind sie mit der zweiten Ebene verkoppelt.

Um finanziellen Unternehmungen auf die Spur zu kommen, wäre es erforderlich, Einrichtungen in jedem einzelnen Land zu enttarnen und einen Überblick über ihre internationale Tätigkeit zu erhalten. Nach außen erweckt die Prälatur den Eindruck, dass sie mit den gesellschaftlichen Tätigkeiten ihrer Mitglieder und Sympathisanten nichts zu tun habe. Escrivá behauptete, das Werk sei ein »übernatürliches Unternehmen«[6], das keine weltlichen, erst recht keine politi-

5 Vademecum de las Sedes de los Centros (Vademecum für die Sitze der Zentren), Rom, 6-XII-87, S. 47.
6 D. le Tourneau, S. 31.

115

schen Ambitionen habe.[7] Es stelle dem Mitglied das geistliche Instrumentarium für Alltag und Beruf zur Verfügung. Sein Beruf aber sei seine Privatsache, in die es sich nicht einmische. Als geistliche Einrichtung diene sie dem *übernatürlichen* Wohl des Mitglieds.

Von daher tritt das Werk Escrivás im juristisch-formalen Sinne nie selber als Träger auf. Tätig werden vielmehr einzelne Personen, die durchaus für das religiös-geistliche Opus Dei wirken. Aber ihre Beziehungen zum Opus Dei bleiben der Öffentlichkeit in der Regel verborgen, weil sie ja als Privatpersonen tätig seien, nicht aber im Auftrag des Opus Dei. Aus diesem Grunde kann die Organisation juristisch nie für die Tat eines Mitglieds verantwortlich gemacht werden. Sie ist praktisch unangreifbar und kann sich, auch bei politischen oder finanziellen Untaten eines Mitglieds, als unbeteiligt ausweisen, selbst wenn es ihr zuvor dadurch genutzt haben sollte.

Aufbau des Opus Dei weltweit

Vor dem gezeichneten internationalen Hintergrund nun zum Aufbau und zur Ausbreitung des Opus Dei in den 64 Staaten der fünf Erdteile, in denen es als kirchliche Personalprälatur errichtet ist.

1. Phase: 1943-1950. 15 Jahre nach seiner Gründung in Spanien lässt sich das Opus Dei im Nachbarland Portugal nieder. Nachdem es sich 1946 in Rom, im Herzen der katholischen Weltkirche, angesiedelt hat, beginnen der Ausbau in Westeuropa, der Brückenschlag in die USA und in die spanisch geprägten Länder Lateinamerikas.

2. Phase: 1951-1965. Das Opus Dei ist nun ein päpstlich anerkanntes Säkularinstitut. Die Etablierung in Westeuropa wird in Belgien vollendet. Gleichzeitig folgt die Festigung in Lateinamerika. In Afrika, Asien, Australien werden Brückenköpfe errichtet. In Spanien

---

7 Josemaría Escrivá, Brief »Non ignoratis« vom 2.10.1958, Abschnitt 1, Opus Dei, Rom 1982.

beginnt der Aufbau wissenschaftlicher Institute und korporativer Werke.

3. Phase: 1966-1981. Weiterer Ausbau auf der begonnenen Basis, vor allem in Afrika und Asien. Da die weltweiten Aktivitäten eine große Menge Kapital verschlingen, werden Stiftungen gegründet, die mit Banken und korporativen Werken zu einem Finanzsystem verknüpft werden.

4. Phase: 1982-1989. Das Opus Dei ist jetzt eine Personalprälatur der katholischen Kirche. Nun werden gezielt Staaten anvisiert, die kein katholisch geprägtes Milieu haben.

5. Phase: 1989 bis heute. Nach der osteuropäischen Wende 1989 geht das Opus Dei sofort nach Polen, weitere osteuropäische Länder folgen. Der erste Stützpunkt im Innern der ehemaligen Sowjetunion wird Kasachstan. 2007 beginnt die Gemeinschaft mit der Arbeit in Russland. Durch Zentren in Hongkong und Macau existiert sie seit 1997 auch in China.

»Dann packst du ihn, und das war's.«[1]

Tipp zur Werkswerbung

8. Kapitel

Opus Dei in Deutschland

Übersicht

Beginn der Arbeit: 1952

Mitglieder 2006: 600 (nach Angaben des Opus Dei)

Sitz der Regionalleitung: Köln; Außenstellen in Berlin und München;

Zentren und Stützpunkte in: Aachen, Augsburg, Berlin, Bonn, Dresden, Düsseldorf, Essen, Ettal, Euskirchen, Frankfurt a. M., Freiburg, Hamburg, Heidelberg, Hildesheim, Jülich, Kevelaer, Köln, München, Münster, Osnabrück, Paderborn, Potsdam, Regensburg, Solingen, Starnberg, Stuttgart, Trier.

Wichtige Sympathisanten: Reinhard Lettmann, Bischof von Münster, sowie Joachim Meisner, Kardinal, Erzbischof von Köln, sitzen im Kuratorium des *Internationalen Mariologischen Arbeitskreises Kevelaer*; Joseph Ratzinger, Papst, ist Ehrendoktor der *Opus-Dei-Universität in Pamplona.* Weitere Sympathisanten: Norbert Geis, Bundestagsabgeordneter (CSU); Mechthild Löhr, Bundesvorsitzende der »Christdemokraten für das Leben«.

Korporative Werke: Studentische Kulturgemeinschaft (m); Berlin-Brandenburger Kulturverein; Deutsch-Internationaler Kulturverein (w).

Stiftungen: Rhein-Donau-Stiftung (München/Köln), verbunden mit Rhedo-Stiftung und Zwei-Brücken-Stiftung; Stiftung Dr. Zieseniss-

---

1 La pesca submarina, Lied des Opus Dei, s. S. 128.

Krambo, u. a. zur Förderung der Opus-Dei-Gemeinde St. Pantaleon in Köln; FWM-Stiftung (Berlin); Stiftung Berlin-Brandenburg.

Medien, die mit dem Opus Dei zusammenarbeiten und/oder seine Publikationen herausbringen/empfehlen: Academia-Verlag (St. Augustin), Adamas-Verlag (deutschsprachiger Verlag des Opus Dei), MM-Verlag, EOS-Verlag (St. Ottilien), Adelmann-Verlag (Schmallenberg-Bödefeld), Christiana-Verlag, Der Fels, Echo der Liebe (Kirche in Not), FE-Medienverlag, Geistlicher Rundbrief (Feldkirch/A), Kirche heute, Komm-Mit-Verlag, Miriam-Verlag (Jestetten), Ludgerus-Verlag, Westfalenblatt, J. H. Röll (Dettelbach), Radio Horeb/Neues Europa, Radio Maria International.

Banken und Industrie-Unternehmen, die im Zusammenhang mit Opus-Dei-nahen Organisationen genannt werden: Dresdner Bank; Bayerische Vereinsbank; Volksbank Hopsten; Thyssen/Krupp (ehemals auch Rheinstahl); Bayer Leverkusen AG; VW AG Wolfsburg; Madaus; Johann Borgers GmbH.

Kultur- und Bildungszentren m: Erk (Aachen); Hoher Weg (Augsburg); Feldmark (Berlin); Althaus (Bonn); Am Lakfeld (Düsseldorf), Rüttenscheid (Essen); Am Städel (Frankfurt); Maarhof (Köln); Weidenau (München); Widenberg (Münster); Fausenburg (Trier). – w: Heristal (Aachen); Stübbenstraße (Berlin); Isenburg (Essen); Zieglerhof (Ettal); Wiara (Köln); Aurach (München); Hogesteg (Münster); Altor (Trier).

Einrichtungen für Studentinnen und Studenten: Studentisches Kulturzentrum Welrich (w Bonn); Studentenheim Althaus (m Bonn); Studentenheim Schweidt (m Köln); Studienzentrum Schackstraße (m München); Kulturtreff Werdenfels (w München).

Wissenschaftliche Einrichtung: Lindenthal-Institut (Köln).

Bildungszentren bzw. Tagungsstätten: Aufderhöhe (m Solingen); Haus Hardtberg (m Euskirchen-Kreuzweingarten); Zieglerhof (w Ettal).

Gymnasien: Mädchengymnasium Jülich; Jungengymnasium (in Potsdam in Planung).

Jugendclubs: m: Linie 15 (Bonn); Mainkratzer (Frankfurt); Feuerstein (Köln); Kürbis (München). w: Gronau (Bonn)

Schulen für Frauen bzw. Hilfsnumerarierinnen: Hauswirtschaftliche Bildungsstätte Müngersdorf – in Verbindung mit dem Bildungszentrum Schweidt und der Hauswirtschaftlichen Bildungsstätte Sonnenfeld (Köln); Zieglerhof (Ettal); Hauswirtschaftliche Bildungsstätte Am Hardtberg (Euskirchen); Fachoberschule für Ernährung (Jülich).

Institute und Vereine: Institut für Elternbildung (EB); Fördergemeinschaft für Schulen in Freier Trägerschaft; Initiative Freie Schulen Brandenburg; Internationaler Mariologischer Arbeitskreis – IMAK; Mariologisches Institut Kevelaer; Internationaler Priesterkreis; Arbeitskreis Theologie und Katechese, Köln-Freiburg; Priesterausbildungshilfe e.V.

Sankt Josephmaria, Nothelfer

Die ersten spanischen Mitglieder des Opus Dei, die 1952 nach Deutschland kamen, um Escrivás Werk hierzulande aufzubauen, ließen sich in der Bundeshauptstadt Bonn nieder. Dort gründeten sie die »Studentische Kulturgemeinschaft« – eine korporative Vereinigung des Opus Dei, die heute alles besitzt, was dem deutschen Opus Dei nicht gehört, worüber es aber verfügen kann: Grundstücke, Häuser, Geld. Wegen der Geschlechtertrennung [2] im Opus Dei wurde als weibliches Pendant zur Kulturgemeinschaft der »Deutsch-Internationale Kulturverein« gegründet. Freilich erhielt er ein fünfköpfiges männliches »Kuratorium«. Der erste Vorsitzende der Kulturgemeinschaft, der spätere CDU-Bundestagsabgeordnete Alois Mertes, habe – wie nach seinem Tode seine Familie mitteilte – überhaupt nicht gewusst, dass die Kulturgemeinschaft etwas mit dem Opus Dei zu tun habe. Als er gemerkt habe, was ablaufe, habe er den Vorsitz niedergelegt. In der Tat war er nur kurz im Amt.

2 RE, Nr. 38.

Die Zentrale des Opus Dei wurde in Köln errichtet. Im Raum Bonn-Köln, dem politischen Mittelpunkt der jungen Republik, tummelten sich Regierungspolitiker und Diplomaten, Industriebosse und Kirchenpolitiker. Dort befand sich auch mit Kardinal Joseph Frings das kirchlich-katholische Zentrum der Republik, das später in Bonn sein festes Domizil erhielt. Verbindungen in politische und kirchliche Kommandozentralen pflegt das »Werk Gottes« seit eh und je. Gründer Escrivá hatte in den »Konstitutionen« seines Werkes programmiert: »Das charakteristische Mittel für das Apostolat des Institutes [= Opus Dei] sind öffentliche Ämter, besonders jene mit Leitungsfunktionen.«[3]

Von Köln-Bonn aus breitete sich das Werk Gottes still, aber zäh über Nordrhein-Westfalen aus. In Bayern[4] gewann es u. a. Zuspruch in der CSU-Leitung und in der Hanns-Seidel-Stiftung.[5] Sympathien fand es auch in der Industrie, zum Beispiel beim Krupp-Bevollmächtigten Berthold Beitz,[6] bei Thyssen und bei den Kardinälen Bengsch (Berlin) wie Höffner (Köln) und bei Bischof Hengsbach (Essen) sowie im begüterten Erbadel, u. a. in den Familien Habsburg, Lobkowicz, Ballestrem, Henckel Donnersmarck, Frankenberg und Ludwigsdorf, Guttenberg, Schönborn-Glauchau, Waldburg-Zeil und Westphalen.

Mitte der achtziger Jahre des vergangenen Jahrhunderts wurde die Ausbreitung jäh unterbrochen, ja, das Opus Dei stürzte ab. Im Kölner Raum hatten einige ehemalige Mitglieder, die als Gymnasiasten für das Opus Dei geworben worden waren, schockierende Erfahrungsberichte publiziert.[7] Plötzlich schreckten Eltern auf; Bischöfe begegne-

---

3 Constitutiones Societatis sacerdotalis Sanctae Crucis et Operis Dei, Romae 1950, Nr. 202.

4 In München richtete die Kölner Zentrale eine Außenstelle ein.

5 Der verstorbene CSU-Minister Fritz Pirkl war zum Beispiel gleichzeitig Präsident der Hanns-Seidel-Stiftung und der Rhein-Donau-Stiftung.

6 Beitz unterstützte das korporative Lindenthal-Institut in Köln.

7 Die bedeutendste Veröffentlichung erschien 1982: Klaus Steigleder, Das Opus Dei – eine Innenansicht, Zürich. Der Autor war ein ehemaliger Numerarier, der dem Opus Dei von 1974 bis 1979 angehört hatte.

ten der Organisation reserviert. Weltpriester und Orden warnten vor dem Eintritt.

Für das Opus Dei hatte die Aufklärung, die nun in den Medien begann, schmerzliche Konsequenzen. Beispielsweise sackte die Mitgliederzahl, die in anderen Ländern nach oben strebte, rapide ab: 1984 hatte das deutsche Opus Zahlen zwischen 1000 und 1500 Mitglieder[8] genannt, heute wird der Bestand vom deutschen Opus Dei auf 600 beziffert.

Auch mit der Einwanderung in deutsche, noch Opus-Dei-freie Diözesen kam die Prälatur kaum weiter: Seit dem öffentlichen Wirbel der achtziger Jahre wurde sie nur noch im neuen Erzbistum Hamburg (1997) kirchenrechtlich errichtet, zwischen 1952 und 1987 dagegen hatte sie in neun Diözesen Einzug gehalten: Köln, Essen, Aachen, Berlin, Trier, Münster, München, Augsburg und Limburg.

Die Folgen der Heiligsprechung seines Gründers, so hofft das Opus Dei heute, werden ihm die Trendwende bescheren. Sankt Josemaría wird zum Nothelfer. Gemäß ihrem Grundsatz »cuius regio – eius religio« (vgl. S. 32) setzt die Gemeinschaft dabei auf die Kirchenspitze. Kardinal Meisner (Köln) hat aus seiner Zuneigung nie ein Hehl gemacht. Er hat beispielsweise Ende 2006 das Opus-Dei-Mitglied Stefan Georg Schmidt, einen Wirtschaftsjournalisten, zum Chef seiner Informationsabteilung und Chefredakteur seiner Kirchenzeitung berufen.

Hauptstadtzentrum des Opus Dei

Seit Escrivás Heiligsprechung bedient sich die Werbung der Prälatur auch des Vorsitzenden der Deutschen Bischofskonferenz. 2002 war Kardinal Lehmann der Star auf ihrer Kundgebung in Berlin.

Fünf Jahrzehnte, nachdem der BRD-Start in Bonn stattgefunden hatte und noch im selben Jahr, in dem das politische Zentrum des

---

8 Auskunft von Hans Thomas laut Katholische Nachrichtenagentur Baden-Württemberg, FS vom 23.10.1984: Bußgürtel statt Bodybuilding.

vereinten Deutschlands nach Berlin verlegt worden war, schickte sich die Prälatur an, dort ein repräsentatives »Hauptstadtzentrum« zu etablieren.

1968 hatte das Opus Dei sein erstes Zentrum auf einer Mietetage in Westberlin errichtet. In der Nachwendezeit hatte es einige Mitglieder aus Westdeutschland in Berlin implantiert. 1992 gründeten die männliche Studentische Kulturgemeinschaft und der weibliche Deutsch-Internationale Kulturverein den »Berlin-Brandenburgischen Kulturverein«. Dessen Gründungsmitglieder und Vorstandsmitglieder waren ausschließlich Männer. Der Verein mietete eine feudale Villa in Berlin-Kreuzberg. Seine »beabsichtigten Investitionen«, so ließ das Opus Dei wissen, würden »erheblich« sein. 2005 wurde ein noch größer und schicker ausgebautes Zentrum eingeweiht. Mit München wurde Berlin eine der beiden Außenstellen der Zentralleitung in Köln.

Ihren neuen politischen Mittelpunkt hatte die Organisation erstmalig im November 2002 vorgeführt. Mit dem deutschen Opus-Dei-Chef, Christoph Bockamp, kam damals Lehmann vom Rhein zu einer Kundgebung an die Spree. In seiner Eigenschaft als Bischofsvorsitzender würdigte er vor mehr als 200 Gästen im Martin-Gropius-Bau das Opus Dei und seinen Gründer.[9] Dabei entpuppte er sich als ihr »exquisiter Kenner«[10]. Ganz im Sinne des Selbstbildes, das die Prälatur der Außenwelt vermitteln möchte, zeichnete er Escrivá als einen rein religiösen Charismatiker, wobei er die brenzligen Punkte, durch die das Opus Dei weltweit in die Schlagzeilen zu kommen pflegt, nur zwei Mal am Rande erwähnte, ohne sie überhaupt konkret zu nennen. Ja, er spielte die Sünden, die dem Opus Dei seit drei Jahrzehnten in aller Welt vorgeworfen werden, sogar herunter und beschuldigte Kritiker, die entscheidende religiöse Seite des neuen Heiligen nicht ins Auge zu fassen:

9 Fußnote 13, Einführung.
10 Ebd.

»Es wäre ein unverzeihliches Versäumnis, wenn wir uns nicht wenigstens mühen würden, das spezifische Zeugnis [Escrivás spirituelles Charisma] in dieser Bedeutung für uns heute zu entdecken. Deshalb habe ich mir auch den Mut genommen, einmal alle üblichen Diskussionen zurückzustellen. Ich will dabei nicht leugnen, dass es in der Vergangenheit da und dort bei der Inkulturation eines solchen Werkes in unserer Gesellschaft Probleme und Missverständnisse gegeben hat, die freilich auf mehreren Seiten liegen. Aber die spirituelle Herausforderung, die im Opus Dei liegt, darf nicht einfach mit Rückgriff auf diese Verdächtigungen abgewürgt werden. Leider gehen nicht wenige Veröffentlichungen auf das grundlegende Charisma von Josemaría Escrivá überhaupt nicht ein.«

Die Diskussion um die Spiritualität Escrivás und seines Werkes darf nicht abgewürgt werden. Das ist richtig. Aber verbindet die Gemeinschaft mit der Spiritualität nicht auch die umstrittenen Mittel, mit deren Hilfe sie ihren Geist verwirklichen möchte? Laut Lehmann und Opus Dei sei zum Beispiel entscheidend, dass Escrivá »eine ›laikale Spiritualität‹« geschaffen habe, die den Werks-Mitgliedern »im Berufsalltag eine große innere Freiheit« gebe. Doch Kritiker monieren, dass sich die maßgeblichen Gremien der Organisation ausschließlich aus Priestern und einigen männlichen, ebenfalls unverheirateten Laien rekrutieren. Und den Opus-Dei-Mitgliedern hat der neue Heilige die Weisung erteilt, in ihrem Apostolat »blind den Vorgesetzten«[11] zu gehorchen; »Zwang«[12] hat er bei der Seelenrettung nicht ausgeschlossen.

Auch das politische Apostolat Escrivás möchte Lehmann umwuchten: »Es kommt nicht in erster Linie darauf an, dass Escrivá die Mächtigen und Einflussreichen aufsuchen und gewinnen wollte, sondern Menschen mit einer hohen Bereitschaft zum Einsatz und auch zur Veränderung.« Ob zu potenziellen Umkehrern auch der faschistische

11 Fußnote 20, 2. Kapitel.
12 J. Escrivá, Camino, Nr. 399.

Diktator Franco gehört hat, lässt Lehmanns Manuskript offen. Die katholische *Tagespost*[13] hatte berichtet, dass der Bischofsvorsitzende in der Diskussion den Rat gegeben habe, das Franco-System »moderat« zu »bewerten«. Mit Franco hatten Escrivá und das Opus Dei zusammengearbeitet.

Einige Wochen nach Vortrag und Diskussion ließ Lehmann wissen, es handle sich um »eine angebliche Äußerung«. Was er genau gesagt hatte, konnte der Außenstehende nicht mehr feststellen. Das Opus Dei hatte offenbar handverlesen ihm freundlich gesinnte Journalisten eingeladen. Um wenigstens nachträglich eine kritische Berichterstattung zu ermöglichen, war unmittelbar nach dem *Tagespost*-Bericht und unter Hinweis auf ihn mehrfach versucht worden, das Manuskript zu erhalten. Doch die zuständigen Dienststellen des Kardinals in Mainz und Bonn blockten übereinstimmend ab: er wolle sein Manuskript erst redaktionell überarbeiten, ehe er es freigebe. Einige Wochen später ließ er wissen, er habe es in Berlin anwesenden Journalisten und dem Opus Dei überreicht. Schließlich kam ans Licht, dass die *korrigierte und ergänzte* Fassung still an private Interessierte weitergegeben worden war, und Lehmanns Pressestelle stellte sie schließlich, von der Öffentlichkeit kaum bemerkt, ins Internet.

Zwei geschlechtsfixierte Gymnasien

Das größte und teuerste Projekt, das die deutsche Werksfamilie derzeit plant, ist ihr Knabengymnasium. Seit drei Jahrzehnten hat sie ein Mädchengymnasium in ihrer rheinischen Hochburg, ihrem ehemals politischen Zentrum. Das neue Gymnasium soll in ihrem neuen politischen Mittelpunkt, in der Berliner Region, entstehen. Als Standort ist Potsdam ausersehen. Dort sollen 300 Schüler ausgebildet werden.

13 Fußnote 13, Einführung.

Das Werk, das sich gemäß seinen Statuten (Art. 116) besonders den Intellektuellen widmen soll, findet an öffentlichen bzw. staatlichen Gymnasien sein natürliches Elite-Reservoir. Sie eignen sich vorzüglich, Prälatur-Novizen zu gewinnen.

Escrivá schrieb: »Berufe [= Opus-Dei-Mitglieder] müssen aus jedem sozialen Milieu kommen, aus allen Bereichen. Ich bestehe darauf, dass Menschen aller Altersgruppen zum Werk kommen, aber wir haben freudig dafür zu sorgen und hart zu arbeiten, dass junge Leute kommen, die ihr Leben und ihren Kampf mit diesem Ideal beginnen.«[14]

Die Werbung soll – laut der internen Führungsschrift *Crónica* – in den »höheren Klassen des Gymnasiums« starten, besonders in jenen Orten, wo »der Anfang des Universitätslebens oder des Arbeitslebens« bereits »schwere Gefahren der ideologischen und moralischen Fehlorientierung« einschließt; und sie soll durch »persönliche Kontakte und durch die verschiedenen Aktivitäten des Werkes erfolgen«. *Crónica* spricht sogar von »strenger« Auslese, die mittels des »Apostolates der Freundschaft und des Vertrauens« durchzuführen sei.[15] Den Sinn solcher zweckgerichteter Freundschaften lassen die geheimen lateinischen Regeln des Opus Dei von 1990 erkennen: »Ein jeder soll sich bemühen, mit wenigstens 12 bis 15 Personen zu verkehren, und mit nicht weniger als fünf davon besonders intensiv.«[16] Die Verpflichtung zu werben gehört zur Berufung des Mitglieds; sie muss für alle ein beständiges Anliegen und ein Thema der täglichen Gewissenserforschung sein.[17]

Die ausersehenen Beitritts-Kandidaten, die womöglich nichts von ihrer angeblichen Berufung wissen, sollen allmählich an das Opus Dei herangeführt, schließlich zu Kursen (derzeit oft: Computer-Lehr-

---

14 J. Escrivá, in: Crónica 1963, Heft 1.
15 Crónica 1962, Heft 7.
16 GF Anm. 21.
17 GF Anm. 15.

gängen) in ein Zentrum gebracht werden, um die Gemeinschaft kennenzulernen. Dort sollen sie vertrauensvolle Gespräche mit Priestern führen – vor allem aber mit jüngeren Mitgliedern, die etwas älter sind als sie selbst. »Im Vertrauen jüngerer Brüder« sollen sie »ihre kleinen Geheimnisse und Kümmernisse aller Art«[18] nennen. Zuerst sei es gewiss schwer für sie, aber schließlich werde es ein Bedürfnis. So werden sie an einzelne Mitglieder und über sie an die Organisation gebunden. Möglichst rasch sollen sie auch dazu gebracht werden, bei Priestern des Opus Dei zu beichten. Junge Numerarier, auch wenn sie noch Schüler sind, sind dem Opus Dei zur Treue verpflichtet. Vor dem Eintritt sollen sie ihr Testament (vgl. S. 130) gemacht haben. Sie sind für die Organisation voll verfügbar und wohnen in Zentren des Opus Dei, wo sie scharfer Kontrolle und einem rigorosen religiösen Tagesablauf unterworfen sind.

Die interne Führungszeitschrift *Crónica* legt dar, dass der größere Teil der Opus-Dei-Mitglieder aus diesem »frühen Werk der Formung« stamme. Indirektes Ziel ist es, Berufe für das Werk Gottes zu formen, wobei »die Besten bewegt werden, sich Gott im apostolischen Zölibat hinzugeben; oder geformt werden, Familienväter oder Mitarbeiter in unserem Apostolat zu sein«[19], schreibt *Crónica*. Bereits 14-jährige Aspiranten der Organisation werden, um Gleichaltrige an ihren Schulen zu packen, mit dem »Fischfang« vertraut gemacht. Dazu regt sie ein Song, das spanische Opus-Dei-Lied »La pesca submarina«, an (siehe S. 128).

Öffentliche Gymnasien haben aber einen Nachteil für die Gemeinschaft wegen der eingeschränkten Chance, Alumnen und Jungmitglieder, die bereits gefischt sind, im Sinne Escrivás unmittelbar vor schlechtem Umgang zu bewahren. Sie kann nicht die Lehrinhalte kontrollieren. An öffentlichen Gymnasien, vor allem im Rheinland, mussten sich junge Aspiranten und Mitglieder des Opus Dei – ent-

18 Crónica 1963, Heft 1.
19 Crónica 1962, Heft 7.

La pesca submarina

Der Fischfang unter Wasser
(aus dem Spanischen übertragen)

Im Meer gibt es große Fische zu Tausenden.
Du weißt es, du weißt es.
Es reicht, leicht und unbeschwert unterzutauchen.
Wenn du einen Fisch siehst, begibst du dich auf seinen Level
gewandt und clever.
Zielsicher schießt du mit der Harpune auf ihn.
Dann packst du ihn, und das war's.
Refrain:
Mir gefällt der Fischfang, die Unterwasserjagd nach Fischen.
Denn das Verfolgen der Fische ist eine göttliche Sache.
Mir gefällt der Fischfang ohne Haken und Schnur.
Denn zu warten, bis sie anbeißen –
das ist nichts für mich, ist nichts für mich.
La la la la ...

sprechend den Lehrplänen – gelegentlich mit Literatur befassen, die auf dem Index des Opus Dei steht.

Vor allem aber können die künftig zölibatären – sowohl die ausersehenen wie die bereits harpunierten – Jünger nicht davor bewahrt werden, mit dem jeweils anderen Geschlecht in Berührung zu kommen. Deshalb benötigt die Organisation, möglichst in jedem Land, zwei eigene, geschlechtsneutrale Gymnasien, jeweils eins für Jungen und eins für Mädchen.

Bereits in den siebziger Jahren des vergangenen Jahrhunderts konnte in Jülich preiswert ein Mädchengymnasium übernommen werden – und zwar vom damaligen Bischof von Aachen, Johannes Pohlschneider. Da das Gotteswerk jedoch im gesellschaftlichen

Bereich nicht als Rechtsträger auftritt (vgl. S. 111-117), ließ es im September 1971 zunächst die »Fördergemeinschaft für Schulen in Freier Trägerschaft« gründen. Als ihr Zweck wurden die Förderung und Trägerschaft freier Schulen und sonstiger Einrichtungen der Jugend- und Erwachsenenbildung in Deutschland angegeben. Die für die Indoktrination der Jungmitglieder notwendige Geschlechtertrennung ist so begründet: »Die Fördergemeinschaft möchte bei den von ihr getragenen Schulen den Eltern Alternativen zum bestehenden Schulsystem anbieten, nicht zuletzt indem durch eine geschlechtsspezifische Erziehung der personalen Komponente vor anderen Gesichtspunkten Vorrang eingeräumt wird.«[20]

Mindestens sieben der zehn Gründungsmitglieder zählten zum Opus Dei, die Leitung bestand ganz aus Werksmitgliedern: Kurt Malangré, Werner Schmidt und Horst Hermann Hennert.

Das Jungengymnasium ist bereits seit den achtziger Jahren ins Auge gefasst. Nach 1992 wurde als Standort zunächst die neue deutsche Hauptstadt ausersehen. Horst Hennert, der 2. Vorsitzende der Fördergemeinschaft, der zusätzlich zu ihrem Geschäftsführer gewählt wurde, erhielt den Auftrag, nach Berlin zu ziehen, dort das Opus Dei (1. Ebene) zu leiten und weiter aufzubauen. Er gehört zu den führenden Mitgliedern des deutschen Opus Dei. Der Studienreferendar soll Rektor des neuen Gymnasiums werden, das der zweiten Ebene zugeordnet ist: Es wird von Mitgliedern des Opus Dei in Zusammenarbeit mit Sympathisanten initiiert, die religiöse Betreuung übernimmt ein Priester der Prälatur. Die finanziellen Mittel werden, soweit sie nicht durch Spenden an die jeweilige Stiftung gedeckt werden können, in der Regel durch Leistungen anderer korporativer Vereine oder Stiftungen erbracht (vgl. S. 139-149).

Bald merkte der Spähtrupp des Opus Dei, dass in der Hauptstadt die staatlichen Subventionen ziemlich spärlich und unberechenbar

---

20 Fördergemeinschaft für Schulen in freier Trägerschaft, Paulistr. 22, 50933 Köln, www.mgj-online.de, S. 2.

Überschreibung des Erbes

Testamente machen junge Kandidaten vor ihrem Eintritt in allen Ländern, wobei der Text den rechtlichen Bestimmungen des jeweiligen Landes angepasst ist. Nachstehend der Wortlaut des Testamentes, der einem angehenden deutschen Numerarier zur Unterschrift vorgelegt wurde. Hans Thomas ist Geschäftsführer des Kölner Lindenthal-Institutes. Horst Hennert, Geschäftsführer der Fördergemeinschaft, ist der designierte Rektor des geplanten Jungengymnasiums in Potsdam.

»Hiermit erkläre ich meinen letzten Willen:

1. Ich erkläre, dass ich alles glaube und bekenne, was die heilige, römische, katholische und apostolische Kirche lehrt. Ich unterstelle die Handlungen meines Lebens unter ihre Autorität.

2. Ich setze die Studentische Kulturgemeinschaft e.V. mit dem Sitz in Bonn zu meinem Erben ein. Für den Fall, dass die Studentische Kulturgemeinschaft e. V. aus irgendeinem Grunde nicht erben kann oder will, setze ich das Lindenthal-Institut zu meinem Erben ein.

3. Die gesetzlichen Vorschriften betreffend den Pflichtteil sollen unberührt bleiben.

4. Ich bestimme, dass ich im Falle meines Todes als Totenkleid lediglich ein einfaches weißes Leinentuch haben möchte; die weitere Regelung meines Begräbnisses überlasse ich meinem Testamentsvollstrecker.

5. Ich bestimme, dass mein Erbe für mich 30 Seelenmessen feiern lässt.

6. Als Testamentsvollstrecker bestimme ich Herrn Dr. Hans Thomas. Für den Fall, dass Herr Dr. Hans Thomas das Amt nicht annehmen kann oder will, soll Herr Horst Hennert dieses Amt übernehmen.

7. Der Testamentsvollstrecker verfügt über die weitestgehenden Befugnisse.«

fließen: etwa sieben Jahre Wartezeit mit unwägbarem Ausgang. Dagegen erhalten Privatschulen in Brandenburg bereits nach zwei Jahren 94 Prozent der Personalkosten vom Land erstattet. Auch das politische Klima mit der CDU in der brandenburgischen Regierung erschien günstiger als in Berlin. Unter diesen Vorzeichen wurde die Planung nach Potsdam verlegt, wo das mobile Papst-Corps in seiner strammen Disziplin eine alte Preußen-Kaserne neu beleben möchte. Das Ambiente des geplanten Gymnasiums wird ganz und gar dem luxuriösen Wohnstil vieler Opus-Dei-Einrichtungen entsprechen: die Kasernen-Ruine liegt auf dem Bornstedter Feld, nahe dem großen Volkspark (BUGA-Park), in der Nachbarschaft des Schlosses Sanssouci, wo ein piekfeines Wohnviertel entstehen soll.

2001 ließ die rheinische *Fördergemeinschaft* die *Initiative Freie Schulen Brandenburg* gründen, die das Jungengymnasium errichten soll. Der Leiter der Initiative, Christoph Rüssel (43), wie seine Frau, Simone Rüssel (33), haben sich über das Opus Dei kennengelernt und gehören ihm längst an. Da sie verheiratet sind, zählen sie nur zu den Supernumerarier/innen, zum einflusslosen Prekariat des Opus Dei sozusagen. Sie haben sechs Kinder. Korporative Tätigkeiten des Opus Dei sind üblicherweise den Supernumerariern zugeordnet, die, entsprechend dem zitierten Wort Escrivás,[21] Ausführende sind. Der Vater stammt aus Krefeld und ist Geschäftsführer in einem Betrieb der Autozulieferindustrie; die Mutter, von Beruf Fremdsprachensekretärin, stieß in Köln zum Opus Dei.

Anschließend wurde eine gemeinnützige GmbH ins Leben gerufen, die aus der Fördergemeinschaft und Eltern der Initiative Freie Schulen Brandenburg besteht. Von den sechs Vertretungsberechtigten der Fördergemeinschaft sind mindestens vier als hochrangige Mitglieder des deutschen Opus Dei bekannt. Die Fördergemeinschaft übernahm 60 Prozent der Anteile, die übrigen 40 Prozent waren von den Eltern

21 J. Escrivá, Camino, Nr. 619.

einzuzahlen. Damit ist sichergestellt, dass die Opus-Dei-Verantwort-
lichen und nicht die Eltern die maßgeblichen Entscheidungen treffen
können. Außerdem wurde eine unselbständige *Stiftung Berlin-Brandenburg* errichtet, bei der steuerbegünstigte Spenden eingehen. Sie
ist von der Fördergemeinschaft abhängig.

Aus dieser juristischen Konstruktion ist zu schließen: Wie bei gesellschaftlichen Einrichtungen, die überall in der Welt auf Veranlassung des Opus Dei gegründet werden, wird es auch in Potsdam zwar
nicht selber Eigentümer des vorgesehenen Gymnasiums, aber es
wird, da führende Mitglieder mehrheitlich die Entscheidungen fällen
können, voll darüber verfügen und es kontrollieren können.

Wie ebenfalls bekannt, hält sich die Geheimorganisation in solchen
Fällen nach außen bedeckt. Rüssel spricht nicht darüber, dass die Trä-
germehrheit dem Opus Dei angehöre. Er habe die Initiative, die das
Gymnasium errichten werde, mit 20 Gleichgesinnten gegründet, ließ
er die Öffentlichkeit lediglich wissen; und: »Für die künftige seelsorgliche Betreuung der Schüler konnten wir die katholische Personalprälatur Opus Dei gewinnen.«

Im Nebel liegt auch die Finanzierung. Die ZDF-Sendung *Frontal21*[22]
suchte ihn im April 2007 zu zerteilen. Wortlaut-Ausschnitt aus dem
Manuskript:

»... eine Elterninitiative will hier ein Jungen-Gymnasium gründen.
Der Vorsitzende gehört dem Opus Dei an, einer konservativen Laien-
Organisation innerhalb der katholischen Kirche.

O-Ton Christoph Rüssel, Vors. Initiative freie Schulen Brandenburg:

Als Mitglied des Opus Dei habe ich auch die Aufgabe, die Welt
christlich zu prägen, und das ist meine Berufung.

Text Frontal21:

Die Personalkosten der Schule soll später der Staat tragen – die
Baukosten von 20 Millionen Euro angeblich nur die Eltern:

---

22 Andreas Halbach, Opus Dei – Katholische Kaderschule für Potsdam, in: Fron-
    tal21, Zweites Deutsches Fernsehen, 10. April 2007.

Aufklärung über Bert Brechts »Mutter Courage«[23]

Bert Brecht steht auf dem Index des Opus Dei. Wenn er aber aufgrund des Lehrplans nicht zu umgehen ist, erhält die Gefolgschaft des Opus Dei in Zentren der Prälatur eine »Arznei«, die in der »Piothek«, dem frommen Bücherschrank, verschlossen liegt und sie vor Glaubensgefahren schützen soll. Ein Ausschnitt aus dem 35 Seiten langen Mutter-Courage-Traktat (aus dem Spanischen übersetzt):

»... Brecht verwirft jede spekulative Philosophie und löst die Theologie in eine materialistische Anthropologie auf. Von Marx hat er die Religionskritik gelernt. In diesem Punkt kann man ihn nicht als originellen Autor betrachten ...

Brechts Kritik dringt nicht zum Kern des Problems vor. Er fragt nicht mehr nach der Existenz Gottes, er leugnet sie einfach. Sein Anspruch ist, die ganze Wirklichkeit zu erklären ohne Rückgriff auf Gott, der Tod aber gilt ihm als sinnlos. Analog müsste er, wenn er konsequent wäre, anerkennen, dass auch das Leben ohne Gott sinnlos ist und dass selbst die Existenz der Welt keinen Sinn hat, wenn man von Gott, ihrem Grund, absieht ...

Auf diese Weise bleibt der Humanitarismus, den Brecht anzielt, schwächlich, denn es fehlt ihm jede innere Stärke, die die Menschen dazu bringt, um das Wohl der anderen besorgt zu sein oder Verhaltensnormen zu erfüllen.

Wenn man im gesellschaftlichen Leben von Gott absieht, wird die Würde des Menschen verdunkelt und mit ihr die Grundlage für die Nächstenliebe, und jeder Art von Vergewaltigung der Freiheit und der elementaren Rechte wird Tür und Tor geöffnet.«

---

23 Brecht, Bertolt, Mutter Courage und ihre Kinder ... [Castellano: »Madre Coraje y sus hijos. Una crónica de la Guerra de los Treinta Anos«], 35 Seiten.

O-Ton Christoph Rüssel, Vors. Initiative freie Schulen Brandenburg:
Wir werden die Investitionen mit Spenden bewältigen.
O-Ton Frontal21:
Und von wo erwarten Sie da Spenden?
(Antwort bleibt aus).«

Bereits 2003 hatte sich die Kölner Fördergemeinschaft in die Finanzierung eingeklinkt. Auf der maßgeblichen Mitgliederversammlung war auch Werner Schmidt, der Finanzchef des deutschen Opus Dei, anwesend. Er gehört zu den Vertretungsberechtigten der Fördergemeinschaft. Zunächst, so hieß es, würden 15 Millionen Euro für die »Instandsetzung der alten Kaserne (Pferdeställe)« aufgebracht.

Der vorgesehene geistliche Leiter, Wolfgang Weber, ein Priester des Opus Dei, gab in der *Frontal21*-Sendung immerhin zu erkennen, dass der brandenburgische Lehrplan wohl nicht ohne Weiteres die Richtschnur für den Unterricht sein werde: »Wir werden auch das berücksichtigen, was im Lehrplan steht, aber natürlich werden wir da ein Fragezeichen hinter machen.« Keine Überraschung, schon angesichts der Zensur im Opus Dei.

Der Architekt des Projektes, der dem Opus Dei nahe und kostenfrei zur Verfügung steht, plant auf dem Gelände außer den Schulgebäuden auch Wohngebäude.[24] Womöglich soll hier auch ein Potsdamer Zentrum der Prälatur (1. Ebene) entstehen. Dann könnten deutsche Mitglieder ab 17 Jahren, soweit sie ihrem Elternhaus und ihren Freunden bereits entfremdet sind und als zölibatäre Gymnasiasten in Häusern des Opus Dei leben, hier konzentriert werden. Auch Jungmitglieder aus angrenzenden osteuropäischen Staaten könnten dort wohnen und das Gymnasium besuchen.

Außer an seine Mitglieder und seine Mitarbeiter, die zwar evangelisch sein können, aber dem wahren Glauben zugeführt werden

---

24 Jochen Hung, »Wir wollen die Schule nicht« – Die Stadtverwaltung kämpft gegen die Errichtung eines katholischen Jungengymnasiums in Potsdam, in: Märkische Allgemeine, 14.2.2007.

sollen,[25] dürfte das Opus Dei vor allem an Familien im Umkreis des »Forums deutscher Katholiken« denken. Zumindest beim Mädchengymnasium von Jülich werden Schülerinnen zu Fahrten des Opus Dei nach Rom eingeladen; und zu »Pfeiftagungen« – Veranstaltungen für junge Leute, die fürs »Pfeifen« [ins Opus Dei eintreten] erwählt sind. Im Forum, das u. a. rechtskatholische bzw. fundamentalistische Gruppen und Institutionen vernetzt, kooperieren außer Opus-Dei-Leuten beispielsweise Mitglieder aus den Initiativkreisen katholischer Laien und Priester, Christdemokraten für das Leben (CDL), Juristenvereinigung Lebensrecht, Kirche in Not/Ostpriesterhilfe, Neokatechumenat und Jugend 2000. Alljährlich trifft sich das Forum zu einer Großveranstaltung. Kuratoriumsmitglied ist das CSU-MdB Norbert Geis, der Präsident der finanzstarken deutschen »Rhein-Donau-Stiftung«, die auf Veranlassung des Opus Dei von einigen seiner Mitglieder gegründet wurde (s. S. 139). 2006 wirkten der deutsche Opus-Dei-Chef Bockamp und Opus-Dei-Mitglied Stephan Georg Schmidt, der Pressechef Kardinal Meisners, auf dem Forums-Kongress mit, während Schmidts Frau Maria die Kinderbetreuung organisierte. Kardinal Ratzinger war Kuratoriumsmitglied bis zur Papstwahl.

Als Klientel für das geplante Gymnasium dürften auch Katholiken anvisiert werden, die aus dem eher katholischen Bonner Raum nach Berlin und Umgebung eingewandert sind, sowie ausländische katholische Diplomatenfamilien, die das Opus-Dei-Apostolat stets im Visier hat. Die schon erwähnte ehemalige spanische Opus-Dei-Leiterin María Angustias Moreno zitiert Escrivá: »Die beste Form, dieses Apostolat zu üben, ist, *wenn wir dies über die diplomatischen Ämter tun,* damit wir in jeder Botschaft und in ihren diplomatischen Vertretungen ein Gebetshaus haben und so die Möglichkeit bekommen, in anderen Ländern Einfluss zu gewinnen, was die beste Weise ist, hineinzukommen.«[26]

25 Codex, Nr. 16.2.
26 María Angustias Moreno, S. 32 f.

Pyrrhussieg mit der CDU?

Politisch ist das geplante Gymnasium umstritten. Schon der vorläufige Antrag, eine Knabenschule zu gründen, wurde 2004 vom Land Brandenburg abschlägig beschieden. Das Land geht davon aus, dass auch Schulen in freier Trägerschaft, die als Ersatz für öffentliche Schulen gelten, der gesetzlichen Koedukation verpflichtet seien. Somit könne eine reine Jungenschule nicht genehmigt werden.

Eine Absage erteilte auch die Stadt Potsdam. 2004 lehnten die Stadtverordneten es ab, stadteigene Gebäude an die *Initiative Freie Schulen Brandenburg* zu veräußern.

Doch das Opus Dei und sein Corps ließen nicht locker. 2006 wurde ein neuer Antrag beim Land Brandenburg eingereicht, der, wie der designierte Rektor Hennert auf der Mitgliederversammlung der Fördergemeinschaft im April 2006 vermutete, »wieder abgelehnt« werde. Deshalb richtete sich die Fördergemeinschaft bereits damals auf »juristische« Schritte ein und formulierte den Antrag so, dass die Ablehnung »widerspruchsfähig« werde.

Die Fördergemeinschaft hatte der Initiative empfohlen, VIPs für ihr Projekt zu begeistern. Soweit bekannt, konnten die Lobbyisten bisher nur eine Persönlichkeit gewinnen, und zwar aus den hinteren katholischen Reihen: Leo-Ferdinand Graf Henckel von Donnersmarck, ehemaliger Präsident des Malteserordens und Kuratoriumsmitglied des »Forums deutscher Katholiken«, gehört zu den drei Mitgliedern des Gründungsbeirats in Potsdam. Erfolgreicher waren aber offenbar monatelange Gespräche hinter den politischen Kulissen und juristische Gutachten, die der Politik präsentiert wurden: zumindest CDU-Politiker schwenkten um. Im Potsdamer Rathaus hatte die CDU-Fraktion dem Beschluss – er war bei zwei Gegenstimmen gefasst worden –, das kommunale Grundstück der Schul-Initiative zu verweigern, nicht widersprochen. Knapp drei Jahre später entschuldigte sich der CDU-Fraktionsvorsitzende vor Mitgliedern des Opus Dei und der Elterninitiative »für meine Stadt, in der ansonsten so viel von Toleranz die Rede ist«[27]. Soviel Bußfertigkeit ließ selbst den CDU-Nachwuchs nicht ungerührt. In einer Pressemitteilung »begrüßt« der Kreisverband der Jungen Union Potsdam das geplante Jungengymnasium und nimmt das Opus Dei in Schutz: »Die Art und Weise, wie man seine persönliche Religiosität lebt, ist in Deutschland aus gutem Grund reine Privatsache, so lange keine verfassungsrechtlichen Bedenken bestehen.«[28]

Der Antrag, den die rheinische Fördergemeinschaft, der Mehrheitseigner, bei der – aus CDU- und SPD-Politikern gebildeten – Landesregierung eingereicht hatte, wurde am 3. Mai 2007 vom SPD-geführten Bildungsministerium erneut mit der Begründung abgelehnt, ein Jungengymnasium sei mit dem Brandenburgischen Schulgesetz und mit der Landesverfassung nicht vereinbar. Dort sei festgelegt, dass niemand wegen seines Geschlechtes bevorzugt oder benachteiligt werden dürfe.[29]

Die Initiative hat beim Verwaltungsgericht Potsdam dagegen Klage eingereicht: die Koedukationspflicht gelte nicht für private Schulen.[30] Sie stützt sich auf mehrere Rechtsgutachten. Schützenhilfe kam erneut von CDU-Politikern. Der CDU-Kreisvorsitzende in Potsdam kritisierte die Ablehnung des Bildungsministeriums (SPD) als »DDR-Willkür«[31]. Der Chef der CDU-Fraktion im brandenburgischen Landtag kündigte Zoff im Kabinett an.[32] Justizministerin Beate Blechinger (CDU) wappnete sich bereits: sie eilte nach Jülich, um das Mädchen-

---

27 Martin Klesmann, Katholische Sportpädagogik nur für Jungs, in: Berliner Zeitung – Brandenburg, 24.2.2007.

28 JU begrüßt Vorhaben zur Gründung eines Jungengymnasiums in Potsdam, Junge Union Potsdam, Pressemitteilung vom 14.2.2007.

29 Land Brandenburg, Bildungsministerium lehnt Errichtung eines Jungengymnasiums ab, Pressemitteilung vom 3.5.2007.

30 Marion Kaufmann, Opus Dei macht ernst, in: Märkische Allgemeine, 2.6.2007.

31 CDU kritisiert Ablehnung für Opus-Dei-Jungengymnasium als Willkür, in: Märkische Allgemeine, 3.5.2007.

32 Opus-Dei-Schule: Widerspruch eingelegt, in: Potsdamer Neueste Nachrichten, 9.5.2007.

gymnasium der Fördergemeinschaft zu besuchen und mit der freudigen Kunde zurückzukehren: es habe eine hohe Qualität und nichts mit einer Sekte zu tun.[33]

Umso sicherer wähnen sich die Initiatoren, den Prozess zu gewinnen. Aber was würde für sie überhaupt herausspringen? Ein Pyrrhussieg? Denn ausgerechnet die Berliner Diözesan-Hierarchie warf der Prälatur feinen Sand ins Getriebe: Mitten in eine Werbe-Veranstaltung der Schul-Initiative, auf der auch Besuch aus der Kölner Opus-Dei-Zentrale wahrgenommen wurde, platzte die Nachricht, das Erzbistum Berlin werde Träger eines zweiten katholischen Gymnasiums in Potsdam – aber für Jungen und Mädchen. Selbstverständlich handle es sich nicht um ein Konkurrenzunternehmen zur Knabenschule, ließ die Berliner Kirchenleitung fromm vernehmen, um dann die zölibatäre Apartheidspädagogik der römischen Prälatur frech zu attackieren: »Wir müssen individuell fördern, nicht nach Geschlecht.«[34] Klar scheint, dass das Kirchenvolk weitgehend die vom Bistum unterstützte, offenere Schule vorziehen würde. Übrig bliebe für das Opus Dei ein schmales Elterncorps, sodass sein Gymnasium nichts anderes wäre als ein kleine Kaderschule.

33 Fußnote 30.
34 Jan Brunzlow, Erzbistum will auch Mädchen bilden, in: Der Tagesspiegel, 25.2.2007; Erzbistum Berlin gegen Opus Dei – Zwei Anträge für katholische Gymnasien in Potsdam, in: Berliner Zeitung – Brandenburg, 27.2.2007.

»Die Mittel interessieren uns nicht um ihrer selbst willen, sondern allein und ausschließlich zur Rettung der Seelen.«[1]

Josemaría Escrivá, Gründer des Opus Dei

9. Kapitel

Ein Werk bittet zur Kasse

Korporative Gremien, Stiftungen und Mitglieder des Opus Dei haben meist hohe Fähigkeiten, prominente Sympathisanten und öffentliche Subventionen für die apostolische Arbeit des Opus Dei zu gewinnen. Der Präsident der nationalkonservativen schweizerischen Volkspartei (SVP), Ueli Maurer, sitzt im Patronat der Zürcher *Limmat-Stiftung*. In Italien ist Guilio Andreotti, der wie kein anderer die Politik seines Landes in den vergangenen Jahrzehnten geprägt hat, dem zentralen korporativen Werk des Opus Dei verbunden.

Befragt, hätten beide vielleicht gesagt, dass sie nur Institutionen zur Verfügung stehen, in denen unter anderem auch Mitglieder des Opus Dei tätig seien. Auch der Potsdamer Rüssel verbreitet ja, in der Schul-Initiative gehöre nur eine Minderheit dem Opus Dei an. Ähnlich erklärte der inzwischen abgehalfterte CSU-Politiker Aribert Wolf, als er Präsident der Rhein-Donau-Stiftung war, diese Hilfsorganisation habe mit dem Opus Dei nichts zu tun.[2]

Doch so harmlos ist die Wirklichkeit nicht: Die Rhein-Donau-Stiftung wurde von Mitgliedern des Opus Dei initiiert. Und Gründer Escrivá legte in seinem Hauptwerk »Camino« klar fest, dass seine Ge-

---

1 J. Escrivá, in: Crónica, 1964, Heft 4.
2 Alfred Dürr, Die Partei tanzt, in: Süddeutsche Zeitung, München, 27./28.1.2001; Präsident ist derzeit der CSU-Bundestagsabgeordnete Norbert Geis, Kuratoriumsmitglied im »Forum deutscher Katholiken«.

folgsleute ihre apostolischen Initiativen gegenüber ihren Vorgesetzten zu verantworten und gegenüber allen anderen Menschen zu schweigen haben.[3]

In Werken und Stiftungen, die Mitglieder des Opus Dei gegründet haben, besitzen sie die Mehrheit in den Entscheidungsgremien; in der rheinischen Fördergemeinschaft ebenso wie im Vorstand der Rhein-Donau-Stiftung. Ohne ihre Zustimmung kann nichts laufen. Meist suchen sie sich einen Präsidenten, der zwar ihrer Organisation nicht angehört, aber sie nach außen wirkungsvoll unterstützt. In diesem Sinne äußerte Wolf, als Präsident der Rhein-Donau-Stiftung stelle er Kontakte zu deutschen Bundesbehörden und zur Europäischen Union her.[4]

Überall, wo das Opus Dei wirkt, gilt indes: Längst nicht allen auserwählten Repräsentanten scheint die Rolle, die sie spielen, bekannt zu sein. So enthüllte im Januar 2002 die schweizerische Zeitung *Blick*:[5] Der internationale Fußballverband *FIFA* hatte 2001 zusammen mit der Limmat-Stiftung, einem schweizerischen Pendant der Rhein-Donau-Stiftung, eine Sportanlage für Straßenkinder in Kolumbien finanziert. Kolumbianischer Partner war offensichtlich ebenfalls ein Werk des Opus Dei. Der FIFA war diese Option, jedenfalls nach ihrer Aussage, unbekannt. Ja, der Generalsekretär der FIFA, Michel Zen-Ruffinen, der mit mehreren Politikern, Sportlern und Wirtschaftsbossen – darunter der schon genannte SVP-Präsident Maurer und der ehemalige Hochkommissar für das Flüchtlingswesen der UNO, Jean-Pierre Hocké – im Patronatskomitee der Limmat-Stiftung saß, wusste offenbar nicht, wem er zu Diensten war. Zwar hob der Geschäftsführer der Limmat-Stiftung, François Geinoz, gegenüber *Blick* hervor:

---

3 J. Escrivá, Camino, Nr. 619.

4 A. Dürr, a.a.O.

5 Alexander Sautter, Blick enthüllt: Schweizer Promis im Netz von Opus Dei, in: Blick, 10.1.2002, Zürich, S. 1 und 3; in derselben Ausgabe: Peter Hertel, Die ehernen Gesetze bleiben verdeckt, Gastkommentar, S. 2.

»Wir haben alle Patronatsmitglieder informiert, dass einige unserer Lokalpartner mit dem Opus Dei zu tun haben.« Doch von Patronatsmitgliedern wurde diese Behauptung zurückgewiesen: Die Limmat-Stiftung habe sie nicht informiert. Umgehend nach der Enthüllung trat Zen-Ruffinen aus dem Patronatskomitee aus. Ein FIFA-Sprecher begründete gegenüber *Blick*, Zen-Ruffinen könne es sich nicht leisten, »in die Nähe der umstrittenen Organisation [Opus Dei] gerückt zu werden«.

Ein ähnlicher Fall ist mir 1999 begegnet. Bei Recherchen über das *Programm »Eine Seele für Europa«* der Europäischen Kommission war ich darauf gestoßen, dass auch ein Projekt des *European Training Centre ETC* in Helsinki in das EU-Seelen-Programm aufgenommen worden war. Das Zentrum war mir bekannt als korporatives Werk des Opus Dei, das sich bemüht, in den baltischen Staaten, besonders in Estland, und in Russland neues Terrain für das Opus Dei zu erschließen. Leiter des Zentrums, das auch in Estland arbeitet, ist das Opus-Dei-Mitglied Alexandre Harvard (Helsinki) aus einer französisch-russischen Familie. In Estland war der Opus-Dei-Priester Philippe Jourdan, inzwischen Bischof, als kirchlicher Generalvikar und als Diplomat in der Päpstlichen Nuntiatur tätig.

Jourdan hatte auch an Harvards Opus-Dei-Projekt mitgewirkt, das in Finnland und Estland durchgeführt und von der EU subventioniert worden war. Harvard gehörte dann zu etwa 30 Personen aus der Europäischen Union, die nach Brüssel eingeladen wurden, um »unter anderem den Fortgang des Programms ›Eine Seele für Europa‹« zu erörtern. Nachdem ich den Opus-Dei-Zusammenhang in einer Rundfunksendung erwähnt hatte, protestierte Thomas Jansen, der Koordinator des Programms »Eine Seele für Europa«: »Ein sachlicher Zusammenhang« des Programms mit dem Opus Dei fehle »gänzlich«.

Ein delikater, fast skurriler Fall ereignete sich 1994 unter belgischer Beteiligung: Robert Urbain, Minister für Außenhandel in Belgien, ein nicht gerade frommer Sozialist, war in Buenos Aires mit Weihwasser besprengt worden – und zwar vom argentinischen Regionalvikar (= Leiter) des Opus Dei. Doch selbst da, so ließ er später die belgische Öffentlichkeit wissen, sei ihm nicht aufgegangen, dass er sich auf einer Veranstaltung eines korporativen Opus-Dei-Werkes befand und dass dem Opus Dei 15,6 Millionen BF der belgischen Steuerzahler zugeflossen seien. Auch Prinz Philippe, Ehrenvorsitzender des Belgischen Außenhandelsamtes, will von den Zusammenhängen mit dem Opus Dei nichts gewusst haben, wenngleich das belgische Königshaus hervorragende Beziehungen zur Prälatur unterhält. Der Thronfolger hatte die Schule in Buenos Aires für das korporative Werk des Opus Dei eröffnet. Eine »arme, kleine Schule« hatte es sein sollen, aber sie steht, wie die meisten Einrichtungen des Opus Dei, in einem schicken Viertel.

Die belgische Zeitung *De Standaard*[6] brachte die Sache ans Licht: Die Finanzierung sei durch die belgische Nichtregierungsorganisation *Actec* organisiert worden. Zwei Tage später berichtete *De Morgen*[7]: Actec hatte zu den Staatsgeldern von 15,6 Millionen BF lediglich 5,4 Millionen BF beigesteuert. Stéphane de Lovinfosse, Mitglied des Opus Dei, erklärte indes für Actec, sie sei keine Organisation des Opus Dei.

Die Angelegenheit schlug Wellen bis ins belgische Parlament. Dann publizierte die Zeitung *Le Soir*[8] offizielle Regierungsauskünfte: Die belgische Regierung sei über Zusammenhänge mit dem Opus Dei nicht unterrichtet worden. Die belgischen Teilnehmer an der Veranstaltung in Buenos Aires könnten nicht verantwortlich gemacht werden. Aus den Informationen, die der belgischen Regierung vorlägen, ziehe sie aber den Schluss, dass sie nicht zu den Partnern des Opus Dei in Buenos Aires gehöre.

6 Johan Mortelmans, Prins Filip opent school Opus Dei in Buenos Aires, in: De Standaard (Groot Bijgarden), 23.4.1994, S. 1.

7 Walter Pauli, Heilig of heilige maffia?, in: De Morgen, Brüssel, 25.4.1994, S. 2 Focus.

8 Luc Delfosse, Actec, fer de lance de l'Opus dei dans le tiers monde, in: Le Soir, Brüssel, 30.4.1997, S. 4.

Aber warum, so hatten Medien erstaunt gefragt, hat dann der Regionalvikar des Opus Dei das Haus gesegnet? Dazu erklärte, ebenfalls laut Le Soir, die Prälatur Opus Dei in Brüssel, zwar sei sie weder in Belgien noch in Argentinien in die Angelegenheit einbezogen worden, doch immerhin sei in den Einladungen, die den belgischen Behörden zugegangen seien, eindeutig darauf hingewiesen worden, dass die religiöse Betreuung der Schule dem Opus Dei anvertraut sei. Vor diesem Hintergrund zog Le Soir den Schluss, das Opus-Dei-Mitglied Lovinfosse habe gelogen, denn in Wirklichkeit sei das Opus Dei beteiligt gewesen.

Eine, wie es scheint, verwirrende Geschichte; doch nur für den, der das System nicht kennt:

Die Schule in Buenos Aires ist auf der zweiten Ebene (Korporative Werke) angesiedelt. Deshalb wird sie von der ersten Ebene (Personalprälatur) religiös betreut: Der Regionalvikar erschien mit Weihwasser. Weil aber weder die zweite noch die dritte Ebene juristisch etwas mit dem Opus Dei zu tun hat, kam die belgische Regierung zu dem Schluss, sie sei kein Partner des Opus Dei. Das war zwar formal richtig, nicht aber praktisch; denn auch wenn die Stiftung Actec (dritte Ebene) formalrechtlich keine Verbindung mit dem Opus Dei hat, wurde sie doch gegründet, um dem Opus Dei zu dienen. Insofern war Lovinfosses Behauptung, Actec habe mit dem Opus Dei nichts zu tun, formal korrekt. Aber trotzdem gab sie nicht die Realität wieder, denn die Stiftung wurde entsprechend den Regeln des Opus Dei gegründet, und eine ihrer Aufgaben ist es, Einrichtungen des Opus Dei zu subventionieren. Insofern war die Auskunft der Prälatur (erste Ebene) in Belgien, sie sei nicht involviert gewesen, rein formal richtig, praktisch aber war sie unrichtig.

Dieses und ähnliche Ereignisse fördern, wenn sie aufgeklärt werden, in der Öffentlichkeit die Ansicht, das religiöse Opus Dei arbeite im Verborgenen, horte Geld und Macht und arbeite deshalb mit weltlichen Tarnorganisationen.

Ein Verschiebebahnhof mit goldenen Waggons

Um Missverständnissen vorzubeugen: Wie alle Bürger haben auch die Mitglieder des Opus Dei das Recht der Koalitionsfreiheit. Sie dürfen Stiftungen und Vereine gründen und öffentliche Mittel in Anspruch nehmen. Sie dürfen Spenden erbringen und Erbschaften übertragen. Sie dürfen kirchliche Zuschüsse erhalten. Aber das Opus Dei ist auch eine sehr starke kirchliche Organisation, die als solche auf Geld und Macht zu hinterfragen ist. Doch das ist einem Normalbürger unmöglich; das globalisierte System der drei Ebenen gleicht einem großen Verschiebebahnhof, auf dem – bildlich – die goldenen Waggons so geschickt dirigiert werden, dass ein uninformierter Beobachter die Logistik nicht ahnt.

Um die Kapitalströme entdecken und verfolgen zu können, muss man wissen:

Korporative Werke und Stiftungen helfen der ersten Ebene, der übernatürlichen Personalprälatur, auch wenn sie offiziell unabhängig sind: Als die Prälatur in Deutschland um Geld für die Kosten der Seligsprechung Escrivás warb, ließ sie die potenziellen Spender erkennen, sie könnten ihre Gaben von den Steuern absetzen. Doch Spenden für eine Seligsprechung sind steuerlich wohl kaum abzugsfähig. So stellte dann die nichtreligiöse, als gemeinnützig anerkannte *Studentische Kulturgemeinschaft* die Spendenbescheinigungen laut Freistellungsvermerk des Finanzamtes Bonn aus. Ihr Hauptziel indes ist, wie sie bei ihrer Gründung dem Staat mitgeteilt hatte, die Ausbildung von Akademikern und Studenten, nicht aber die Unterstützung religiöser bzw. kirchenpolitischer Ziele der Personalprälatur Opus Dei. Das Geld jedoch floss steuerbegünstigt an den »Vizepostulator des Opus Dei in Deutschland«, also offenbar auf das Konto einer Einrichtung der Prälatur.

In einem zweiten Fall war es umgekehrt: Als Anfang der neunziger Jahre in Deutschland die für die Immobilien zuständige Studentische Kulturgemeinschaft die Bildungsstätte *Haus Hardtberg* (zweite Ebene) in Euskirchen-Kreuzweingarten ausbauen wollte, wandte sich die Prälatur (erste Ebene) an die fünf Diözesen in Nordrhein-Westfalen, damit sie einen Zuschuss gäben. 1992 zahlten sie dann drei Millionen DM (auch Kirchensteuermittel), aber nicht an die bittstellende Prälatur, sondern an die von ihr rechtlich unabhängige Kulturgemeinschaft.

In einer Projektbeschreibung hatte die Kulturgemeinschaft festgehalten, dass »die Gesamtkosten des Gebäudes etwa bei DM 12 000 000 liegen werden«. Dabei sei nicht auszuschließen, dass das Projekt teurer werde. An mehr als drei Millionen DM Zuschuss sei nicht gedacht, hatten 1992 die Diözesen durchblicken lassen. Doch zwei Jahre später hatte die Kulturgemeinschaft bereits 28 Millionen DM verbaut, und die Diözesen hoben den Zuschuss um weitere fünf Millionen DM an. Insgesamt spendeten sie etwa zehn Millionen DM. Allein die Kosten der beiden Hauskapellen, die 1993 auf eine Million DM veranschlagt worden waren, betrugen 1995 fast drei Millionen DM. Zwei Kapellen waren erforderlich, weil in der Prälatur die Männerabteilung und die Frauenabteilung strikt voneinander getrennt sind und deshalb auch jeweils eine eigene Hauskapelle benötigen.

Die Diözesen teilten, nachdem die Sache herausgekommen war, der Öffentlichkeit mit, sie hätten das Geld an die Personalprälatur Opus Dei, also die erste Ebene, gezahlt. Doch in Wirklichkeit war das Geld auf der steuerbegünstigten zweiten Ebene eingelaufen, obwohl sie formalrechtlich mit dem Opus Dei nichts zu tun hat; ja, obwohl sich deren Einrichtungen nach den Bestimmungen des Opus Dei nicht einmal »katholisch« nennen dürfen.

Anscheinend werden die verschiedenen Ebenen, auch wenn sie angeblich nichts miteinander zu tun haben, oft so benutzt, wie es für die Personalprälatur gerade opportun ist. Zum Beispiel werden die monatlichen Spenden, die Supernumerarier an die Personalprälatur zu leisten haben, üblicherweise an korporative Organisationen gezahlt. Sie bzw. deren Bevollmächtigte werden zudem als Empfänger des Vermögens und Erbes eingesetzt, zu dessen Übergabe an die Prälatur sich das zölibatäre Mitglied bei seinem Eintritt verpflichtet. Darüber

Hans Urs von Balthasar: Gott und Mammon

Kurz vor seinem Tode schrieb der Theologe Hans Urs von Balthasar im Blick auf das Opus Dei:

»... Geld kann ein Machtmittel sein, mit dem man sich zu einer Zeit, da das Wort Simonie obsolet geworden ist, manches erkaufen kann, vielleicht sogar Heiligsprechungen. Wir leben in einer Zeit, da Propaganda, Reklame, Werbetechnik eine Großmacht geworden sind. Es bereitet tiefe Sorge zu sehen, wie christliche Gemeinschaften heute für sich werben, oft schon bei Minderjährigen, die sich durch geschickte Lockmittel einfangen lassen. Ich besitze eine ganze (internationale) Sammlung von Klagebriefen übertölpelter Eltern, denen eine kirchliche Institution oder Bewegung die Kinder weggestohlen hat. Mehr oder weniger unbewusst steht hinter solcher Werbung das Bewusstsein einer Gruppe, die katholische Kirche in ihrer Integralität am besten und wirksamsten zu repräsentieren. Heilige Ordensgründer wie Franziskus oder Ignatius haben nie für sich geworben, sondern für das Gottesreich, zu dem man durch Nachfolge Christi Zutritt gewinnt.

Merkwürdigerweise vermählt sich heute (wie im Mittelalter und Barock) persönliches Armutsideal mit Reichtum der Gemeinschaft. Aber das Volk ist dieser Vermählung gegenüber misstrauisch. Eine Statistik hat nachgewiesen, dass in Frankreich die um reiche Abteien liegenden Ländereien die am meisten entchristlichten sind. ›Ihr könnt nicht zwei Herren dienen: Gott und dem Mammon‹ – selbst wenn ihr nicht Mönche, sondern eine Laienbewegung seid.«[9]

---

9 Hans Urs von Balthasar, Integralismus heute, in: Diakonia, Mainz/Freiburg, 4/1988. S. 225 f. Einem Theologiestudenten, der ihm mitteilte, er beschäftige sich mit dem Opus Dei, riet Balthasar im Juli 1984 handschriftlich davon ab: »Bleiben Sie nicht zu lang bei O. D. – es lohnt nicht.« (Kopie des Schreibens im Archiv des Autors.)

hinaus haben zölibatäre Mitglieder, die Honorare etwa für Vorträge in irgendwelchen Einrichtungen erhalten würden, auf diese Honorare verzichtet und die Einrichtungen gebeten, stattdessen Spenden (die natürlich steuerfrei sind) an diese oder jene Stiftung zu entrichten. Dass es sich dabei um Stiftungen von Opus-Dei-Mitgliedern handelte, war für die Einrichtungen in der Regel nicht erkennbar, weil die Stiftungen formalrechtlich nichts mit dem Opus Dei zu tun haben und im Ausland sitzen.

Ein anschauliches Beispiel dafür, wie Kapital über die verschiedenen Ebenen bewegt wird, bietet die *Woodlawn-Foundation Inc.,* eine zentrale Stiftung, die von Opus-Dei-Mitgliedern in den USA geführt wird. Sie residiert in New Rochelle NY. In dieser Stadt befindet sich auch der US-amerikanische Zentralsitz des Opus Dei. Die Stiftung ist eine »Organization exempt from Income Tax«. Derartige Unternehmungen haben das Ziel, Steuerzahlungen so gut wie möglich zu vermeiden.

Einer Spendenliste der Woodlawn Foundation[10] ist zu entnehmen, dass 4,7 Millionen Dollar, die steuerfrei bei der Foundation eingingen, auf Werke des Opus Dei verteilt worden sind. Der größte Brocken gelangte an die *Crawford Foundation,* die wie das Opus Dei in New Rochelle ansässig ist.

Geld ging aber auch an die übernatürliche Opus-Dei-Zentrale in New Rochelle (erste Ebene). Sogar ins Ausland wurden Gelder transferiert – und zwar an die Päpstliche Universität vom Heiligen Kreuz und an eine Pfarrgemeinde in Rom, die vom Opus Dei geleitet wird. Insofern ist auch die Woodlawn Foundation in das von Opus-Dei-Mitgliedern initiierte weltweite Transfersystem eingespannt. Nicht ersichtlich ist aus der Liste, woher die Spenden kamen. Es ist aber bekannt, dass Darlehen aus der Schweiz und von der *Credit Andorra* in die USA liefen und mit nur einem Prozent – also einem eher symbolischen Satz – verzinst wurden.

10 Die Spendenliste liegt dem Autor in einer Kopie vor.

Ein ähnlicher Fall ereignete sich in England. Aus dem spanischen Rumasa-Konzern, der vom Opus-Dei-Mitglied José María Ruiz Mateos aufgebaut und geführt wurde (s. S. 153-155), gelangten hohe Geldsummen über die britischen Kanalinseln an die *Netherhall Educational Association (NEA)*, ein korporatives Bildungsinstitut des Opus Dei in London. Als die britische *BBC* eine Fernsehsendung über das Opus Dei vorbereitete, waren die Rechercheure verwirrt durch die Art und Weise, in der die korporative Einrichtung sich Geld beschaffen konnte, um ihren beträchtlichen Grunderwerb in einer feinen Londoner Gegend zu finanzieren. Die Gelder kamen von auswärts in Dollar, Schweizer Franken und D-Mark,[11] und zwar auch hier zu einem Prozent Verzinsung. Ebenso ist die *Dawliffe Educational Foundation,* der korporative Dachverband der britischen Opus-Dei-Frauenabteilung, finanziert worden, wenn auch nicht so opulent wie die NEA.

Das ehemalige Opus-Dei-Mitglied Widmar Puhl erläuterte: »Die Organisation ist reich und versteckt diesen Reichtum hinter juristischen Tricks. Und da beginnt ein regelrechtes Verwirrspiel mit Tarnorganisationen. Nur ein sehr geringer Teil der Häuser, die als Zentren des Opus Dei dienen, ist auch deutlich als Angelegenheit des Opus Dei ausgewiesen. Eine ordentliche Trennung von Wohn- und Geschäftsräumen ist völlig unmöglich. Kaum eine Aktionsgruppe des Werkes tritt offen mit dem erklärten Ziel auf, das sie hat: Mitglieder für das Opus Dei zu werben oder Kirche und Gesellschaft im Sinne des Opus Dei zu beeinflussen … Das Ganze ist nicht ehrlich. Ein städtischer Beamter zum Beispiel gewährt beachtliche Zuschüsse für die Hausaufgabenbetreuung in einem Jugendzentrum. Er ahnt aber nicht, dass er damit eigentlich etwas anderes finanziert, was ihm seine dienstlichen Richtlinien verbieten würden. Ein Richter oder ein Gemeinderat lenkt Bußgelder von Verkehrssündern, die an eine gemeinnützige Einrichtung fließen sollen, in Zentren des Opus Dei, weil die eine rechtlich anerkannte Fassade unter irgendeinem Vereinsnamen ha-

---

11 Vgl. Michael Walsh, The Secret World of Opus Dei, London 1989, S. 147 ff.

ben.«[12] Puhl musste wissen, wovon er sprach: Er hatte, wie erwähnt, in der Informationszentrale des deutschen Opus Dei gearbeitet. Die Systematik, auf die er hinwies, gilt indes weltweit.

In den siebziger Jahren waren in Zürich, einem der wichtigen internationalen Finanzplätze, drei Mitglieder des Opus Dei tätig: Hans Thomas (Deutschland), Umberto Farri (Italien) und Peter Kopa (Schweiz). Dort wirkten sie für die Limmat-Stiftung; sie arbeiteten aber auch für die geistliche Prälatur und für korporative Vereinigungen in ihren Ländern.

Umberto Farri war im Gesamt-Opus-Dei für »St. Raphael«, das »Apostolat« unter der Jugend, zuständig. Dann wurde er auf der dritten Ebene der Generalsekretär des Werkes *Istituto per la Cooperazione Universitaria (ICU)* mit Büros in Rom, Brüssel, Beirut, Hongkong und Manila. Weltweit ist ICU eine zentrale Stiftung, die unter anderem die korporative Universitätsarbeit des Opus Dei finanziert. ICU organisiert bzw. sponsert auch die jährlichen »Schüler- und Studentenkongresse (UNIV)«, auf dem das Opus Dei junge Mitglieder und solche, die gewonnen werden sollen, nach Rom kutschiert, zu Papstaudienzen bringt und in einer Atmosphäre des Werks-Geistes, der sich die zu Werbenden nur schwer entziehen können, an sich bindet.

Hans Thomas betätigte sich auf der ersten Ebene als »Berater des Regionalvikars«, des deutschen Opus-Dei-Leiters, und auf der zweiten Ebene für die Studentische Kulturgemeinschaft, die in Deutschland für die korporativen, meist studentischen Bildungszentren verantwortlich ist und besitzt, was dem Opus Dei nicht gehört, worüber es aber verfügen kann. Heute ist er der Präsident des korporativen *Lindenthal-Institutes,* das mit wissenschaftlichem Anspruch auftritt. Den »multinationalen« Arm jedoch bildet auf der dritten Ebene die Rhein-Donau-Stiftung. Obwohl diese Aufgabe nach seinen Angaben nichts mit dem Opus Dei zu tun habe, vertraute Thomas doch in einem Brief dem damaligen österreichischen Kardinal König an: Er hoffe »der Ar-

12 W. Puhl, a.a.O.

beit des Opus Dei auch mit der Stiftung besser helfen zu können«. So kümmerte sich die Rhein-Donau-Stiftung zum Beispiel um die Etablierung des Opus Dei in Ungarn. Dort hatten spanische und österreichische Mitglieder des Opus Dei 1996 die *Duna Egyesület Kulturális Központok Fejlesztésére* (Donau-Vereinigung zur Förderung von Kulturzentren) gegründet und das Projekt Orbánhegy in Budapest begonnen.[13]

Peter Kopa war von der Prälatur (erste Ebene) als Religionslehrer an der Kantonsschule in Winterthur freigestellt worden. 1978 war er Sekretär des »Vereins für Jugendbildung« in Zürich, des Trägervereins für korporative Jugendclubs (zweite Ebene). In den achtziger und zu Beginn der neunziger Jahre gehörte er zur Hausgemeinschaft der Opus-Dei-Mitglieder im *Studentenheim Fluntern*. Der spanische Journalist Ernesto Ekaizer[14] berichtet, Kopa sei viele Jahre lang in Zürich für die Limmat-Stiftung (dritte Ebene) tätig gewesen. Als Geschäftsführer der Opus-Dei-nahen *FGM-Stiftung für internationale Zusammenarbeit* (dritte Ebene) in Zürich kümmerte er sich ebenfalls um Kapitalabwicklungen.

1999 wurde Kopa von der Zürcher *SonntagsZeitung* mit der *Geneva Group International* (Zug/Schweiz) in Verbindung gebracht.[15] Diese Gruppe ist ein Treuhand-Unternehmen, mit dem weltweit etwa 60 Firmen kooperieren. Als Chef wurde der 33-jährige Claudio Cocca genannt, der binnen kurzem vom mittellosen Studenten zum »angesehenen Treuhänder« aufgestiegen sei. Sein »erster Mentor im Treuhandgewerbe« sei seit 1994 der »Opus-Dei-Numerarier Peter Kopa« gewesen. Kopa sei in Spanien bekannt geworden als Empfänger von 450 Millionen Peseten der Gesellschaft ASNI Investments SA – einer

---

13 Schreiben der Stiftung und des Kollegiums vom November 1996 an potenzielle deutsche Spender.

14 Ernesto Ekaizer, José María Ruiz Mateos. El Ultimo Magnate, Barcelona 1985, S. 165 f.

15 Claudio Cocca und die Opus-Dei-Connection, in: SonntagsZeitung, Zürich, 27.6.1999.

Geldquellen

1. Einkommen der etwa 40 000 ehelosen, zölibatär lebenden und oft in gut verdienenden Berufen beschäftigten Laien: Numerarier/innen und Assoziierte. Sie selbst leben in Armut und geben alles, was sie verdienen, an ihre Organisation ab, von der sie monatlich ein Taschengeld erhalten. Der Reingewinn aus diesem Posten – nach Abzug der Lebenshaltungskosten, Unterhalt der Häuser und Finanzierung nichtverdienender Mitglieder u. Ä. – dürfte weltweit etwa 30 Millionen Euro monatlich betragen.

2. Spenden der etwa 45 000 Supernumerarier/innen, von denen der größere Teil verheiratet ist. Sie geben etwa ein Viertel ihrer Einkünfte. Als Faustregel gilt: die Kosten, die ein »Kind« in der Familie verursacht (bei Unverheirateten fiktiv). Gewinn (geschätzt): mindestens 20 Millionen Euro monatlich.

3. Einkünfte aus korporativen Werken, Stiftungen und Banken. Hier dürften jährlich hohe Millionenbeträge oder gar Milliarden Euro einkommen bzw. vermittelt werden.

4. Fundraising. Mitglieder, besonders junge, besuchen Verwandte, Freunde und Bekannte, um sie mit ihrer eigenen Arbeit im Opus Dei oder zum Beispiel mit einem Entwicklungsprojekt bekannt zu machen, für das sie dann um Geld werben. Studentenheime und Jugendclubs wenden sich an Firmen usw.

5. Zuwendungen der öffentlichen Hand (zum Beispiel EU, Staaten, Gemeinden), vornehmlich wenn Werke und Stiftungen vorhanden sind, die entsprechende Anträge stellen können.

6. Spenden und Schenkungen von Mitarbeitern und Wohltätern durch Übertragung von Immobilien, Bauernhöfen und sonstigen Grundstücken (nicht zuletzt durch den Adel) bzw. Erbschaften. Die zölibatären Mitglieder setzen – laut Vademecum – beim Eintritt in das Opus Dei eine korporative Vereinigung als Erben ein; kirchliche Mittel (in Deutschland außer aus den NRW-Diözesen auch aus den Diözesen München, Augsburg, Berlin).

möglicherweise illegalen Schwarzgeldzahlung von Mario Conde, dem Exchef der Opus-Dei-nahen Finanzierungsgesellschaft *Banesto*. Als er in dieser Sache in Madrid als Zeuge vor Gericht geladen war, sei er nicht erschienen.[16]

Cocca selbst, Kopas »geschäftlicher Ziehsohn«, ließ wissen, er habe sich vom Opus Dei entfernt, weil er mit dem rigiden Gehorsam und dem Keuschheitsgebot für Numerarier seine Schwierigkeiten habe. Gleichwohl kooperiere er »nach wie vor in Schweizer Stiftungsräten und Aktiengesellschaften« mit Kopa, der allerdings inzwischen in Prag saß.

Dort war »Dr. Peter Kopa« nunmehr an leitender Stelle in das Imperium Claudio Coccas integriert. Er führte die Niederlassung der Gruppe mit Ambitionen nach Bulgarien, Rumänien und Russland. Das Opus Dei in der Schweiz ließ auf Anfrage der *SonntagsZeitung* wissen, es kenne Kopas Adresse nicht.

Wirtschaftlich gegründet wurde das multinationale System von Opus-Dei-Mitgliedern, die auch Kooperationen mit anderen privaten wie mit öffentlichen Institutionen anstreben, im Spanien der sechziger Jahre.[17] Dort war zunächst – aus dem Umfeld der *Atlántico-Bankunión* – die *Fundación General Mediterranea (FGM)* errichtet worden. Sie stand 1972 Pate bei der Taufe der Limmat-Stiftung. Beide Stiftungen waren miteinander verbunden und gründeten 1977 die *Fundación General Latinoamericana (Fundamerica)* mit Sitz in Caracas. 1979 rief die FGM – unter Beteiligung der Fundamerica – ihre genannte schweizerische FGM-Filiale ins Leben.

Wie in diesen Stiftungen üblich, gehört auch in der Limmat-Stiftung die Mehrheit der Stiftungsratsmitglieder dem Opus Dei an, sodass die Organisation stets die Kontrolle ausüben kann. In den achtziger Jahren war der Limmat-Präsident ein Opus-Dei-Numerarier

16 Ebd.
17 Ausführlich in: P. Hertel, Geheimnisse des Opus Dei, S. 38-44. Dort auch weitere Quellennachweise.

aus der Schweiz, der gleichzeitig in Barcelona regionales Verwaltungsratsmitglied der spanischen *Volksbank (Banco Popular)* war; deren Präsident war ebenfalls Numerarier.

Reichster Jongleur in diesem Netz[18] war damals der spanische Supernumerarier José Ruiz Mateos, Gründer und Leiter des größten spanischen Privatkonzerns, der *Rumasa*. Mit dem Präsidenten der spanischen Volksbank, mit dem Industrieminister und mit dem Präsidenten der Vereinigung der spanischen Privatbanken verbanden ihn Freundschaften. Alle drei waren ebenfalls Mitglieder des Opus Dei. Ruiz Mateos errichtete ein gigantisches, globalisiertes Firmenkonglomerat aus rund 600 Unternehmen, 20 Banken und mit 60 000 Angestellten.

Mit dem Präsidenten der Volksbank repräsentierte er, wie er es ausdrückte, die »wirtschaftliche Kampfkraft des Opus Dei in Spanien«. Strohmänner-Firmen entstanden, Scheingewinne wurden gemacht, und das Opus Dei habe, wie Ruiz Mateos später in Beweisnot zugab, durch Spenden, die er als Supernumerarier zu leisten hatte, kräftig mitverdient.

Das Opus Dei hat diese Darstellungen kategorisch zurückgewiesen. Ruiz Mateos habe die Fakten verfälscht. Und außerdem diene das Werk nur religiösen, nicht aber profanen Zielen.

Im Auftrag der spanischen Finanzbehörden sollten die Risiken überprüft werden, die der Konzern eingegangen war. Als Ruiz Mateos ein Ultimatum erneut ignorierte, wurde er enteignet, damit Schaden verhütet und Arbeitsplätze gerettet würden. Wie sich herausstellte, hatte er den Rumasa-Konzern um – umgerechnet – zwei Milliarden Euro überschuldet.

Zieht man alle Summen in Betracht, die beim Konflikt um Ruiz Mateos und das Opus Dei zur Sprache gebracht wurden – soweit der Kon-

---

18 Die folgenden Abschnitte über Ruiz Mateos und die Rumasa sind eine gekürzte Wiedergabe der Recherchen aus meinem Buch »Ich verspreche euch den Himmel«, S. 55-62. Dort stehen auch die Quellenangaben.

flikt öffentlich wurde –, dann kommt man auf mehr als 50 Millionen Dollar. Spanische Zeitungen meinten, es handle sich nur um die Spitze des Eisbergs. In Wirklichkeit seien weit höhere Beträge aus dem Rumasa-Konzern in die Opus-Dei-Arbeit geflossen.

Transaktionen liefen, wie Ruiz Mateos – in Untersuchungshaft genommen – anhand von Kopien zu belegen suchte, auch über die *Nordfinanzbank* in Zürich. Deren Verwaltungsratspräsident war der Zürcher Anwalt Arthur Wiederkehr, der die Limmat-Stiftung errichtet hatte und ihr Aufsichtsratspräsident wurde. Die Nordfinanzbank fungierte als schweizerische Hausbank des Rumasa-Konzerns. Wiederkehr, der Zahlungen zum Teil über Scheinfirmen dirigierte, war auch im weltweiten Bankenimperium des Italieners Roberto Calvi tätig. Calvi – wegen seiner umfangreichen Geschäfte mit dem Vatikan auch der »Bankier Gottes« genannt – war Leiter der größten italienischen Privatbank, des *Banco Ambrosiano,* der 1982 spektakulär Bankrott machte. Wegen illegaler Devisengeschäfte war er zu einer vierjährigen Gefängnisstrafe verurteilt worden. Drei Tage vor dem Berufungstermin wurde er unter einer Londoner Themsebrücke erhängt aufgefunden. Die englische Polizei sprach zunächst von Selbstmord, die englischen Behörden setzten später Fragezeichen hinter diese Feststellung.

Mit Calvis Banco Ambrosiano waren die *Vatikanbank IOR* und deren Präsident, Erzbischof Marcinkus, ins Zwielicht geraten. Die Vatikanbank war mit Abstand der größte Minderheitsaktionär des zusammengebrochenen Bankenkonzerns. Die italienische Bankenkontrolle nannte den Vatikan mithaftbar, worauf dieser überraschend – ohne Anerkennung einer Zahlungsverpflichtung – 88 Ambrosiano-Gläubigern einen Vergleich anbot und mit den Gläubigern die Zahlung von 250 Millionen Dollar vereinbarte, wobei sie ihm wegen rascher Zahlung noch sechs Millionen Skonto gewährten.

Offen blieb die Frage, wie der Vatikan, der ja gelegentlich Schwierigkeiten hat, die Gehälter seiner Angestellten voll zu bezahlen, das Geld so schnell beschaffen konnte, um die Gläubiger zu befriedigen. Es hieß, auch Finanzkreise des Opus Dei seien eingesprungen, wobei sie vom Heiligen Stuhl bestimmenden Einfluss auf seine Politik gefordert hätten – eine Behauptung, die sich mit Aussagen der Familie Calvis wie auch des ehemaligen Konzernherrn Ruiz Mateos in Einklang bringen ließe. Sie wird vom Opus Dei mit dem stereotypen Dementi, die Vereinigung habe nur religiöse Ziele und treibe keine wirtschaftlichen Geschäfte, energisch bestritten.

An den internationalen Finanzplätzen

Längst ist das Opus Dei in allen Staaten vertreten, in denen sich wichtige internationale Finanzplätze befinden: England 1946 (London), USA 1949 (New York), Deutschland 1952 (Frankfurt), Schweiz 1956 (Zürich), Japan 1959 (Tokio), China-Hongkong 1981.

Nachdem das Rumasa-System in den achtziger Jahren aufgeflogen war, wurde 1995 die FGM in einen Finanzskandal verwickelt. Im Strudel der Ereignisse begann ihr Absturz. Als wichtige Opus-Dei-nahe Stiftung gilt heute in Spanien die *Fondación Codespa*.[19] Mit ihr kooperiert die Limmat-Stiftung, die mit der korporativen schweizerischen *Kulturgemeinschaft Arbor-Société culturelle Arbor* verbunden ist. Arbor betreut die *Alpha*-Einrichtung in der französischsprachigen Schweiz. Dort wurde 1986 die *Fondation du Léman* errichtet. Sie kooperiert mit der belgischen Stiftung *Actec* in Guatemala, El Salvador, Ecuador, Chile, Bolivien, Venezuela, Kolumbien, Argentinien, Elfenbeinküste, Nigeria, Kamerun und Kongo-Demokratische Republik. Actec erhält dazu auch Mittel der Europäischen Kommission. Verantwortlich ist die Organisation »Students for Development«, die Actec eingegliedert ist und die es auch in den USA gibt. Ein Teil der Arbeit gilt »Straßenkindern« – ein Stichwort, das Spender zu großzügigen Gaben anregt. Auch Limmat-Stiftung und Codespa arbeiten in »Projekten« für lateinamerikanische Straßenkinder zusammen.

19 Jesús Ynfante, Opus Dei, Barcelona 1996, S. 421 ff.

Die Sorge um Kinder ist im Werk nicht neu. Schon Escrivá hielt Jugendclubs für sehr wichtig, damit Schulkinder an das Opus Dei herangeführt werden könnten, ehe sie der »ideologischen und moralischen Fehlorientierung«[20] anheim fielen. »Schule statt Straße – den Armen helfen« und »Schule statt Straße – Studenten helfen in Mittelamerika« heißt heute ein Projekt, das Opus-Dei-nahe deutsche Studentenheime innerhalb der Rhein-Donau-Stiftung führen. Sie leisten Bildungsarbeit in Mittelamerika und bitten hierzulande um Spenden für einen der Lokalpartner, die Opus-Dei-nahe *Fundacen »Fundación Centroamericana por la Iniciativa del Sector Privado«* (Mittelamerikanische Stiftung für Initiativen im privaten Sektor), in Mittelamerika (Guatemala, Nicaragua, Honduras und El Salvador).[21]

Im Unterschied zur Rhein-Donau-Stiftung hat sich die Limmat-Stiftung offenbar auf Kolumbien spezialisiert, wo sie mit der Fundación Codespa kooperiert. Die EU und die spanische Regierung subventionierten den Bau einer »Berufsschule mit Betreuung für Straßenkinder« mit 1,1 Millionen Dollar, während die Kooperative Limmat-Codespa lediglich 0,26 Millionen Dollar dafür aufbrachte.[22] Spendengelder flossen aus der Geneva Group International des Treuhänders Cocca (und Kopas) in dieses Projekt.

Vor allem die EU-Kommission wird von Initiativen angezapft, die von Opus-Dei-Mitgliedern gegründet wurden. Kulturgemeinschaften und Stiftungen, die von Mitgliedern des Opus Dei dirigiert werden, erhöhen sogar ihre öffentliche Reputation mit dem Hinweis, dass sie von nationalen und internationalen politischen Gremien unterstützt würden. Zum Beispiel wirbt die italienische *Fondazione RUI (Residen-*

---

20 Crónica, 1963, Heft 1.
21 Johannes Mehlitz, Ohne Bildung haben die Kinder keine Chance, in: General-Anzeiger, Bonn, 25.10.1994; »Schule statt Straße« – Prospekt von Reinhard Backes & Martin Klein, Studentenheim Althaus, Bonn, ohne Datum.
22 Limmat-Stiftung, Zürich, Jahresbericht 1997.

ze *Universitarie Internazionali)* damit, dass sie mit der Europäischen Kommission und mit dem Europarat zusammenarbeite – nicht zuletzt im Hinblick auf »Entwicklungsländer und Osteuropa«. EU-Gelder erhielten auch Projekte der deutschen Rhein-Donau-Stiftung und der Limmat-Stiftung, der die Zwei-Brücken-Stiftung und die Rhedo-Stiftung zugeordnet sind, sowie der Actec.

Die Rhein-Donau-Stiftung arbeitet – nach eigenen Angaben – mit dem deutschen Entwicklungshilfe-Ministerium zusammen, und Actec macht in Belgien staatliche Mittel für Projekte in Lateinamerika, etwa in Venezuela, Kolumbien und Peru, wie auch in Zentralafrika locker.

Gelegentlich dringt allerdings Sand ins Getriebe. Jedenfalls hat sich das *Tempus*-Projekt der Europäischen Kommission einen Antrag auf finanzielle Unterstützung näher angesehen. Er kam von der *FWM-Stiftung.* Sie wollte sich ein Jugendpilotprojekt in Polen finanzieren lassen. Doch der Antrag wurde in Bausch und Bogen abgewiesen. Der FWM-Stiftung antwortete Tempus unter anderem, die von ihr angegebenen Partnerorganisationen hätten keine Bereitschaft zur Kooperation an diesem Projekt gezeigt und die Projektkosten seien »sehr hoch angesetzt«, ja vermutlich »überschätzt«.

Erfolgreicher war dagegen Umberto Farri. ICU-Projekte wurden unter anderem durch UN-Organisationen und die Europäische Union finanziert. Vier Generaldirektionen der Europäischen Kommission sowie das EU-Hilfsprogramm ECHO haben sie finanziell unterstützt. Rechnet man alles zusammen, so fand der englische Journalist und Katholik Gordon Urquhart heraus, komme man auf 44 normale und 114 kleinere Projekte.[23] Ohne Helfer in EU-Behörden sind solche massierten Förderungen wohl kaum zu erreichen.

Erfolge hat ebenfalls die Rhein-Donau-Stiftung mit Hans Thomas aufzuweisen – ähnlich die Limmat-Stiftung, in der Thomas und Farri

23 Gordon Urquhart, Sacred mission – secular funding, Brighton 1998.

gemeinsam tätig wurden. Beide Stiftungen arbeiten auch auf den Philippinen. Schließlich mündete die Hilfe in die Errichtung der *University of Asia and the Pacific (UA&P)*, eines korporativen Werks des Opus Dei, ein. Von der Europäischen Kommission erhielt die UA&P offiziell 250 000 ECU. Allerdings heißt es, dass tatsächlich eine Million Dollar gezahlt worden seien. Dabei war bemerkenswert, dass von den zwei Personen, die in der DG-1-Abteilung der EU für die Philippinen verantwortlich zeichneten, die Spanierin Ana Gonzalo zum Opus Dei gehörte.

1986 hatte der *Philippine Inquirer* berichtet, die beiden dort am besten bekannten Opus-Dei-Mitglieder Bernardo M. Villegas und Jesus Estanislao nenne man auch »Hans and Fritz«,[24] weil sie aus Deutschland finanziert würden. Doch in Wirklichkeit waren Hans und Fritz nicht Bernie und Jess, sondern ihre deutschen Sponsoren Hans Thomas und Fritz Pirkl. Letztgenannter, der 1994 starb, war damals nicht nur der Präsident der Rhein-Donau-Stiftung, sondern auch der Vorsitzende der CSU-nahen *Hanns-Seidel-Stiftung*. Limmat-Stiftung und Rhein-Donau-Stiftung hatten jahrelang mit dem korporativen *Center for Research and Communication (CRC)* in Manila kooperiert. Das CRC seinerseits hatte das *Dual Tech* im Geschäftszentrum von Metro Manila initiiert, ein Joint Venture zwischen der *Southeast Asian Science Foundation Inc. (SEAFSI)* und der Hanns-Seidel-Stiftung.[25]

Die SEAFSI war von Villegas und Estanislao ins Leben gerufen worden. Villegas war auf den Philippinen bekannt als Kopf des CRC mit Aufsichtsratsposten bei *IBM, McDonald's* und der *Bank of the Philippine Islands*. Über seine Tätigkeit für die SEAFSI sagte er in seinem Heimatland nichts, während er innerhalb des von Opus-Dei-Mitgliedern weltweit geführten Stiftungsnetzes durchaus in ihrem

24 Hilarion M. Henares Jr., Snow-White's seven dwarfs, in: The Philippine Inquirer, Manila, 3. März 1986.
25 W. J. West, S. 147.

Namen auftrat, so bei einem Symposion der Limmat-Stiftung, die in Zusammenarbeit mit der Direktion für Entwicklungszusammenarbeit und humanitäre Hilfe (DEH) Bern die Opus-Dei-nahe *Foundation for Professional Training Inc.* auf den Philippinen unterstützte. Vizedirektor der DEH und Chef der DEH-Abteilung Politik und Planung der Entwicklungszusammenarbeit war Jean-François Giovannini. Auf Befragen zeigte er sich verwundert: Er kenne die von seiner Organisation unterstützten Projekte der Limmat-Stiftung nicht.[26] Das war zwar merkwürdig, weil er der Sohn von Edgardo Giovannini, des damaligen Aufsichtsratspräsidenten der Limmat-Stiftung, ist, könnte aber dennoch richtig sein: Solche Zusammenarbeit vollzieht sich durch Beziehungen und basiert auf Vertrauen, ohne dass unbedingt ausreichend nachgeprüft wird.

Je weiter Projekte, die gefördert werden sollen, von den Organisatoren bzw. Spendern der Subventionen geographisch entfernt sind, je unerreichbarer und unüberprüfbarer sie für neutrale Aufsichtsgremien sind, je weiter die Globalisierung vorangetrieben ist, umso leichter scheint es zu sein, Kapital zu lancieren.

Etwas verwirrend für aufrechte Katholiken

Vor Jahrzehnten gab es noch andere Möglichkeiten, den Reichtum zu mehren. Von Devisenschmuggel berichtet María del Carmen Tapia.[27] Sie war unter anderem in der römischen Zentralleitung der Opus-Dei-Frauenabteilung tätig und hat die Geheimorganisation vor 40 Jahren verlassen. 1950, zur Zeit, als es in Westeuropa noch Ausfuhrverbote für Devisen gab, habe man ihr in Spanien eine Gürteltasche mit auf die Bahnreise nach Rom gegeben, die sie unter ihren Rock ha-

---

26 Michael Meier, »Octopus Dei« an der Limmat – spanischer Import, in: Tages-Anzeiger, Zürich, 10.7.1990, S. 2.
27 María del Carmen Tapia, Tras el Umbral, Una vida en el Opus Dei, Barcelona 1992, S. 227 ff..

be schnallen müssen – mit der strengen Auflage, sie nicht zu öffnen. Doch durch einen Zufall habe sie entdeckt, dass sich in der Tasche, die sie bei Alvaro del Portillo, dem inzwischen verstorbenen Prälaten des Opus Dei, für den Gründer Escrivá abzuliefern hatte, »tausende nordamerikanischer Dollar« befunden hätten.

Hier wären also Transaktionen auf der angeblich mammonfreien ersten Ebene gelaufen. Ein weiteres Beispiel: Vor einiger Zeit überraschte ein Afrikaner, der Student im römischen Opus-Dei-Ateneo (der heutigen Päpstlichen Universität vom Heiligen Kreuz) gewesen war, mit der Nachricht, der damalige Bischof Küng von Feldkirch, Priester des Opus Dei (erste Ebene), sei im Ateneo erschienen und habe gesagt, in seinem Gepäck habe er einen Scheck der *Päpstlichen Missionswerke* in Österreich, des nationalen Zweiges von *Missio Internationalis,* des »Päpstlichen Werks für die Glaubensverbreitung«. Die Sache gelangte in Österreich an die Öffentlichkeit und wurde breit diskutiert. Es habe sich um »zweckgebundene« Spenden gehandelt, ließ das Missionswerk wissen. Dennoch war die Brisanz offenkundig: Warum überweist das Missionswerk der Diözese Feldkirch, wenn es denn dem Priesterseminar des Opus Dei Spenden zukommen lässt, sie nicht auf dem üblichen Bankenweg, sondern stellt seinem Bischof einen Scheck aus, der ihn dann nach Rom mitnimmt? Die nationale Missio-Zentrale in Wien schaltete sich ein. Da kam auch noch heraus, dass das Missionswerk in der Diözese Feldkirch sogar einen Schriftverkehr mit dem Ateneo geführt hat, in den zwei philippinische Bischöfe und ein zairischer Bischof involviert waren. Sie hatten offenbar das Angebot, zukünftige Priester mit Unterstützung des Päpstlichen Hilfswerkes in der Opus-Dei-Einrichtung ausbilden zu lassen, gern angenommen.

Der geheimnisvolle, verdeckte Umgang von Opus-Dei-Mitgliedern mit Geld trägt dazu bei, dass das Werk in der Öffentlichkeit vielen unheimlich ist. Alberto Moncada, der ehemalige Numerarier aus Spanien, dessen Zeugnis im Kanonisierungsprozess für Escrivá als unseriös gewertet wurde (siehe S. 90), befand bereits 1990 auf dem Internationalen Soziologiekongress in Madrid:

»Seit den fünfziger Jahren helfen die Mitglieder einander in öffentlichen und privaten Geschäften, ernennen Mitarbeiter und Vertrauensleute aus ihren Reihen, eröffnen ihre Konten in befreundeten Banken und, wie es sich im ›Rumasa‹- Skandal erwiesen hat: sie benützen die Beziehungen des Opus Dei, um Körperschaftsangelegenheiten voranzutreiben. Nichts, das andere ähnliche Organisationen nicht auch tun würden, nichts Besonderes im Geflecht des westlichen Kapitalismus, aber ein bisschen verwirrend für aufrechte Katholiken, die eine größere Präsenz des Opus Dei in der Versittlichung des öffentlichen Lebens erwarten.«[28]

---

28 Alberto Moncada, Sectas Catolicas: El Opus Dei, 12 Congreso Mundial de Sociologia, Universidad Complutense, Madrid, Julio 1990. (Der Vortrag befand sich als Manuskript in den Kongressunterlagen.)

>*Um ein irdisches Leben zu retten, wendet man unter dem Beifall aller jede mögliche Gewalt an, um den Menschen vom Selbstmord zurückzuhalten. – Sollen wir nicht den gleichen Zwang anwenden, den heiligen Zwang, um das Leben vieler zu retten, die idiotischerweise unbedingt den Selbstmord ihrer Seele verüben wollen?*«[1]

Josemaría Escrivá, Gründer des Opus Dei

10. Kapitel

Opus Dei – katholische Kirche pur

Das Opus Dei ist überzeugt, dass es die Wahrheit besitze und sie verteidigen müsse.[2] Escrivá schrieb: »Die Nachgiebigkeit ist ein sicheres Zeugnis dafür, dass jemand die Wahrheit nicht hat.«[3] Kompromiss, so hat der schon zitierte englische Priester Vladimir Felzmann gelernt, ist für das Opus Dei ein »schmutziges Wort«. Die Wahrheit des Opus Dei sei kompromisslos durchzusetzen.

Hier springt der Geist des Opus Dei ins Auge, der sich als vorkonziliar entlarvt.

Mitte der neunziger Jahre gab es Zoff in einer Mannheimer Kirchengemeinde: Freunde oder womöglich Mitglieder des Opus Dei regierten unnachgiebig hinein, der Pfarrer unterstützte sie. Die Gemeinde, allen voran der Pfarrgemeinderat, brach praktisch auseinander. Eine Parallele zur Kölner Gemeinde St. Pantaleon (siehe S. 34-36). Er sei undemokratisch entmachtet worden, meinte der Vorsitzende. Auf der Höhe der

---

1 J. Escrivá, Camino, Nr. 399.
2 Vgl. V. Felzmann/P. Hertel, S. 196 f.
3 J. Escrivá, Camino, Nr. 394.

Auseinandersetzung wurde der aus Spanien stammende Bonner Hochschullehrer und Numerarier Alberto Gil eingeladen. Warum es »in jeder Gemeinde zu Spaltung führt, wenn Opus Dei auftaucht«, wurde er gefragt. Gil, der auch Vorstandsmitglied im wissenschaftlichen Kölner »Lindenthal-Institut« ist: »Opus Dei – das ist eben katholische Kirche pur. Und das ist für viele offenbar bereits eine Provokation.«[4]

Obwohl das Opus Dei nur eine kirchliche Gruppe unter vielen ist, versteht es sich als pur, rein, makellos, heilig, unveränderlich, unbefleckt und unsterblich[5] – als der Rest der »wahren Kirche«. Wer sich indes im Besitz der Wahrheit sieht, diskutiert nicht darüber, sondern verkündet sie. Kritik am Opus Dei wird vom Opus Dei häufig mit Kritik an der Kirche selbst gleichgesetzt.[6]

Wenn jedoch eine einzelne Gruppe sich mit dem Wohl der Kirche identifiziert bzw. das Wohl der Kirche mit sich selbst, dann steht die erlaubte Vielfalt der Spiritualitäten und Glaubensweisen, der kulturellen, sozialen und politischen Traditionen auf dem Spiel. Neue Gruppen in der Kirche neigen dazu, sich abzuschließen und sich über andere zu erheben. Aber die Ausschließlichkeit des Opus Dei führt geradezu in eine monolithische Kirche, in die geistige und praktische Intoleranz.

Nichtkatholiken als Christen zweiter Klasse

Opus-Dei-Mitglieder verabsolutieren nicht nur die eigene Wahrheit, sondern setzen auf der anderen Seite auch den Glauben Andersdenkender herab. Das zeigt eine interne Bestimmung, in der eine Rangfolge der Nächstenliebe – sie ist mit der Gottesliebe das christliche Hauptgebot – aufgestellt wird:

---

4 Konstantin Groß, »Opus Dei – das ist katholische Kirche pur«, in: Mannheimer Morgen, Rhein-Neckar, 8.5.1996, S. 28.
5 Vgl. Crónica, 1968, Heft 8 und 1966, Heft 5.
6 Ausführlich: P. Hertel, »Ich verspreche euch den Himmel«, S. 90-96.

»Damit jedoch dieser Eifer – der Nächstenliebe ist – Liebe zu Christus sei, muss man eine Ordnung festlegen. An erster Stelle stehen die Mitglieder des Opus Dei, diejenigen, die schon in unserer Gemeinschaft sind. Ihnen ist man zuerst verpflichtet. Sodann hat sich jeder um die Personen seiner eigenen Familie zu kümmern, um die Eltern und Geschwister, damit er sie den Apostolaten des Werkes nahe bringe, was heißt: sie Gott nahe bringen. Danach kommen die Katholiken – in erster Linie diejenigen, die eine mögliche Berufung [zum Opus Dei] erhoffen lassen; hierauf diejenigen, die sich Christen nennen, oft aber Christus nicht kennen. Zuletzt alle anderen: alle Seelen, alle, alle.«[7]

Offenbar gibt es für das Werk Christen erster und zweiter Klasse. Als uneingeschränkt christlich gelten Katholiken. Die anderen Christen nennen sich zwar so, oft kennen sie aber Christus gar nicht. Das mag ein Grund sein, warum das Thema »Ökumene« in den internen Schriften der Prälatur praktisch nicht vorkommt und ökumenische Gottesdienste in seinen Häusern verpönt sind.

Ökumene bedeutete für Escrivá: »gemeinschaftliche Aktivitäten von Menschen ›guten Willens‹«[8], aber keine theologische Vielfalt. Den Begriff »Menschen guten Willens« hatte Papst Johannes XXIII. gebraucht, und zwar im Hinblick auf die gesellschaftliche Zusammenarbeit von Christen, die – bei aller theologischer Verschiedenheit untereinander – mit allen Menschen kooperieren, mit denen sie gemeinsame Ziele zum Wohle der Menschheit verfolgen.

In einem Buch, mit dem das Opus Dei sechs Jahre vor dem Tode Escrivás dessen Denken »charakterisierte«[9], spielte Ökumene allenfalls eine nebensächliche Rolle. Im »Schlüsseltext hinsichtlich der Spiritualität des Opus Dei«[10] wird sie überhaupt nicht erwähnt. Während Escrivá in diesem Buch seitenlang über die Entstehung des Opus Dei wie

7 GF, Anm. 16.
8 P. Berglar, S. 220.
9 Gespräche mit Msgr. Escrivá de Balaguer, S. 11.
10 Ebd. (s. Abschnitte 113-123).

auch über Wahrheit und Pluralismus im Volk Gottes spricht, beantwortet er die Frage »Wie steht das Opus Dei zum Ökumenismus?«[11] auf einer einzigen Druckseite. Dabei erzählt er zunächst eine Anekdote über Papst Johannes XXIII. und kommt dann darauf, dass »Geistliche und sogar Bischöfe verschiedener Konfessionen vom Geist des Opus Dei angezogen« und »in unseren apostolischen Unternehmungen mitarbeiten« würden. »Wesentlich zur Begegnung« sei, dass »unsere getrennten Brüder« im Opus Dei »einen guten Teil jener theologischen Voraussetzungen praktisch gelebt« vorfänden, vor allem »die Heiligung der eigenen beruflichen Arbeit«, auf die »sie und wir Katholiken berechtigterweise so viele ökumenische Hoffnungen setzen«. Das war's.

Der Hinweis, dass das Opus Dei »Nichtkatholiken und selbst Nichtchristen« schon seit 1950 als »Mitarbeiter« aufnehme, kehrt dann in diesem Buch mehrfach wieder.[12] Allerdings sind evangelische Bischöfe, die angeblich in korporativen Werken des Opus Dei mitarbeiten oder gar zu seinen Mitarbeitern gehören würden, namentlich bisher nicht bekannt geworden. Der einzige Religionsführer, der als nichtkatholischer Mitarbeiter vorgezeigt wird, ist der ehemalige chilenische Großrabbiner Angel Kreiman.

Vermutlich würden nichtkatholische Bischöfe zurückhaltend reagieren, wenn sie vom Opus Dei als Mitarbeiter gewonnen werden sollten; denn das Opus Dei nimmt zwar nichtkatholische Mitarbeiter auf, die es – im Unterschied zu den katholischen Mitarbeitern – nur durch »eigene Arbeit oder Spenden unterstützen«, nicht aber durch »Gebet«. Aber jenen Mitarbeitern, die sich nicht zur »katholischen Wahrheit« bekennen, soll von den »Gläubigen der Prälatur« [also Katholiken] »das Licht des Glaubens« vermittelt werden; die Nichtkatholiken sollen »auf sanfte, aber wirksame Weise zur christlichen Gesinnung hingeführt« werden.[13] So steht es wirklich in den Opus-Dei-Statuten,

---

11 Ebd., Abschnitt 22.
12 Zum Beispiel Abschnitte 27, 44 und 46.
13 Codex, 16.2.

165

die vom Papst genehmigt sind. Aber sind denn nichtkatholische Christen wirklich keine Christen? Müssen sie dem christlichen Glauben erst zugeführt werden?

Anscheinend ja. Mission und Konversion sind jedenfalls wichtige Themen für Opus-Dei-Mitglieder in evangelisch geprägten Ländern, beispielsweise im Norden Europas. Jahrzehntelang hatte die kleine katholische Gemeinschaft in Estland, die etwa 2000 Mitglieder unter 1,4 Millionen Einwohnern zählte, in Frieden mit sich und den evangelischen sowie den orthodoxen Christen gelebt. Doch um 1992, nach der osteuropäischen Wende, änderte sich das rapide. Estland war eine sowjetische Republik gewesen, 1991 hatte es seine Selbstständigkeit erlangt. Papst Johannes Paul II., der schon 1989 das Opus Dei ermahnt hatte, sich in seiner Heimat Polen niederzulassen, war offenbar daran interessiert, dass sich das Werk auch nach Litauen und Estland begebe und das Baltikum neu evangelisiere. Jedenfalls gab seine rechte Hand, Titular-Bischof Stanislaw Dziwisz, heute Kardinal in Krakau, einen entsprechenden Hinweis.

Nach Litauen wurde Titular-Erzbischof Justo Mullor García (Priestergesellschaft vom Heiligen Kreuz) geschickt. Von Vilnius aus war er als Apostolischer Administrator auch für Estland zuständig. Generalvikar für Estland und Attaché in der Päpstlichen Nuntiatur wurde der Opus-Dei-Priester Philippe Jourdan, ein gebürtiger Baske. Aus Finnland rückten weitere, vornehmlich spanische Priester des Opus Dei heran. Verwirrt suchten kurz darauf Katholiken, die unter der kommunistischen Herrschaft praktisch keinen Kontakt zur Weltkirche hatten, ihre bisherigen Geistlichen auf und fragten: »Was ist eigentlich das Opus Dei«? Die neuen Priester hätten gesagt, sie sollten bei ihnen beichten, aber auf keinen Fall bei einem Jesuiten, denn Jesuiten hätten eine »falsche Spiritualität«. Der letzte residierende Bischof in Estland, Eduard Profittlich, war Jesuit. Er war von den Sowjets verhaftet worden und im Gefängnis von Kirov umgekommen. 1996 richteten die »Neuen« dann unter Teilnahme von Opus-Dei-Priestern aus Italien, Frankreich und Spanien die Prälatur Opus Dei in Estland ein.

Ein halbes Jahr später präsentierten sich Mullor García und Jourdan der weitgehend evangelischen Öffentlichkeit als katholische Zensoren. *Eesti Ekspress*, die größte estnische Wochenzeitung, attackierte sie, da sie verboten hätten, in den katholischen Kirchen Estlands sechs estnische Bücher zu verkaufen. Die Bücher habe der katholische Priester Vello Salo in Tartu empfohlen. Seinen Worten nach sei diese Literatur für den Glauben hilfreich. Schon 1995 habe die katholische Kirche nicht erlaubt, in den Ruinen des Dominikanerklosters das Stück »Drei Musketiere« des Stadttheaters aufzuführen.[14]

Unter Benedikt XVI. wurde Jourdan dann zum Bischof geweiht. Zu seiner Weihe in Tallinn reisten unter anderem Opus-Dei-Leiter Bischof Echevarría aus Rom und Erzbischof Tadeusz Kondrusiewicz aus Moskau an. Echevarría war schon zum dritten Mal in Estland. Kaum war der Opus-Dei-Bischof geweiht, begann der Chef aus Rom zu klatschen, die 1000 Gläubigen verschiedener Konfessionen folgten ihm zögernd, offenbar irritiert. Bei einem weiteren Besuch in Estland ist Echevarría nicht etwa in der katholischen Kirche empfangen worden, sondern in der Eliteschule in Rocca al mare. Ihr nichtkatholischer Gründer H. Tammjärv, ehemaliger Chef der Hansapank, dem baltischen Marktführer im Bankensektor, ist einer der reichsten Männer in Estland. Jourdan hat Religionsunterricht nur in dieser Eliteschule gegeben, eine zweite Eliteschule Tammjärvs hat er eingeweiht. Wenn Jourdan den Glaubensunterricht gab, standen Edellimousinen auf dem Gelände. Tammjärv war auch bei der Bischofsweihe anwesend.

Nach und nach kühlte das Verhältnis der katholischen Hierarchie zu den Nichtkatholiken ab. Die Missionierung gewann mehr und mehr den ersten Platz. Nuntius Mullor García, der inzwischen im Vatikan als Leiter der Akademie für den diplomatischen Dienst tätig ist, habe vor seiner Versetzung noch die Stiftung *Pro Estonia Catholica* (Für ein katholisches Estland) ins Leben gerufen, für die Jourdan die Vollmacht habe, hieß es in Estland. Ferner habe Mullor von mehreren

14 Eesti Ekspress, Tallinn, 11.12.1996, S. 3.

100 Taufen gesprochen, seit das Opus Dei im Land sei. Immerhin hat sich die Zahl der Katholiken – laut Vatikanischem Jahrbuch 2007 – auf 5745 fast verdreifacht.[15] Estnische Katholiken, die den ausländischen Oberhirten kritisch gegenüberstehen, halten die Zahlen allerdings für manipuliert.

Auch in Finnland wurden die »guten ökumenischen Kontakte«[16] der katholischen Kirche »mit evangelischen und orthodoxen Christen seit geraumer Zeit deutlich zurückgefahren«. Es wird befürchtet, »dass die Diözese Helsinki bald nur noch unter dem Einfluss von Opus Dei und Neokatechumenat«, einer ebenfalls ursprünglich spanischen Organisation, stehen wird. Bischof Jozef Wrobel, aus Polen gebürtig, hat beispielsweise die »Bistumszeitung *Fides* einigen dem Opus Dei nahe stehenden Personen« überantwortet. In der größten finnischen Zeitung, der *Helsingin Sanomat,* hob er hervor, er habe »alle innerkirchlichen und kirchenkritischen« Diskussionen« in seinem Blatt strikt verboten. Zum Bischofsvikar in Finanzangelegenheiten berief er den deutschen Opus-Dei-Priester Rudolf Larenz.

Ein weiteres Beispiel für Ökumene im protestantischen Norden: Voller Stolz berichtete die Leiterin der kleinen Frauenabteilung des Opus Dei in Schweden, Gräfin Elisabeth von Waldstein, 1984 habe die Präsenz des Opus Dei in den nordischen Ländern begonnen; schon bald »konnten wir Zeugen für viele Wunder der Gnade werden: Bekehrungen, Taufen und Konversionen als Frucht des Apostolates, das die Schülerinnen unter ihren Klassenkameradinnen und anderen Freundinnen entfalteten«.[17]

Numerarier und Numerarierinnen, zu denen auch Gräfin Waldstein gehört, verpflichten sich, wenn sie in die Organisation eintreten, auf ei-

---

15 Annuario Pontificio 2007, S. 1094.
16 Empörung bei finnischen Katholiken, in: Würzburger katholisches Sonntagsblatt, Nr. 48 vom 1.12.2002.
17 Elisabeth von Waldstein, Gottes Wege – unsere Wege, in: dokumentation, Informationsbüros der Prälatur Opus Dei in Deutschland, Österreich und der Schweiz, Köln/Wien/Zürich, Dezember 1999.

nen Testamentstext, den sie sich handschriftlich zu eigen machen. Darin »bekennen und bejahen« sie alles, »was die Heilige, Katholische, Apostolische, Römische Kirche glaubt und lehrt«. Das apostolische Glaubensbekenntnis katholischer Prägung formuliert: »Ich glaube an die eine, heilige, katholische und apostolische Kirche.« Die *eine* Kirche des Glaubensbekenntnisses wird also im Testament des Opus Dei durch die *römische* ersetzt. In der Dogmatischen Konzilskonstitution (Art. 8,2) über die Kirche (Constitutio Dogmatica de Ecclesia) hatte das Zweite Vatikanische Konzil auf den Begriff »Römische Kirche« verzichtet. Das war eine gezielte Neuerung: Im Entwurf des Konzilstextes von 1963 war der Begriff »Römische Kirche« noch gewählt worden. »Römisch« strichen die Konzilsväter unter anderem aus ökumenischer Rücksichtnahme. Der Papst wird in diesem zentralen Artikel der dogmatischen Konzilsaussage über die Kirche nicht mehr als »Pontifex Romanus« (Römischer Brückenbauer), sondern schlicht als »Nachfolger Petri« bezeichnet. Doch in ihren heute gültigen Normen, die lateinisch verfasst sind und einen hohen Verpflichtungsgrad für die Mitglieder haben, hebt die Prälatur unter dem Titel »Über die Katholizität« bewusst hervor, dass die katholische Kirche die »Römische Kirche«[18] sei, und der Papst ist für sie der »Römische Pontifex«[19].

Ja, sogar die Merkmale, die gewöhnlich der katholischen Kirche sowie der Ökumene insgesamt zugesprochen werden, werden in den Begriff »römisch« gezwängt: »Wenn wir Römische Kirche sagen, bezeichnen wir damit nichts anderes als die eine, heilige, apostolische, katholische, universale, ökumenische Kirche.«[20] In der Fußnote zu dieser Aussage ist, nebenbei bemerkt, festgelegt, dass die wichtigsten Gebete des Opus Dei bis hin zum Tischgebet – aus Liebe zur *römischen* Kirche – auf Latein und in »römischer Aussprache« zu verrichten sind.[21]

18 GF 21.
19 GF 20.
20 GF 21.
21 GF Anm. 7.

Gefahr für die Demokratie

In dem zitierten Testamentstext, den das Neumitglied verbindlich übernimmt (vgl. S. 130), unterstellt es »alle Handlungen und Werke meines Lebens« der »Autorität und Rechtsprechung« der katholischen Kirche. Die Normen und das Recht der katholischen Kirche sollen also für das gesamte Leben, auch für die gesellschaftlichen Tätigkeiten, des ehelosen Opus-Dei-Mitglieds gelten.

Aufschlussreich ist in diesem Zusammenhang ein Zitat der geheimen Führungszeitschrift *Crónica*: »Wir haben den großen Ehrgeiz, die Institutionen der Völker, der Wissenschaft, Kultur, Zivilisation, Politik, Kunst und sozialen Beziehungen zu heiligen und zu christianisieren. Alles sollte christlich sein als ein kollektiver gesellschaftlicher Ausdruck des Glaubens der Menschen und als ein Werkzeug, Seelen zu retten, sie in ihrem Glauben zu erhalten und zu Gott zu führen.«[22]

Selbstverständlich kann eine Religionsgemeinschaft, will sie sich nicht selbst aufgeben, nicht darauf verzichten, die Gesellschaft in ihrem Sinne zu gestalten. In einer Demokratie sollten sich deshalb ihre Mitglieder – im Wettbewerb mit Andersdenkenden – einbringen, um auf diese Weise ihre Chancen zu nutzen. Aber offenbar entspricht diese Einstellung nicht der Ideologie des Opus Dei. Denn nicht einfach die Menschen sollen durch persönliches christliches Zeugnis zu Christen werden. Sondern: die gesellschaftlichen Institutionen, schließlich die Gesellschaft, sollen von oben her christianisiert, genauer: katholisiert, werden. Und dann, so denkt man offenbar, werden auch alle Menschen katholisch.

Die gesellschaftlichen Institutionen, die »christianisiert« werden sollen, sind zum Beispiel: Parteien, Gewerkschaften, Universitäten, EU, UNO. Würde dieses Ziel verwirklicht, dann würden alle Nichtkatholiken, die evangelischen Christen inbegriffen, aus den gesellschaftlichen Institutionen zu entfernen sein – es sei denn, sie könnten

22 Crónica, 1963, Heft 8.

dem sanften Licht des *römisch*-katholischen Glaubens, der ihnen Erlösung bringen soll, zugeführt werden. Sie alle zu katholisieren wäre indes die christliche »Taufe der Gesellschaft«, die das Mittelalter angestrebt, aber nicht erreicht hat. Da bliebe für unseren weltanschaulichen und weit gefächerten demokratischen Pluralismus kaum Platz. Denn was wäre dann mit Protestanten, Juden, Muslimen und erst recht mit Atheisten? Sie alle, die Andersdenkenden, wären wie Ketzer ausgegrenzt.

Weshalb diese Einstellung? Offenbar war Escrivá überzeugt, dass nur der katholische Glaube das Heil vermittle. Unter diesen Vorzeichen zeigte er sich nicht zimperlich: Er deutete an, dass die Mittel des Opus Dei nicht hinterfragt werden müssen, wenn der fromme Zweck der Seelenrettung obenan stehe.[23]

Nicht nur kirchlich, sondern auch gesellschaftlich läuft die Theologie des Opus Dei auf Ausschluss hinaus: auf eine Intoleranz, die dem Evangelium wie auch dem allgemeinen Verständnis von Demokratie und weltanschaulicher Pluralität widerspricht. Die katholische Kirche wäre dann die einzige weltanschauliche und politische Macht im Staat. Ergebnis wäre ein katholischer Gottesstaat. Die geistlichen Leiter der katholischen Kirche würden die Normen der Gesellschaft bestimmen und praktisch den Staat leiten – ein Priesterstaat, der sich strukturell von einem Staat der Mullahs kaum unterscheiden dürfte.

Vor diesem Hintergrund forderte der neue Heilige: »Die Ebene der Heiligkeit, die der Herr von uns wünscht, ist durch diese drei Punkte bestimmt: heilige Unnachgiebigkeit, heiliger Zwang und heilige Unverschämtheit.«[24]

»Heiliger Zwang« ist ein klares Wort, wie es scheint. Doch der schweizerische Opus-Dei-Priester Martin Rhonheimer, Professor an der römischen Opus-Dei-Universität, verwahrt sich leidenschaftlich dagegen, Escrivá de Balaguer habe Zwangsbekehrungen gepredigt. Er prä-

23 J. Escrivá, in: Crónica, 1964, Heft 4.
24 Ders., Camino, Nr. 387.

sentiert ihn als einen »Pionier der Liebe zur Freiheit, der Respektierung Andersgläubiger«, der »mit allen, über konfessionelle und andere Grenzen hinweg, zusammenarbeiten«[25] wollte. Der Ausdruck »heiliger Zwang« sei »für Escrivá durchaus untypisch«. Rhonheimer weist auf ein Zitat Escrivás hin: Darin greife er aus dem Evangelium das Gleichnis des Gastgebers (Lk 14,23) auf, der seine Knechte ausschickt, damit sie alle an Straßen und Zäunen »nötigen« würden, zu seinem Gastmahl zu kommen (»compelle intrare«). Das »compelle intrare«, die Anordnung Jesu zur Nachfolge, dürfe, wie Escrivá sage, nicht mit Zwang verwechselt werden, sondern sei der »mitreißende Schwung des christlichen Beispiels, das wirksam ist wie die Kraft des christlichen Beispiels, das wirksam ist wie die Kraft Gottes«[26]. Rhonheimer behauptet, dass Escrivás Ausdruck »heiliger Zwang« seines Wissens »gerade nur an dieser einen Stelle vorkommt«.

Doch damit manipuliert er Escrivá. Jedenfalls stimmt es nicht, dass der neue Heilige sich nur an dieser einen Stelle auf den »heiligen Zwang« beruft. Vor allem intern hat er den Begriff wiederholt verwandt.[27]

Der Professor für Ethik und politische Philosophie polemisiert sogar: Ein Autor, der Escrivás Wort vom »heiligen Zwang« wörtlich nehme, es aber nicht »gerade im metaphorisch-analogen Sinne« gebrauche und ihm »daraus einen Strick dreht, erinnert unweigerlich an gewisse Pharisäer aus dem Evangelium«[28].

Der angebliche christliche Pharisäer – der diesen Begriff und den damit verbundenen Vorwurf jüdischer Heuchelei als Beleidigung

25 Martin Rhonheimer, Neuevangelisierung und politische Kultur (2) – Fundamentalismus, Integralismus und Opus Dei, in: Schweizerische Kirchenzeitung, 45/1994, S. 624.

26 Rhonheimer zitiert hier Escrivá, Das Gottesgeschenk unserer Freiheit, in: Freunde Gottes, Nr. 37, Köln 1980.

27 Als Beweis dafür, dass Escrivá auch an anderen Stellen und zu unterschiedlichen Zeiten von »heiligem Zwang« gesprochen hat, vgl. Crónica, 1969, Heft 6.

28 M. Rhonheimer, Neuevangelisierung und politische Kultur (2), a.a.O.

der Juden zurückweisen sollte – könnte Rhonheimer allerdings leicht widerlegen, wenn er auf »Camino« Nr. 399 hinweist. Dort macht Escrivá darauf aufmerksam, dass Menschen mit »Gewalt« vom Selbstmord abgehalten würden und regt an, mit heiligem Zwang davon abzuhalten, »den Selbstmord ihrer Seele zu verüben«[29].

Das Wort »Gewalt«, das Escrivá hier gebraucht, heißt im spanischen Original »fuerza«. Das ist ein starker Begriff, der auch physische Gewalt, Brachialgewalt, beinhaltet, um jemanden vom Selbstmord zurückzuhalten. Im nächsten Satz setzt Escrivá »fuerza« und »coacción« [Zwang] gleich: Das Mittel »fuerza« ist der »coacción« gleichgestellt, und dieses Mittel wird dann geheiligt: »la santa coacción«.

Hier geht es ans katholische Eingemachte, an einen zentralen Punkt der Kirchenpolitik und politischer Ethik. Das katholische Kirchenrecht (CIC) untersagt in Canon 748 § 2 ausdrücklich die »coacción«: Es ist nicht erlaubt, Menschen durch »coactionem« zum katholischen Glauben zu bekehren. Damit widersagt der CIC einer Begründungsformel der Inquisition. Sie hat nämlich das »Compelle intrare« als Rechtfertigung gebraucht, um Abweichler und Häretiker nach kirchlicher Verurteilung durch den Staat bestrafen, nicht selten hinrichten zu lassen.

Rhonheimer führt, um Escrivá weiter zu exkulpieren, dann ein Zitat vor, in dem dieser aussage, das »compelle intrare« meine »nicht physische oder moralischen Zwang«[30]. Das Zitat stammt aber aus dem Buch »Freunde Gottes«[31], das 1977, also nach Escrivás Tod, von seinem Nachfolger, del Portillo, unter dem Titel »Amigos de Dios« (»Freunde Gottes«) veröffentlicht worden ist und in dem er »Homilien« Escrivás präsentiere. Dagegen ist in einem Büchlein, das 1974

29 Fußnote 1.
30 Zitiert nach M. Rhonheimer, Neuevangelisierung und politische Kultur (2), a.a.O.
31 J. Escrivá, Freunde Gottes, 1. Aufl. Köln 1979, Nr. 37.

noch zu Escrivás Lebzeiten erschienen ist und in dem er sich – ebenfalls in einer Homilie – mit der »Achtung der Freiheit der Person«[32] beschäftigt, auch nicht ein einziger Gedanke enthalten, der dem aus »Freunde Gottes« nahe kommt.

Merkwürdig ist außerdem: In der internen Zeitschrift *Crónica* befasste sich Escrivá anno 1971, also sechs Jahre nach dem Zweiten Vatikanischen Konzil und vier Jahre vor seinem Tode, in dem Artikel »A todos los caminos« ebenfalls mit dem »compelle intrare«.[33] Da schrieb er einerseits, das »compelle intrare« sei voll vereinbar mit einem »feinen Respekt gegenüber der Freiheit der Seele – delicado respeto a la libertad de las *almas*« [Kursivdruck durch den Verf.], aber andererseits hob er hervor: Das »compelle intrare« sei ein »absoluter Gegensatz – absolutamente contrario« zu »*menschlicher* Rücksichtnahme – respeto *humano*« [Kursivdruck durch den Verf.]. Das erinnert durchaus an inquisitorische Zwangsmaßnahmen: den menschlichen Körper vernichten, um die Seele zu retten.

Der Widerspruch zwischen Texten des »El Padre«, sofern sie einerseits zu seinen Lebzeiten und andererseits nach seinem Tode erschienen, könnte sich so aufklären: In den Büchern Escrivás, die posthum veröffentlicht worden sind,[34] kommen scharfe und deutliche Aussagen wie im »Camino« oder in den internen Schriften nicht vor.[35] Der vermeintliche Pharisäer muss deshalb fragen, ob das Zitat tatsächlich Escrivás Originalzitat sei oder ob es, bevor es nach seinem Tode herauskam, für die Drucklegung bearbeitet, bis zur Unkenntlichkeit abgemildert worden sei und heute vom Opus Dei denen, die diese Zu-

---

32 J. Escrivá de Balaguer, Der Christ und die Achtung der Person und ihrer Freiheit, in: Schriften im Adamas-Verlag (10), Köln 1974, S. 27-41.

33 J. Escrivá, in: Crónica, 1971, Heft 4.

34 Zum Beispiel: Im Feuer der Schmiede und Die Spur des Sämanns.

35 Auch merzt die deutsche Camino-Übersetzung seit der 3. Auflage den »blinden Gehorsam« aus. »Blind dem Vorgesetzten gehorchen – Weg der Heiligkeit« wurde umgewandelt in: »Den Vorgesetzten mit rückhaltlosem Vertrauen gehorchen – Weg der Heiligkeit.« (Der Weg, Nr. 941.)

sammenhänge nicht kennen, zur Tilgung inquisitorischer Züge Escrivás erfolgreich entgegengehalten werde.[36]

Wenn aber Escrivá, als er noch lebte – im Gegensatz zum womöglich redigierten und hinzugefügten »Zitat« von 1977– in »Camino« Nr. 399 Gewalt und heiligen Zwang gleichsetzte, legte der wirkliche Escrivá damit nahe, dass – wenn zur Seelenrettung erforderlich – eben doch Gewalt angewandt werden könne. Es ist nicht nur merkwürdig, sondern vor allem aufschlussreich, dass der römische Hochschullehrer des Opus Dei dieses höchst brisante »Camino«-Zitat Nr. 399 nicht berücksichtigt.

Der veröffentlichte und der echte Opus-Dei-Gründer

Kurzum: Das Bild, das von Sankt Josephmaria erstellt und der katholischen Welt vorgestellt wird, entspricht nur teilweise der Wirklichkeit. In der Festschrift zum 100. Geburtstag Escrivás[37] bringt fast jeder Beitrag zur Sprache, dass er die Heiligkeit aller Christen wiederentdeckt habe und dass er daher zum Vorläufer des Zweiten Vatikanischen Konzils geworden sei. Verschwiegen jedoch wird der Escrivá des blinden Gehorsams und der Gewalt, des selbsternannten Generalstabs Christi und seiner lautlosen Panzer, der sich dem Konzil weitgehend verweigert hat. Darauf hat schon 1984, neun Jahre nach Escrivás Tod, Vladimir Felzmann hingewiesen – einer derjenigen ehemaligen gut informierten Mitglieder, die vom Prozess der Kanonisierung Escrivás ausgeschlossen blieben (vgl. S. 90): »Es gibt zwei Escrivás. Der eine ist der echte, menschliche Escrivá, der er wirklich war. Der andere ist der Escrivá, dessen Image vom Opus Dei veröffentlicht wird. Ein kleines Detail: wenn er bei einer Zusammenkunft etwas sagte, das man festhalten wollte, dann war es nicht erlaubt, sich Notizen zu machen. Denn das, was hinterher veröffentlicht wurde und was er

---

36 Vgl. P. Hertel, »Ich verspreche euch den Himmel«, S. 18.
37 C. Ortiz (Hrsg.), a.a.O.

gesagt haben sollte, war nicht exakt das, was er wirklich gesagt hatte. Es war für die Öffentlichkeit zurechtgemacht ... Als er jünger war, pflegte er zu sagen: ›Heilige sind wirkliche menschliche Wesen, mit allen Fehlern. Wir sollten aufrichtig sein. Ich hasse Lebensbeschreibungen von Heiligen, weil sie falsch sind, unecht, unwirklich, weil sie nur gut zeichnen. Heilige waren Menschen wie du und ich, die jeden Tag Gefechte verlieren und gewinnen.‹ Was sich dann ereignete, war nach meiner Einschätzung, dass in den sechziger Jahren ... Furcht sich ausbreitete, im wesentlichen wegen des Zweiten Vatikanischen Konzils, das sich gegen ihr Ideal der Kirche richtete, gegen die vorkonziliare Zielvorstellung, gegen die Sicht Pius X. Das Zweite Vatikanische Konzil öffnete sich der Welt. In den späten sechziger und frühen siebziger Jahren zog die Furcht ein: die Dinge fallen auseinander in der Kirche, infolge des Zweiten Vaticanums ... Es ist eine Tatsache, dass er [Escrivá] zeitweise sehr deprimiert war, in der Zeit nach dem Zweiten Vatikanischen Konzil war er äußerst deprimiert. Aber ich denke, es ist viel heroischer zu sagen, der Mann war äußerst deprimiert und kämpfte, als zu sagen, er sei mit allem spielend fertig geworden. Denn das stimmt nicht.«[38]

Wohlan denn: Das Opus Dei und seine Sympathisanten haben guten Grund, ihrem Vorbild nachzueifern – den heroischen Tugendgrad, den Papst Johannes Paul II. ihrem Gründer zusprach, auch ihrerseits zu erwerben und heroisch die dunkle Seite Escrivás zuzugeben. Vor allem: offen zu sagen, weshalb Macht und Kapital angesammelt werden, wie sie heute erworben und wozu sie gebraucht werden; offenzulegen, weshalb gesellschaftliche Schlüsselpositionen angestrebt werden.

Dann wäre es möglich, eine offene Auseinandersetzung mit ihnen zu führen: mit ihrem Kirchenbild und ihrer Spiritualität, aber auch mit ihrer Kirchenpolitik – sicherlich zum Wohle der katholischen Kirche, vielleicht sogar zum Wohle der geschmähten nichtkatholischen Christenheit und unserer demokratischen Entwicklung.

38 V. Felzmann/P. Hertel, S. 202 ff.

Schlusspunkt

Erwägungen über die Macht des Opus Dei

1. Die Heiligsprechung Josemaría Escrivás hat dem Opus Dei Auftrieb gegeben. Auch Kirchenführer, die ihm sonst eher zurückhaltend gegenüberstanden, wenden sich ihm zu. Sie übernehmen das hehre Selbstbild, mit dem die Organisation sich und ihren neuen Heiligen als »gänzlich und ausschließlich übernatürlich, geistlich und apostolisch« darstellt. Indem der Gründer einseitig als Vorläufer des Zweiten Vatikanums präsentiert wird, ohne dass andererseits der theologische Widerspruch gegen ihn dargestellt wird, gerät das Bemühen der Vereinigung, gesellschaftlich und innerkirchlich durch zielstrebiges Handeln Bastionen der Macht zu erobern, in den Hintergrund. Für das Opus Dei hat das einen großen Vorteil: Je weniger seine Macht offengelegt, beschrieben und hinterfragt wird, desto ungeschützter kann sie gewonnen und genutzt werden.

2. Unter Benedikt XVI. wächst die Macht des Opus Dei unaufhaltsam weiter. Joseph Ratzinger, der sich lange zurückgehalten hatte, näherte sich nach der Seligsprechung des Gründers der Organisation an. Auch wenn er theologisch in einigen Details ihre Linie nicht zu teilen scheint, so überzeugt ihn doch der Glaube El Padres und seiner Jünger an die *hierarchische* Kirche. Der Kampf des Opus Dei für die »wahre« Kirche im Sinne des Werks dient letztlich der Verteidigung absolutistischer Befehlsstrukturen in der katholischen Kirche.

3. Nicht wenige Christen in Europa sorgen sich um den unveränderten Fortbestand ihrer Kirche. Darunter liegt oft eine viel grundsätzlichere Angst vor Ungewissheit. Besonders junge Leute, die einer immer komplexeren Welt ausgeliefert sind, suchen klare Maßstäbe, ja Schwarzweißmuster, durch die sie der Mannigfaltigkeit entrinnen möchten, um mit der schwierigen Notwendigkeit fertigzuwerden, auszuwählen und sich entscheiden zu müssen. Das Opus Dei hat eine ein-

heitliche Sicht von Welt und Kirche. Es gibt klare Richtlinien und fordert blinde Gefolgschaft. Da es organisatorisch geschlossen auftritt, fasziniert es zudem katholische Christen, denen an einer weltanschaulich uniformen und schlagkräftigen Kirche gelegen ist – mögen dies Kirchenführer oder Laien sein. Auch dadurch wächst ihm Macht zu.

4. Gleichwohl hat sich Escrivás Werk in Deutschland nur wenig ausbreiten können. Und seine ursprünglichen Grenzen hat es kaum überwunden. Zwar hat es 1946 sein Zentrum nach Rom verlegt, trotzdem ist es spanisch geblieben. Die entscheidenden Leiter und fast die Hälfte seiner Mitglieder sind Spanier. Spanischer Herkunft sind auch einige seiner Priester, die in Deutschland wirken. Weiter: Rund 20 Prozent der Mitglieder leben in den spanischgeprägten Ländern Lateinamerikas. Besonders stark ist der Anteil in Mexiko, dem wohl spanischsten Land in Lateinamerika. Dagegen wohnt im portugiesisch orientierten Brasilien zwar etwa jeder zweite Katholik Lateinamerikas, aber dort hat das Opus Dei nur etwa 1000 Mitglieder. Von den restlichen 30 Prozent finden wir zwei Drittel, also insgesamt 20 Prozent, in nicht-spanisch geprägten, aber katholischen Staaten: Portugal und Irland, den Philippinen und besonders Italien. Die restlichen 10 Prozent der Opus-Dei-Mitglieder wirken in denjenigen Staaten der Welt, die, wie Deutschland, durch das Christentum beeinflusst sind. In großen Teilen Afrikas und Asien ist das Opus Dei nicht als Personalprälatur errichtet.

5. Über die katholisch geprägten Länder, besonders sein Heimatland Spanien, vermag das Opus Dei gelegentlich internationalen Einfluss auszuüben. Ein Exempel dafür war Mitte der neunziger Jahre das Zusammenspiel einiger vom Opus Dei beeinflusster Regierungen auf der Kairoer Weltbevölkerungskonferenz und der Pekinger Frauenkonferenz. Der lateinamerikanische Konflikt um die »Kirche des Volkes Gottes«, indigene Einflüsse und eine »römische« Kirche hat auch umfassende gesellschaftspolitische Aspekte.

6. In den nicht-spanischen, besonders: nicht-katholischen Staaten ist der öffentliche Einfluss des Opus Dei meist geringer, als vielerorts

spekuliert wird. Mit dem Rückgang der Kirchlichkeit nimmt er darüber hinaus weiter ab.

Trotzdem liegt der Organisation die Anwesenheit in gemischt-konfessionellen bzw. nicht-katholischen Ländern sehr am Herzen; besonders in den reichen Ländern Europas. Denn durch Mitglieder, Mitarbeiter und Sympathisanten in Apostolischen Werken und Stiftungen, aus Industrie und Erbadel, aus Kommunen und Staaten, aus supranationalen Einrichtungen wie EU und UNESCO werden Milliardenbeträge gewonnen, die für den Unterhalt der Opus-Dei-Institutionen, den weiteren Aufbau der Personalprälatur in der sogenannten Dritten Welt und in Osteuropa, für ihre Machterweiterung und die Forcierung kirchenpolitischer Ziele eingesetzt werden können.

7. Die kirchliche Macht des Opus Dei erklärt sich teilweise aus vatikanischen Koordinaten: Die Politik des Heiligen Stuhls ist stark durch seine italienische »Heimat« wie durch den Blick auf Spanien und Lateinamerika bestimmt. Kräfte im Vatikan setzen auf das servile Corps als ihre Sklavenschaft,[1] die ihnen wacker zu Diensten ist. Durch die Ernennung zur Personalprälatur und die Heiligsprechung des Gründers haben sie ihre Hilfstruppen über andere kirchliche Gemeinschaften hinausgehoben – und zwar als globale Institution. Denn entscheidend ist nicht der Einfluss einzelner Mitglieder in der Kirche oder in einem Staat, sondern das globalisierte Handeln der Organisation, das kirchenpolitische, aber auch gesellschaftliche Konsequenzen hat. Deshalb richtet sich sein Interesse in der letzten Zeit mehr und mehr auf die vatikanischen Instanzen, überstaatliche Organisationen und Schlüsselfunktionen im weltumspannenden Kapitalismus.

8. So gesehen ist das religiöse Gewicht des Opus Dei weniger mit seinem Gründungsimpuls, einer »laikalen Spiritualität«, verbunden. Zugegeben, dieses positive Anliegen vertritt es immer noch. Vielleicht werden sich spätere Generationen in einer gewandelten Kirche auf

---

1 In GF 22 heißt es: »Wir sind das Eigentum [mancipium = gekaufte Sklaven] der Kirche.«

diesen Ansatz besinnen. Aber acht Jahrzehnte nach seiner Gründung präsentiert sich das mobile Papst-Corps in erster Linie als schlagkräftiges Instrument, die katholische Kirche theologisch, politisch und institutionell gleichzurichten – mit allen negativen Folgen für den Einzelnen, aber auch für ihre eigene Glaubwürdigkeit.

Anhang 1

Ehrendoktoren der Opus-Dei-Universität Pamplona

1964: Juan Cabrera y Felipe, Miguel Sancho Izqierdo (beide Spanien)
1967: Guilherme Braga da Cruz (Portugal); Ralph M. Hower (USA); Carlos Jiménez Díaz (Spanien); Willy Onclin (Belgien); Jean Roche (Frankreich); Otto B. Roegele (Deutschland)
1972: Juan de Contreras y López de Ayala (Spanien); Erich Letterer (Deutschland); Paul Ourfiac (Frankreich)
1974: Franz Hengsbach (Deutschland); Jérôme Lejeune (Frankreich)
1989: Elizabeth Anscombe, Christopher M. Sellars (beide England); Roger Etchegaray (Frankreich); José María Lacarra y de Miguel, Angel Santos Ruiz (beide Spanien); John H. McArthur (USA)
1994: Jorge Carreras Llansana (Spanien); Francesco Cossiga (Italien); Rafael Frühbeck de Burgos (Spanien/Deutschland); Robert Spaemann, Leo Scheffczyk (beide Deutschland); Tadeusz Styczen (Polen)
1998: Douwe Breimer (Niederlande); Joseph Ratzinger (Vatikan); Julian Simon (USA)
2003: Mary Ann Glandon (USA); Anthony Kelly (England); Antonio Maria Rouco Varela (Spanien)

Anhang 2

Bischöfe der Opus-Dei-Priestergesellschaft

1. Ins Opus Dei inkardinierte Priester

Kardinäle

2001: Juan Luis Cipriani Thorne, 1999 Erzbischof in Lima/Peru; (1988 Weihbischof; 1995 Erzbischof von Ayacucho)

2003: Julián Herranz Casado, Titular-Erzbischof an der römischen Kurie (1991 Titular-Bischof; 2007 emeritiert)

Erzbischöfe

1995: Fernando Sáenz Lacalle, Erzbischof in San Salvador (1985 Weihbischof)

2000: Alfonso Delgado Evers, Erzbischof in San Juan de Cuyo/Argentinien (1986 Bischof in Santo Tomé)

2003: Juan Antonio Ugarte Pérez, Erzbischof in Cuzco/Peru (1996 Bischof in Yauyos, 1983 Weihbischof); Antonio Arregui Yarza, Erzbischof in Guayaquil/Ecuador (1995 Bischof in Ibarra, 1990 Weihbischof)

2004: José H. Gómez, Erzbischof in San Antonio/USA (2001 Weihbischof); Jaume Pujol Balcells, Erzbischof in Tarragona/Spanien

Bischöfe

1987: Hugo Eugenio Puccini Banfi, Bischof in Santa Marta/Kolumbien (1978 Weihbischof)

1994: Javier Echevarría Rodriguez, Titularbischof als Leiter der Personalprälatur Opus Dei

2004: Klaus Küng, Bischof in St. Pölten/Österreich (1989 Bischof von Feldkirch); Ricardo Garcia Garcia, Bischof in Yauyos/Peru; Rogelio Ricardo Livieres Plano, Bischof in Ciudad del Este/Paraguay; Anthony Muheria, Bischof in Embu/Kenia; Rafael Llano Cifuentes, Bischof in Nova Friburgo/Brasilien (1990 Weihbischof)

2005: Philippe Jourdan, Titularbischof und Apostolischer Administrator in Estland

2006: Francisco Polti Santillán, Bischof in Santiago del Estero/Argentinien (1994 Bischof in Santo Tomé)

Weihbischöfe
2005: Antonio Augusto Dias Duarte (Rio de Janeiro/Brasilien)
2006: Luis Gleisner Wobbe (La Serena/Chile; 1991 Weihbischof)

Emeritierte Erzbischöfe
Juan Ignacio Larrea Holguín (1989 Erzbischof in Guayaquil/Ecuador; 1969 Weihbischof)
Luis Sánchez-Moreno Lira (1996 Erzbischof in Arequipa/Peru; 1961 Weihbischof)

2. In Diözesen inkardinierte Priester

Erzbischöfe
2002: Justo Mullor García, Präsident der Päpstlichen Akademie für den diplomatischen Dienst (1979 Titularbischof)
2003: Francisco Gil Hellin, Erzbischof in Burgos/Spanien (1996 Titular-Erzbischof im Vatikan)

Bischöfe
1990: John Joseph Myers, Bischof in Peoria/USA (1987 Koadjutor-Bischof)

1992: Isidro Sala Ribera, Bischof in Abancay/Peru (1990 Koadjutor-Bischof)
1998: Jesús Moliné Labarta, Bischof in Chiclayo/Peru (1997 Koadjutor-Bischof)
2001: Mario Busquets Jordá, Bischof in Chuquibamba/Peru (Territorialprälatur)
2003: Nicholas A. DiMarzio, Bischof in Brooklyn/USA (1996 Weihbischof, 1999 Bischof in Camden); Guillermo Patricio Vera Soto, Bischof in Calama/Chile (Territorialprälatur)
2005: Isidro Barrio Barrio, Bischof in Huancavelica/Peru (2002 Koadjutor-Bischof); Robert W. Finn, Bischof in Kansas City-Saint Joseph/USA (2004 Koadjutor-Bischof)
2006: José Maria Ortega Trinidad, Bischof in Juli/Peru (Territorialprälatur); Marco Antonio Cortez Lara, Bischof in Tacna y Moquegua/Peru (2005 Koadjutor-Bischof)

Weihbischöfe
2002: Gilberto Gómez González (Abancay/Peru)
2004: Gabino Miranda Melgarejo (Ayacucho o Huamanga/Peru)

Emeritierte Bischöfe
William Dermott Molloy McDermott (aus Irland bzw. USA; 1976 Bischof; 1982 als Bischof nach Huancavelica/Peru transferiert)
Enrique Pélach y Feliu (1968 Bischof in Abancay/Peru)
Jesús Humberto Velázquez Garay (1988 Bischof in Celaya/Mexiko)

Anhang 3

Werkspriester mit päpstlichen Titeln

Prälaten Seiner Heiligkeit

1986: Tomás Gutiérrez Calzada; Mario Lantini; Francisco Vives Unzué
1987: Francesco Angelicchio; Luigi Tirelli
1988: José Luis Gutiérrez Gómez
1989: Juan Baptista Torelló
1991: Ignacio Carrasco de Paula
1992: Elia Acerbis; Emilio Bonelli; Ignacio Celaya Urrutia; César Ortiz de Echagüe; Antonio Rodríguez Pedrazuela; Ernesto Sántillan Ortiz; Rolf Thomas
1993: Johannes L. Bernaldo; Ernst Burkhardt; Gregory Haddock; José Luis Illanes Maestre; José Luis López-Jurado Escribano; Pedro Rodríguez Garcia
1994: Lluís Clavell Ortiz-Repiso
1997: Fernando Maycas
1998: Vicente Ancona López; Christoph Bockamp; Frederick Melvin Dolan; Sabino Gabiola; Ramón López Mondejar; Lucio Norbedo; Augustin Romero; Richard Anderson Stork
2003: Italo Altimari Gasperi; Manuel Dacal; Alejandro González Gatica; Fernando Ocáriz; Soichiro Paulus Nitta

Kapläne Seiner Heiligkeit

1986: Joaquín Alonso Pacheco
1987: Klaus Martin Becker
1991: Julio Atienza González
1992: Hugo Fernando de Moura e Brandao de Fernandes de Azevedo; Francesco di Muzio; Rafael Fiol Mateos; Francisco Javier Hervás Oca-

na; James A. Kelly; Dominique le Tourneau; Roberto Lozano Morales; César Martinez Costas; Carlos Nannei; Donal O'Cuillenain; Francisco Sánchez-Casas; António Adolfo Silva e Barbosa; Hermann Steinkamp

1993: Pedro Barreto Celestino; Carlos José Errázuriz Mackenna; Javier García de Cárdenas

1994: José Tomás Martin de Agar y Valverde

1995: Stefano Miglorelli

1997: Osvaldo Neves de Almeida

1998: Paulino Busca Maganto; Flavio Capucci; Antonio Livi; Joaquín Llobell; Nicholas Morrish; Hernán Salcedo Plazas

2000: Pasquale Silvestri

2001: José Antonio Galera de Echenique

2003: Vicente Ariza; Juan Ignacio Arrieta Ochoa de Chinchetru; Juan Ramón Areitio; Luis Baura de la Peña; Arturo Blanco; Robert Bucciarelli; Manuel Cabello; Enrique Doval; José Rafael Rebelo do Espírito Santo; Mariano Fazio; Valentin Gómez Iglesias; Ignacio González Soto; Pedro Huidobro; Andrés Lavín; Agustín López Kindler; Alberto Marianetti; Fernando Martín; Antonio Miralles; Alfonso Monroy; Alberto Pampillón; Pedro Prieto; Angel Rodríguez Luño; George Rossman; Peter Rutz; Guillermo Schnell; Antonio Torres; Francisco Ugarte Corcuera; Amando Vera

2004: Rudolf Larenz

2006: Peter von Steinitz

Anhang 4

Aus dem Wortschatz des Opus Dei

Wie viele andere Geheimbünde verwendet das Opus Dei interne Begriffe, deren Inhalt in der Regel nur die Mitglieder kennen. Zum einen geben sie ihnen das Gefühl, zu einer verschworenen Gemeinschaft zu gehören, und zum anderen verschlüsseln sie den Geist des Opus Dei nach außen.

Abuela

(Span.) Großmutter. Josemaría Escrivás Mutter, Dolores Escrivá (→El Padre, Tante Carmen, Großeltern, Kinder); erste Leiterin der →Verwaltung bis zu ihrem Tode 1941.

Abtötungen

a.) Pflichtabtötungen: z. B. Geißel und Bußgürtel; Schlafen auf dem blanken Brett (nur für →Numerarierinnen); heroische Minute; kein Mittagsschlaf.
b.) Freiwillige Abtötungen: z. B. freundlich sein; morgens kalte Dusche; kein Wannenbad; auf dem Stuhl sitzen, ohne sich anzulehnen; kein Brotaufstrich

Academia-Residencia

Formular mit den hauptsächlichen Angaben über die Person und die →Familie, das der/die Kandidat/in vor der →Admissio ausfüllt und abgibt; Grundlage für die Personalkartei der Region, die ständig mit neuen, auch von anderen gemeldeten Daten angereichert wird; Daten werden mit Passfoto auch in die römische Zentrale weitergeleitet.

Admissio

Einfache Zulassung als Mitglied

Anfängliche Formung
Formacion inicial; Grundausbildung für Aspiranten und Neumitglieder

Aspirant/in
Jugendliche/r ab 14 1/2 Jahren, der/die als ehelose/r ➝Numerarier/in oder ehelose/r ➝Assoziierte/r ausersehen ist, ins Opus Dei aufgenommen werden will, dies dem ➝Regionalvikar in einem Brief mitteilt und dann durch das *Programm der ➝anfänglichen Formung* ins Opus-Dei-Innenleben integriert wird, ohne dem Werk juristisch anzugehören.

Assoziierte/r
Zölibatäres Mitglied, das in der Regel bei seiner Familie wohnt und in der Regel keine höhere wissenschaftliche Ausbildung hat.

Bodenkuss
Religiöse Übung, die unmittelbar dem Geist des Opus Dei entspringt und sofort nach dem Aufstehen am Morgen und bei weiterer Gelegenheiten zu verrichten ist – mit dem Gebetswort »Serviam« (ich will dienen). Es ist aber auch erlaubt, eine tiefe Verneigung zu machen, bei der man den Boden mit dem Kopf zu berühren hat.

Brüderliche Zurechtweisung
➝Correctio Fraterna

Bußgürtel
Metallband mit nach innen gerichteten Dornen, das ➝Numerarier/innen und ➝Assoziierte täglich mindestens zwei Stunden am Oberschenkel tragen sollen.

Canziones
(Meist spanische) Gesänge des Opus Dei zur Mitgliederwerbung, die schon die ➝Clubkinder und ➝Pfeifkandidaten lernen; beispielsweise: »Fischfang unter Wasser« (➝s. S. 128)

Circulus Brevis

(Deutsch: kurzer Kreis); wöchentliche geschlossene Formungssitzung für die Ehelosen, getrennt für →Numerarier/innen und →Assoziierte, mit festgelegtem Ablauf.

Clubkinder

Mitglieder der →Jugendclubs, die dem Werk zugeführt werden sollen.

Correctio Fraterna

Zurechtweisung eines Mitglieds durch ein anderes Mitglied, dem ein Verstoß des/r Zurechtgewiesenen gegen den Geist des Werkes, eine schlechte Gewohnheit und Ähnliches aufgefallen ist, wobei der Zurechtweisung meist eine Rücksprache mit einem/r Vorgesetzten vorausgeht.

Crónica

Führungszeitschrift der Männerabteilung

El Padre

(Span.) Der Vater. Josemaría Escrivá, Gründer des Opus Dei (→Abuela, Tante Carmen, Großeltern, Kinder)

Ente

Beliebtes Symbol des Opus Dei. Ein Lieblingstier Escrivás, weil es, ohne achtzugeben, ins Wasser platscht. Ähnlich sollen die Mitglieder des Opus Dei ins Wasser springen und zum Beispiel Mitglieder werben.

Esel

Beliebtes Symbol des Opus Dei; auch Maskottchen in den →Zentren; Lieblingstier Escrivás, weil es damit zufrieden ist, immer das zu tun, was sein Herr wünscht.

Familie
Gemeinschaft des Opus Dei; begann 1932 mit dem Zusammenleben von Vater Escrivá, Großmutter Dolores, Tante Carmen und Escrivás Bruder Santiago; steht höher als die jeweilige Blutsfamilie der →Kinder.

Ferienreisen
Ausbildungsveranstaltungen für →Clubkinder; morgens Unterricht, nachmittags Unterhaltung, Schwimmen usw.

Fidelitas
Versprechen, dem Opus Dei auf Lebenszeit anzugehören; juristisch: endgültige Aufnahme, frühestens mit 23 Jahren möglich; wird von →Numerarier/innen und →Assoziierten abgelegt, →Supernumerarier/innen werden selten zugelassen. Neben den Verpflichtungen des allgemeinen Vertrags (→Admissio) auf Lebenszeit legen die Kandidat/innen der Fidelitas noch ein besonderes Versprechen ab. Wer die Fidelitas abgelegt hat, trägt einen Ring (Anillo de la Fidelidad).

Fischfang
Werbung neuer Mitglieder

Formung
(vom span. Formacion = Bildung) Ausbildung und Formierung des/r Einzelnen auf die geistliche und gesellschaftliche Linie des Opus Dei.

Geißel
Fünfschwänzige Lederpeitsche mit Knoten (in der Regel für Männer) oder Perlonschnüren, an denen dicke, beschwerte, stachelige Kugeln hängen (in der Regel für Frauen); soll von →Numerarier/innen und →Assoziierten samstags in der zeitlichen Länge eines »Salve Regina« oder »Regina coeli« benutzt werden.

Glosas

Fünfbändige Instruktionen in unterschiedlicher farblicher Ausstattung für die Ausbildung von Kandidat/innen bzw. Neumitgliedern in der ➤Priesterlichen Gesellschaft vom Heiligen Kreuz (hellbraun); als ehelose Laien/Lainnen (➤Numerarier/rot, ➤Assoziierte/blau), als Verheiratete (dunkelblau), als Jugendliche (braun); streng unter Verschluss zu halten.

Großeltern

Escrivás Eltern (➤El Padre, Abuela, Tante Carmen, Kinder)

Hilfsnumerarierinnen

Hausmädchen in der ➤Verwaltung, meist ohne höhere Ausbildung; verrichten Hausarbeit auch für die Männer des Opus Dei.

Index

(Wörtl.: Index librorum prohibitorum) ehemaliges Verzeichnis der vom Heiligen Stuhl – unter Kirchenstrafen – verbotenen Bücher; 1559 eingeführt, 1966 aufgehoben; wird im Opus Dei verschärft fortgeführt: mehr als 1000 Titel (z. B. Küng, Luther, Lessing, Brecht, Pasternak), die ständig ergänzt werden. Klassifizierungen: 1. Keine Hinderungsgründe, 2. nur bei solider doktrinärer Vorbildung erlaubt, 3. fällt unter das interne Verbot, 4. fällt unter das allgemeine moralische Verbot.

Inscritos/as

Höchste Gruppe der ➤Numerarier/innen, die sich durch ein zusätzliches Treueversprechen an das Opus Dei binden und meist Führungs- bzw. Bildungsaufgaben übernehmen.

Josefsliste

Liste möglicher ➤Pfeifkandidaten/innen, die jeweils am 18. März (Vorabend des Festes des hl. Josef und des Namenstages des Gründers Escrivá) in einem →Zentrum aufgestellt und dann verschlossen wird; ein Jahr lang wird versucht, die Kandidaten/innen für das Opus Dei anzuwerben; am 18. März des folgenden Jahres wird der Umschlag geöffnet; die erfolgreichen Werber/innen werden belobigt.

Jugendclub

→Korporatives Werk von Mitgliedern (und Nichtmitgliedern) des Opus Dei unter Leitung einer/s →Numerarierin/Numerariers als Clubleiter/in, in denen das Opus Dei die geistliche Betreuung übernimmt; Reservoir für den Nachwuchs des Opus Dei.

Kinder

Die Mitglieder des Opus Dei (→El Padre, Abuela, Großeltern, Tante Carmen)

Korporative Werke

Bildungseinrichtungen usw., die Mitglieder – mit Nichtmitgliedern – gründen und in denen das Opus Dei die geistliche Betreuung übernimmt.

Kreis

Deutschsprachige Kurzform für →Circulus Brevis

Lebensplan

Tagesablauf des Mitglieds, wobei das pünktliche Verrichten der Normen und Gewohnheiten entscheidend ist.

Leiter/in

a.) organisatorische/r Leiter/in bzw. Direktor/in eines →Zentrums (→örtliche Leitung)

b.) geistliche/r Leiter/in (häufig Laie) eines Opus-Mitglieds; – laut Escrivá weiß er/sie, was Gott will. Ihm/ihr ist unbedingt zu gehorchen.

Kritik und Widerspruch sind nicht erlaubt. Zur »geistlichen Leitung« gehört auch der Beichtvater des Zentrums, der stets Numerarier-Priester ist.

Noticias
Interne Zeitschrift der Frauenabteilung, unter Verschluss zu halten

Numerarier/in
(Vom spanischen Begriff miembro numerario) ordentliches, rang-höchstes Mitglied, das zölibatär lebt. Die Männer sind zu den höchs-ten Führungsaufgaben qualifiziert (→Hilfsnumerarierin, Inscritos/as).

Örtliche Leitung
Leitung eines →Zentrums (auch »örtlicher Rat«); Mitglieder sind der/die Direktor/in, sein/ihre Stellvertreter/in und der/die Sekretär/in. Die Ämter werden nach Anhörung der →Regionalkommission vom →Regionalvikar auf drei Jahre verliehen.

Personalprälatur
Kirchliche Rechtsform des Opus Dei. Eine Personalprälatur besteht nur aus Klerikern. Laien können sich ihr anschließen, sind aber für ihren Bestand nicht wesensnotwendig.

Pfeifen
Ins Opus Dei eintreten

Pfeifkandidat/in
Kandidat/in vor der Aufnahme ins Opus Dei

Piothek
Schrank bzw. Regal mit den frommen Schriften des Opus Dei, die nicht allen Mitgliedern ohne Weiteres zugänglich sind.

Prälat
Numerarier-Priester (→Priesterliche Gesellschaft vom Heiligen Kreuz); Leiter des Opus Dei, der vom männlichen Wahlkongress gewählt und vom Papst ernannt wird; Generaloberer der Priester-Gesellschaft; an Entscheidungen seiner Gremien nicht gebunden; seit 1991 im Bischofsrang.

Priesterliche Gesellschaft vom Heiligen Kreuz
Assoziation des Opus Dei mit den Klerikern der Prälatur an der Spitze sowie Diözesanklerikern (Assoziierte und Supernumerarier) als Mitgliedern und diözesanen Seminaristen als Aspiranten.

Regionalkommission
Gremium aus →Inscritos, das dem →Regionalvikar bei der Leitung der Region zur Seite steht.

Regionalvikar
Numerarier-Priester (→Priesterliche Gesellschaft vom Heiligen Kreuz); Opus-Dei-Leiter in einem Land oder einer Region.

Residenz
Opus-Haus bzw. der Teil des Hauses, in dem die →Verwaltung die Hauspflege vornimmt, das aber, selbst wenn Residenz und Verwaltung praktisch im selben Gebäude sind, vollständig von dem Bereich der Verwaltung getrennt ist; die Residenzen sind in der Regel die Zonen der männlichen Abteilung; seltener Häuser mit →Numerarierinnen.

Stiftungen
Einrichtungen, meist steuerbegünstigt arbeitend, die von Opus-Dei-Mitgliedern (mit Sympathisanten) – entsprechend dem *Vademecum* – gegründet werden; zum Teil international zu einem Netz (auch mit Opus-Dei-nahen Banken) personell bzw. institutionell verbunden;

Ziel: Geldbeschaffung für die Apostolatsarbeit; Beziehung zur Prälatur von außen praktisch nicht erkennbar.

Stützpunkt
Treffpunkt in einer Stadt bzw. Region, in der ein →Zentrum noch nicht errichtet ist.

Supernumerarier/in
(Vom spanischen Begriff »miembro supernumerario«) außerplanmäßiges, beigezähltes Mitglied, das verheiratet ist oder heiraten kann.

Tante Carmen
Escrivás Schwester (1899-1957); übernahm 1941 die Leitung der →Verwaltung von ihrer Mutter. (→El Padre, Abuela, Großeltern, Kinder)

Verwaltung
1. Die Gesamtheit der häuslichen Arbeiten der Sitze der →Zentren.
2. Frauen, die in einem Zentrum diese Arbeiten ausführen;
3. deren Gebäude

Zentrum
Offizielles Haus der Prälatur in einer Stadt; den einzelnen Zentren sind jeweils einzelne Mitglieder oder Mitgliedergruppen zugewiesen.

Anhang 5

Staaten, in denen die Prälatur Opus Dei errichtet ist

Deutschland siehe Seite 118 ff.

In der folgenden Länderübersicht wird versucht, der geschilderten Geheimhaltung der Informationsbüros zum Trotz die wichtigsten Informationen über das Opus Dei in den 63 nichtdeutschen Staaten zu präsentieren.

Bischöfe werden nur genannt, sofern sie »im Dienst« sind, dem Klerus der Prälatur Opus Dei angehören, in korporativen und ähnlichen Organisationen mitarbeiten und sofern in dem betreffenden Staat kein Kardinal oder Erzbischof als Opus-Dei-nah bekannt sind. Bischöfe und Kardinäle erhalten jeweils eine von drei Ziffern: 1 = Mitglied des Opus Dei bzw. seiner Priestergesellschaft; 2 = Mitgliedschaft in Vereinen u. Ä., die von Mitgliedern des Opus Dei gegründet bzw. geleitet werden sowie Zusammenarbeit mit ihnen; 3 = Anhänger Escrivás und Förderer des Opus Dei.

Im Unterschied zur Mitgliederzahl im Päpstlichen Jahrbuch 2007 (knapp 89 000) kommen meine Berechnungen und Schätzungen nur auf etwa 75 000. Leider ist die Angabe im Annuario Pontificio wegen der Geheimhaltungspraxis des Opus Dei nicht nachprüfbar.

Das Opus Dei in der Schweiz verbreitete für 2002 folgende Zahlen:

Afrika: 1700; Amerika: 29 400; Asien und Ozeanien: 4900; Europa: 48 900.

Argentinien: Beginn 1950; etwa 2000 Mitglieder
Zentren in: Buenos Aires, Comodoro Rivadavia, Córdoba, La Plata, Lomas de Zamora, Mendoza, Paraná, Salta, San Isidoro, Rosario, Tucumán
Wichtige Mitglieder und Sympathisanten: Alfonso Delgado Evers (1), Erzbischof von San Juan de Cuyo; Francisco Polti Santillán (1), Bischof von Santiago del Estero
Korporative Einrichtung: Asociación Promotora de la Educación y Deporte (Apred)
Kulturzentren: La Loma, Centro Cultural y Deportivo Oeste, Centro de Extensión Cultural (alle Buenos Aires)
Universitäten und Hochschulen: Universidad Austral, Instituto de Altos Estudios Empresariales-IAE (beide Buenos Aires)
Einrichtung für StudentInnen: Centro Universitario Los Alero (Buenos Aires)
Bildungseinrichtung: La Chacra
Schulen für Frauen bzw. Hilfsnumerarierinnen: Instituto de Capacitacion integral en Estudios Domésticos, Centro Cultural y Deportivo Oestre (beide Buenos Aires)

Australien: Beginn 1963; etwa 400 Mitglieder
Zentren und Stützpunkte in: Brisbane, Hobart, Melbourne, Perth, Roseville, Sydney
Wichtiger Sympathisant: Edward Idriss Cassidy (3), ehemaliger Kurienkardinal (Rom)
Korporative Vereinigung: Educational Development Association (E.D.A.)
Kulturzentren: Kenthrust Study Centre; Dartbrooke Study Centre; Westburne Study Centre
Einrichtungen für StudentInnen: Warrane College (m Sydney); Creston College (w Sydney)
Schule für Frauen bzw. Hilfsnumerarierinnen: Kenvale Training Centre (Lindfield)
Verein für Eltern: Foundation Pared (Parents for Education)

Belgien: Beginn 1965; etwa 350 Mitglieder
Zentren in: Antwerpen, Brüssel, Dongelberg, Lüttich, Löwen, Louvain-la-Neuve.
Wichtige Sympathisanten: Godfried Danneels (3), Kardinal und Erzbischof von Mechelen-Brüssel, Präsident der belgischen Bischofskonferenz; Georges Ugeux, Finanzdirektor der Societé Générale; Baron Claude de Villenfagne de Vogelsanck, Chef der Banque d'épargne; Albert Coppé, Industrieller und ehemaliger Minister
Korporative Vereinigung: Cooperative für Kulturzentren – CCC (m Brüssel)
Stiftungen: Progredi; Assoziation ACTEC
Bank mit Verbindungen zu Opus-Dei-nahen Institutionen: Amro-Bank
Kulturzentren: Fontenelle; Groenendal; Serma (alle Brüssel)
Einrichtungen für StudentInnen: Residentie Steenberg (m), Residentie Arenberg (w) (beide Löwen); Résidence universitaire Bauloy (m), Résidence universitaire Neussart (w) (beide Louvain-la-Neuve)
Bildungszentren: Centre de rencontres (Dongelberg); L'Institut de Formation postuniversitaire (Brüssel)
Schulen für Frauen bzw. Hilfsnumerarierinnen: Centre d'études pour la femme (Brüssel); Centre de rencontres (Dongelberg)
Gesellschaftliche Einrichtung: Fondation Internationale de la Famille (IDF)

Bolivien: Beginn 1978; 1000 Mitglieder (geschätzt)
Zentren in: Cochabamba, La Paz

Brasilien: Beginn 1957; etwa 1000 Mitglieder
Zentren und Stützpunkte in: Belo Horizonte, Brasilia, Campinas, Curitiba, Londrina, Niterói, Porto Allegre, Ribeirao Preto, Rio de Janeiro, Sao José Dos Campos, Sao Paulo, Sorocaba
Wichtige Mitglieder und Sympathisanten: Rafael Llano Cifuentes (1), Bischof in Nova Friburgo; Antonio Augusto Dias Duarte (1), Weihbischof in Rio de Janeiro

Kulturzentren: Centro Cultural Angra; Centro Cultural Pinheiros (beide Sao Paulo)
Einrichtungen für StudentInnen: Centro di Extensao Universitaria di Sao Paulo; Centro Universitario di Tijuca (Rio de Janeiro); Centro Universitario Pacaembu
Bildungseinrichtungen: Centro Educativo Pedreira (Sao Paulo); Centro Social Morro Velho (Sao Paulo)
Schule für Frauen bzw. Hilfsnumerarierinnen: Centro Técnico y Cultural Cetec (Sao Paulo)

Chile: Beginn 1950; etwa 3000 Mitglieder
Zentren und Stützpunkte in: Antofagasta, Arica, Calama, Chimbarango, Chillan, Concepción, Iquique, La Serena, Los Andes, Melipilla, Osorno, Puente Alto, Puerto Montt, Punta Arenas, Quilimar, Quillota, Rancagua, San Bernardo, San Fernando, Santa Cruz, Santiago de Chile, Temuco, Valdivia, Vina del Mar
Wichtige Mitglieder: Luis Gleisner Wobbe (1), Weihbischof in La Serena; Guillermo Patricio Vera Soto (1), Bischof von Calama; José Ibánez-Langlois (1), Priester und Ideologe
Mitglied der Mitarbeiter-Assoziation: Angel Kreiman, Rabbiner
Kulturzentren: Centro Cultural Alborado (Santiago de Chile); Centro Cultural Tabancura (Santiago de Chile)
Einrichtungen für StudentInnen: Residencia Alborada (Santiago de Chile); Residencia Universitaria Alameda (Santiago de Chile); Colegio Tabancura (Santiago de Chile)
Universität: Universidad de los Andes
Bildungszentren: Instituto de Secrétarias Intérpretes (Santiago); Escuela Agrícola Las Garzas (Chimbarango)
Gesellschaftliche Einrichtung: Fondación »Fare Famiglia«(Santiago de Chile)

China: Beginn 1981 in Hongkong; etwa 30 Mitglieder
Zentrum in: Hongkong

Kulturzentrum: Kam Him Centre
Beginn: 1989 in Macau; etwa 30 Mitglieder
Zentrum in: Macau
Bildungsstätte: Hac Sa Conference Centre

Costa Rica: Beginn 1959; 200 Mitglieder (geschätzt)
Zentrum in: San José de Costa Rica
Kulturzentrum: Centro Estudiantil Miravalles (San José)

Dominikanische Republik: Beginn 1988; 350 Mitglieder (geschätzt)
Zentren und Stützpunkte in: Jarabacoa, Santo Domingo
Wichtiger Sympathisant: Nicolas de Jesús López Rodriguez (3), Kardi-
nal, Erzbischof von Santo Domingo
Einrichtung für StudentInnen: Vallenuevo (Santo Domingo)

Ecuador: Beginn 1954; etwa 1500 Mitglieder
Zentren in: Guayaquil, Ibarra, Quito
Wichtige Mitglieder und Sympathisanten: Juan Ignacio Larrea Holguin
(1), ehemaliger Erzbischof von Guayaquil; Antonio Arregui Yarza (1),
Erzbischof von Guayaquil; Antonio José González Zumárraga (3), Kar-
dinal, ehemaliger Erzbischof von Quito
Einrichtungen für StudentInnen: Ilinizas (Quito); Los Esteros, Guayalar
(beide Guayaquil)
Bildungszentren: Colegio Los Pinos (Quito); Centro de Estudiantes
Los Esteros (Guayaquil); Scuola Intisana (Quito); Instituto de Desar-
rollo Empresarial – IDE (Guayaquil); Delta (Guayaquil); Torremar
(Guayaquil)
Schulen für Frauen bzw. Hilfsnumerarierinnen: Centro de Estudian-
tes Tulpa (Quito); Scuola Alberghiera Solana (Valle di Tumbaco);
Scuola Alberghiera El Coral (Guayaquil)

Elfenbeinküste: Beginn 1980; etwa 100 Mitglieder
Zentrum und Stützpunkte in: Abidjan, Ganoa, Yamoussoukro

200

Kulturzentren: Comoè; Danga; Marahoué (alle Abidjan)
Bildungsstätten: Lycée Classique (Abidjan); École d'ingenieurique électronique
Schulen für Frauen bzw. Hilfsnumerarierinnen: Lycée Mami Adjoua; Lycée de Garcons de Bingerville; Yarami Cocodey

El Salvador: Beginn 1958; etwa 300 Mitglieder
Zentrum in: San Salvador
Wichtiges Mitglied: Fernando Sáenz Lacálle (1), Erzbischof von San Salvador, Präsident der Bischofskonferenz von El Salvador
Einrichtungen für StudentInnen: Doble Via; Izamar (w)
Bildungsstätte: Centro de Desarrollo Cultural y Educative La Lomita
Schule für Hilfsnumerarierinnen: Escuela técnica de Hoteleria y Hogar Montemira (San Salvador)
Gesellschaftliche Einrichtung: Fondación »Vita y Famiglia«

Estland: Beginn 1996; etwa 20 Mitglieder
Zentrum in: Tallinn
Wichtiges Mitglied: Titularbischof Philippe Jourdan (1), Diplomat des Heiligen Stuhls und Apostolischer Administrator
Korporatives Werk: Haridusselts Rävala
Einrichtung für Schüler/Studenten: Alfa Klubi

Finnland: Beginn 1987; etwa 20 Mitglieder
Zentrum in: Helsinki
Wichtiger Sympathisant: Józef Wróbel (3), Bischof in Helsinki
Kulturzentren: Bulevardi Foorumi; Vanhan (beide Helsinki)

Frankreich: Beginn 1947; 1600 Mitglieder
Zentren und Stützpunkte in: Aix-en-Provence, Bordeaux, Clermont-Ferrand, Couvrelles, Grenoble, Lille, Lyon, Marseille, Mülhausen, Nancy, Nantes, Nice, Nîmes, Neuilly-sur-Seine, Paris, Perpignan, Pu-

teaux, Reims, Rennes, Rouen, Saint-Laurent du Pont, Soissons, Straßburg, Toulouse, Tours

Wichtige Sympathisanten: Roger Etchegaray (2), Vizedekan des Kardinalkollegiums (Vatikan); Françoise de Bourbon-Lobkowicz, SAR-Präsidentin; Prince Edouard Lobkowicz, Botschafter des Souveränen Malteserordens; Christine Boutin, Mitglied der Nationalversammlung; Louis Schweitzer, Manager und ehemaliger Präsident des Renault-Konzerns

Korporative Werke: Société Anonyme d'Investissements pour le Développement Culturel (SAIDES); Association Jeunesse, Éducation et Loisirs; Association pour le Développement des Cultures; Société de patrimonie éducatif et culturel (Sopec)

Stiftung: Société Alpha-France

Banken und Industrieunternehmen mit Verbindungen zu Opus-Dei-nahen Institutionen: Banco Popular Espanol en France; Banque de l'Indochine; Banque de l'Union Européenne Industrielle et Financière; Banque des Intérêts Français; Banque occidentale

Kulturzentren: Adrech, La Rolière (beide Aix-en-Provence); Veymont, Lanfrey (beide Grenoble); Mont d'Or, Salvagny (beide Lyon); Castelvieil, Valensole (beide Marseille); Fontneuve, Solférino, Rouvray (w), Neuilly (w), Brévent, Garnelles (alle Paris); Nideck, Imsthal (beide Straßburg); Cayras, Loubeiac (beide Toulouse)

Bildungsstätte: Centre de Rencontres de Couvrelles (Soissons)

Einrichtungen für StudentInnen: Castelvieil (Marseille); Brévent (Paris)

Haushaltungsschule für Hilfsnumerarierinnen: Ecole technique d'hôtellerie Dosnon (Braine/Soissons)

Institute und Vereine: Association pour la Famille – APF (Paris); Association Solidarité Service; Jérôme Lejeune Foundation; Association de Culture Universitaire et Technique (ACUT, m); Association Mode, Art, Decoration (M.A.D., w); Association culture et art (ACA, w) SCI Domaliane; Association pour le développement des cultures (ADC); Catoliques pour les libertés économiques (CLE); Institut culturel et technique d'utilité sociale (I.C.T.U.S.)

Großbritannien: Beginn 1946; 150 Mitglieder (geschätzt)
Zentren und Stützpunkte in: Bangor, East Grinstead, Glasgow, Hereford, London, Ipswich, Macclesfield, Manchester, Oxford
Wichtige Mitglieder und Sympathisanten: Cormac Murphy-O'Connor (3), Kardinal, Erzbischof von Westminster; Ruth Kelly, britische Verkehrsministerin
Korporative Werke: Netherhall Educational Association – NEA (m); Dawliffe Educational Foundation (w); Greygarth Association Ltd.; Trust House Forte
Stiftung: Netherhall House Trust
Kulturzentren (zum Teil Einrichtungen für StudentInnen): Netherhall House (m), Ashwell House (w), Dawliffe Hall (m), Shelley House, Lakefield (alle London); Glenalvon Cultural Centre (Glasgow); Grandpont House (Oxford); Greygarth Hall, Coniston Hall (beide Manchester)
Bildungszentren: Wickenden Manor (East Grinstead); Thornycroft Hall (Macclesfield); Breakfield, Elmore Study Center (beide London); Dunreath Study Center (Glasgow)
Schule für Frauen bzw. Hilfsnumerarierinnen: Lakefield Housecraft and Educational Center (London)

Guatemala: Beginn 1953; 500 Mitglieder (geschätzt)
Zentren in: Guatemala City, Vieja
Wichtiger Sympathisant: Rodolfo Quezada Toruno (3), Kardinal und Erzbischof von Guatemala
Korporatives Werk: Fundación Centroamericana por la Iniciativa del Sector Privado
Kulturzentrum: Residencia Verapez (Guatemala City);
Stiftung: Fundación Fundap
Einrichtungen für StudentInnen: Ciudad Vieja, Verapaz, Balanyá (alle Guatemala City)
Schulen: Kinal(m), Jukabal, Escola San Pedro La Laguna (alle Guatemala City)

203

Schulen für Frauen bzw. Hilfsnumerarierinnen: Centro de Formación y Capacitación Obrera Kinal; Escuela de Capacitación de mujeres Junkabal, Escuela Técnica de Hostelería Zumil (beide Guatemala City)
Institute und Vereine: Associación Univida; Instituto Femenino de Estudios Superiores – IFES (Guatemala City)

Honduras: Beginn 1980; 100 Mitglieder (geschätzt)
Zentrum in: Tegucicalpa
Kulturzentrum: Centro Educativo Taular (Tegucicalpa)
Verein: Associación de Estudios de la familia de Honduras

Indien: Beginn 1993; etwa 10 Mitglieder
Zentrum in: Neu-Delhi
Wichtiger Sympathisant: Vincent Concessao (3), Erzbischof von Delhi
Kulturzentren: Kamet Study Center; Vatsalya Cultural Center
Schule: Sahoday School (New Delhi)

Irland: Beginn 1947; etwa 1300 Mitglieder
Zentren und Stützpunkte in: Ballyglunin, Belfield, Carrickburn, Dalkey, Derry, Donnybrook, Dublin, Dun Laoghaire, Galway, Naas (Kildare), Limerick, Monkstown, Salthill
Wichtige Sympathisanten: Séamus Hegarty (2), Bischof von Derry; Séamus G. Timoney, Professor und Waffenkonstrukteur
Korporative Werke: University Hostels Ltd.
Stiftungen: Educational Development Trust; Lismullin Scientific Trust; Tara Trust
Banken und Industrieunternehmen mit Verbindungen zu Opus-Dei-nahen Einrichtungen: Northern Bank; Bank of Ireland; Cement Ltd.
Kulturzentren: Earlsfort Terrace Centre, Surgeons Centre, Cleraun Study Centre (alle Dublin); Harveston Centre (m Dalkey); Riversdale Centre (w Monkstown); Overdale Centre (Limerick); Knapston Centre (Dun Laoghaire)

Einrichtungen für StudentInnen: Carraighburn University Centre (w), Ely University Centre, Nullamore University Residence, Ely Residence, Residence Glenard (alle Dublin); Ros Geal University Residence (Galway); Riversdale Study Centre (Monkstown); Glenard Hostel (Belfield); Carrickburn Study Centre (Donnybrook)

Bildungszentren: Conference Centre (Ballygluin); Racing Apprentice Centre of Education (Kildare); Lismullin Conference Centre (Lismullin)

Schulen: Rockbrook Park School, Rosemont Park School (w) (beide Dublin)

Schulen für Frauen bzw. Hilfsnumerarierinnen: Ballabert Catering and Education Centre (Ballyglunin); Crannton Catering College (Dublin)

Institute und Vereine: Business Spouses Association; Institute for Family Development (beide Dublin)

Israel: Beginn 1993; etwa 20 Mitglieder
Zentrum in: Jerusalem
Wichtiger Sympathisant: Michel Sabbah (3), lateinischer Patriarch von Jerusalem und Präsident der Konferenz lateinischer Bischöfe in den arabischen Regionen
Kulturzentrum: Birantá Study Center

Italien: Beginn 1946; etwa 5000 Mitglieder
Zentren in: Albano, Bari, Bologna, Brescia, Castelgandolfo, Catania, Como, Florenz, Genua, L'Aquila, Mailand, Monreale, Neapel, Pisa, Padua, Palermo, Perugia, Rom, Trapani, Triest, Turin, Verona
Wichtige Mitglieder und Sympathisanten: Julián Herránz Casado (1), ehemaliger Kurienkardinal; Benedikt XVI., Papst (2); Dionigi Tettamanzi (2), Kardinal, Erzbischof von Genua; Giacomo Biffi (3), Kardinal, ehemaliger Erzbischof von Bologna; Camillo Ruini (3), Kardinal, Generalvikar der Diözese Rom und Präsident der italienischen Bischofskonferenz; Angelo Sodano (3), ehemaliger Kurienkardinal (Rom); Giulio Andreotti, ehemaliger Ministerpräsident, Senatsmit-

glied auf Lebenszeit; Carlo Casini, Mitglied des Europäischen Parlaments; Francesco Cossiga, Senatsmitglied auf Lebenszeit; Paola Binetti, Senatsmitglied; Adriana Poli Bortone, Mitglied des Europäischen Parlaments; Francesco Rutelli, Vizepremier und Kulturminister; Cesare Salvi, Präsident der Justizkommission des Senates; Alberto Michelini, Medienexperte des Vatikan und Mitglied des Europäischen Parlaments

Korporative Werke: Fondazione RUI in Rom und Mailand; CIMEA – akademisches Informationszentrum

Stiftungen: Istituto Lombardo per la Formazione Culturale Europea (Mailand); Istituto per la Cooperazione Universitaria (ICU)

Banken und Industrieunternehmen mit Verbindungen zu Opus-Dei-nahen Einrichtungen: Akros-Gruppe; Banca Credito Bergamesco; Banca Popular de Verona; Banco di Roma; Casa Centrale delle Cooperative; Fiduciaria Giardini; Finanziaria Astigianato Industria

Kulturzentren: Cavabianca (m), Villa Balestra (w beide Rom); Centro L'Arengo (Bologna); Poggio Alto (w Florenz); Riparia (Turin); Aspro (Mailand); Val di Mazara (Palermo)

Häuser für Mitglieder des Opus Dei, die in römischen Einrichtungen, insbesondere in der Kurie, tätig sind: Belvedere; Colonato; La Quercia; L'Arco; Porta Collina; Tre Fontane; Pompeo Magno o Orsini

Einrichtungen für StudentInnen: Della Nave (m Bari); Torleone (m Bologna); Falconara (m Catania); Delle Peschiere (m Genua); Giussano (m), Torrescalla (m), Torriana (w), Viscontea (w alle Mailand); Montavella (w Neapel); Mediterranea (w Palermo); Ripagrande, Villa delle Palme (w), Arcogrande (alle Rom); Pontenavi (m Verona); Clivia (w Verona). *Weitere in:* Florenz, Padua, Pisa, Turin, Triest

Universität und Kolleg: Pontificia Università della Santa Croce (m), Collegio Villa Balestra (w), Collegio Romano di Santa Maria (w alle Rom)

Schulen: Petranova (w), Monte Mario (m beide Rom)

Bildungszentren: Elis – Educazione, Lavoro, Instruzione, Sport (Rom); Casalamento; Centro Castelromano, Centro Internazionale Villa delle Rose (w beide Castelgandolfo); Calarossa (Palermo)

Schulen für Frauen bzw. Hilfsnumerarierinnen: Centro Via di Valle Aurelia; Scuola Alberghiera Feminile Internationale – SAFI (beide Rom); Castello di Urio (Como)
Gesellschaftliche Einrichtung: Oikia Foundation

Japan: Beginn 1958; 50 Mitglieder (geschätzt)
Zentren und Stützpunkte: Ashiya-Osaka, Kioto, Nagasaki, Oita
Korporative Vereinigung: Seido Foundation for the Advancement of Education (Ashiya)
Kulturzentren: Seido; Ohara (beide Ashiya)
Einrichtung für StudentInnen: Seido (Nagasaki)
Bildungsstätten: Seido System Schools: zum Beispiel Yoshida Gakusei Senta (m), Shimogamo Academy (w beide Kioto); Ohara Bunka Senta (w Ashiya); Mihara, School Seido Sho-Chugakko, Seido Mikawadai (w alle Nagasaki)
Bildungszentren und Institute: Seido Language Institute (Ashiya); Seido Summer Study Abroad Programme; Misaki Seminar, Johnnandai Conference Center (beide Oita)
Haushaltungsschule für Hilfsnumerarierinnen: Mikawa Cooking School (Nagasaki)

Kamerun: Beginn 1988; 50 Mitglieder (geschätzt)
Zentren in: Douala, Yaoundé
Wichtiger Sympathisant: Christian Wiyghan Tumi (3), Kardinal, Erzbischof von Douala
Kulturzentrum: Val d'or (Yaoundé)

Kanada: Beginn 1957; etwa 600 Mitglieder
Zentren und Stützpunkte in: Calgary, Montreal, Nicolet, Kingston, Ottawa, Quebec, Toronto, Valleyfield, Vancouver
Wichtiger Sympathisant: Jean-Claude Turcotte (3), Erzbischof von Montreal
Korporatives Werk: Fondation pour la Culture et l'Éducation

Kulturzentren: Ullerston (Toronto); Kulturzentren an der rue Plantagenet, avenue des Pins, Redpath Crescent, boulevard Rosement und avenue du Musée (Montréal)
Einrichtungen für StudentInnen: Riverview, Fonteneige University Residence (beide Montréal); Ernescliff College (Toronto); Parkhill Center (Ottawa)
Bildungsinstitut: Fondation Cultural Wellspring (Toronto)
Schule für Frauen bzw. Hilfsnumerarierinnen: L'Essor-Centre de Formation pour la femme (Montréal)
Gesellschaftliche Einrichtung: Foundation Famille, Développement et Culture

Kasachstan: Beginn 1997; 10 Mitglieder
Zentrum in: Alma Ata
Wichtiger Sympathisant: Jan Pawel Lenga (3), Erzbischof von Karaganda, Apostolischer Administrator in Kasachstan

Kenia: Beginn 1958; etwa 300 Mitglieder
Zentrum in: Nairobi
Wichtiges Mitglied: Anthony Muberia (1), Bischof von Embu
Korporative Vereinigung: Kianda Foundation
Einrichtungen für StudentInnen: Strathmore College (m), Kianda Residence (w), Fanusi (w), Satima, Tigoni, Watani Hostel (alle Nairobi)
Bildungsstätten: Milikiwa-Institute, Kibondeni College (w), Kianda High School Kibondeni Catering School, Kianda Secretarial School (alle Nairobi)
Schule für Frauen bzw. Hilfsnumerarierinnen: Kimlea Girls' Technical Training Centre (Nairobi)

Kolumbien: Beginn 1951; etwa 1500 Mitglieder
Zentren und Stützpunkte in: Barranquilla, Bogotá, Bucaramanga, Cali, Cartagena, Manizales, Medellín, Santa Maria

Wichtige Mitglieder und Sympathisanten: Hugo Eugenio Puccini Banfi (1), Bischof von Santa Marta; Alfonso López Trujillo (2), Kurienkardinal (Rom); Dario M. Castrillón Hoyos (3), Kurienkardinal (Rom)
Kulturzentren: Hontanar, Monteverde (beide Bogotá); Centro Cultural El Nogal
Einrichtung für Studentinnen: Inaya (Bogotá)
Universität und wissenschaftliches Institut: Universidad La Sabana à Bogotá; Instituto de Alta Dirección Empresarial-INALDE (Bogotá)
Schulen für Frauen bzw. Hilfsnumerarierinnen: Monteverde Instituto superior de Ciencias Sociales y Economía familiar (beide Bogotá); Escuela Familiar Agropecuaria Guatanfur
Gesellschaftliche Einrichtungen: Fondación »Hacer«; Prodecosta; Corposol

Kongo, Demokratische Republik: Beginn 1980; 30 Mitglieder (geschätzt)
Zentrum in: Kinshasa
Kulturzentren: Tangwa, Loango (beide Kinshasa)
Ambulatorium: Centre Medical Monkole (Kinshasa)
Schule für Frauen bzw. Hilfsnumerarierinnen: Institut Supérieur en Sciences Infirmières (ISSI)

Kroatien: Beginn 2003; etwa 50 Mitglieder
Zentrum in: Zagreb
Kulturzentrum: Kulturni Center Medvescak

Libanon: Beginn 1996; etwa 10 Mitglieder
Zentren in: Beirut, Byblos

Liechtenstein: Beginn 1956; etwa 10 Mitglieder
Wichtige Sympathisanten: Wolfgang Haas (2), Erzbischof von Vaduz; Nikolaus von und zu Liechtenstein, Botschafter beim Heiligen Stuhl;

Josef Seifert, Rektor der Internationalen Akademie für Philosophie im Fürstentum Liechtenstein (IAP)

Lettland: Beginn 2004; etwa 10 Mitglieder
Zentrum in: Riga

Litauen: Beginn 1994; etwa 70 Mitglieder
Zentren in: Kretinga, Vilnius
Wichtiger Sympathisant: Audrys Juozas Backis (3), Kardinal, Erzbischof von Vilnius
Kulturzentrum: Vilneles (Vilnius)

Luxemburg: Hier ist das Opus Dei als Personalprälatur nicht errichtet. Mitglieder des Opus Dei werden von Belgien und Deutschland aus betreut. Erzbischof Fernand Franck ist Mitglied im Präsidium des »Internationalen Mariologischen Arbeitskreises Kevelaer (IMAK)«, der von Priestern des Opus Dei geführt wird.

Mexiko: Beginn 1949; etwa 5000 Mitglieder
Zentren und Stützpunkte: Altocomulco, Celaya, Chalapa, Chihuahua, Mexico City, Coahuila, Cuernavaca Guadalajara, Hermosillo, Huixcolo, Jonacatepec, La Gavia, León, León Guanajuato, Los Mochis, Mazatlán, Mimihuapan, Monterrey, Puebla, Querétaro, San Carlos, San Luis de Potosí, Tamaulipas, Toluca, Torreón, Veracruz
Wichtige Mitglieder und Sympathisanten: Jesús Humberto Velázquez Garay (1), ehemaliger Bischof von Celaya; Norberto Rivera Carrera (3), Kardinal, Erzbischof von Mexico; Adolfo Antonio Suárez Rivera (3), Kardinal, ehemaliger Erzbischof von Monterrey
Kulturzentren: Toshi (Altocomulco); La Rotonda, La Galvia, Centro Cultural »Lindavista« (alle Mexico City); Centro Dauro (Luis de Potosí); Centro Cultural »Amay«
Einrichtungen für StudentInnen: Residencia Universitaria Latinoamericana – RUL (Mexiko D. F.); Centro Internacional de Estudios Supe-

210

riores (Mexiko D. F.); Residencia Universitaria CIES (Mexiko D. F.); Centro de Estudios Nayar (D. F.); Residencia Montesilla; Residencia Monterral (beide Monterrey); Residencia Universitaria Alto Valle (Guadalajara); Residenzia Universitaria Panamericana (Mexiko D. F.); Residencia Universitaria Centenario (Hermosillo)
Bildungszentren: Centro Agropecuaria Experimental El Penón (Montefalco-Jonacatepec); Instituto de Desarrollo Personal, Instituto Superior de Cultura y Arte (beide Mexico City)
Schulen und Universität: Escuela Familiare; Universidad Panamericana (Mexiko D. F.); Instituo Panamericano de Alta Dirección de Empresa (IPADE); Centro Escolar Cedros; Centro de capatación de artesanais (Chalapa); Escuela de Administración de Instituciones (ESDAI)
Schulen für Frauen bzw. Hilfsnumerarierinnen: Instituto de Desarrollo Personal, Centro de Estudios Montefalco, Centro Latinoamericano de Estudios Universitarios »Hogar e Cultura«, Toshi (alle Mexico City)
Institute und Vereine: Associación para la Familia y la Educación (AMFE); Associación LOMA

Neuseeland: Beginn 1989; etwa 25 Mitglieder
Zentren und Stützpunkte in: Auckland, Hamilton, Wellington
Gesellschaftliche Einrichtung: Foundation Pared

Nicaragua: Beginn 1992; 50 Mitglieder (geschätzt)
Zentrum in: Managua
Kulturzentrum: Centro Universitario Villa Fontana

Niederlande: Beginn 1960; 200 Mitglieder (geschätzt)
Zentren und Stützpunkte in: Amsterdam, Hengelo, Maastricht, Moergestel, Tilburg
Wichtige Sympathisanten: Adrianus Johannes Simonis (2), Kardinal, Erzbischof von Utrecht, Präsident der niederländischen Bischofskonferenz; Willem Jacobus Eijk (2), Bischof von Groningen; François Bacqué (3), Nuntius.

Korporative Vereinigung: Stichting Sociaal Kulturele Aktiviteiten (Soka)
Stiftung: Stichting De Boog
Bildungsstätten: Conferentieoord Zonnewende (Moergestel), Studie-centrum (Utrecht)
Einrichtung für StudentInnen: Leidenhoven (Amsterdam)
Schulen für Frauen bzw. Hilfsnumerarierinnen: Internationaal Studie-centrum Voor De Vrouw; Europrof (beide Amsterdam)
Gesellschaftliche Einrichtung: Club De Stade (Amsterdam)

Nigeria: Beginn 1965; 100 Mitglieder (geschätzt)
Zentren und Stützpunkte in: Aba, Abuja, Benin City, Enugu, Ibadan, Ilo-rin, Iroto, Lagos, Nsukka, Onitsha, Owerri
Wichtiger Sympathisant: Francis Arinze (3), Präfekt der Kongregation für Gottesdienst und Sakramentenordnung
Kulturzentren: Imoran (Ibadan); Wavecrest (w), Helmbridge (beide Lagos); L'Uhere (Nsukka); Ugwuoma, Uzomiri (beide Enugu)
Korporative Werke: Lagos Business School; Institute for Industrial Technology (Lagos); Iroto Development Centre (Iroto)
Stiftung: African Development Foundation (ADF)
Einrichtung für StudentInnen: Irawo University Centre (Ibadan)
Schulen: Lagoon Secondary School (w Lagos); Lagoon Executive Se-cretarian College Surulere (w)
Schule für Frauen bzw. Hilfsnumerarierinnen: Lagoon College (Lagos)

Österreich: Beginn 1957; 400 Mitglieder
Zentren in: Dornbirn, Feldkirch, Graz, Innsbruck, Linz, Markt Piesting, Salzburg, Wien
Wichtige Mitglieder und Sympathisanten: Klaus Küng (1), Bischof von St. Pölten; Christoph Schönborn (3), Kardinal, Erzbischof von Wien und Präsident der österreichischen Bischofskonferenz; Herbert Schambeck, ehemaliger Präsident des Bundesrates; Vinzenz Liech-tenstein, Abgeordneter zum Nationalrat

Korporative Werke: Österreichische Kulturgemeinschaft mit Verein GFB
Bank mit Verbindungen zu Opus-Dei-nahen Institutionen: Bankhaus Schelhammer & Schatterer
Kulturzentren: m: Am Petersplatz (Wien), Kroisegg (Graz), Juvavum (Salzburg), Römerberg (Linz), Sillgraben (Innsbruck); w: Stubentor (Wien), Geidorf (Graz), Hallsteg (Salzburg), Stockhof (Linz), Angerfeld (Innsbruck)
Einrichtungen für StudentInnen: Birkbrunn (m); Währing (w beide Wien); eine Abteilung der Katholischen Studentengemeinde in Wien unter der Leitung eines Opus-Dei-Priesters (Karlskirche)
Bildungsstätte: Internationales Tagungs- und Bildungszentrum Hohe Wand (Dreistetten/Markt Piesting)
Schule: Schule für Familienhelferinnen, Dreistetten
Schulen für Frauen bzw. Hilfsnumerarierinnen: Fortbildungszentrum für die Frau (Buchenau Wien); Schule für Haushaltsberufe (Dreistetten)
Institute und Vereine: GFO – Gesellschaft zur Familienorientierung; Club Belvedere, Institut für kulturelle und wissenschaftliche Zusammenarbeit; IMABE – Institut für medizinische Anthropologie und Bioethik.

Panama: Beginn 1996; etwa 40 Mitglieder
Zentrum in: Panama
Kulturzentrum: Centro Universitario Entremares

Paraguay: Beginn 1962; 500 Mitglieder (geschätzt)
Zentrum in: Asunción
Wichtiges Mitglied: Rogelio Ricardo Livieres Plano (1), Bischof von Ciudad del Este
Kulturzentrum: Centro de Extensión Cultural Yrupè (Asunción)
Einrichtungen für StudentInnen: Centro Universitario Ycuá, Centro Puntarrieles Ycuá (beide Asunción)

Schule für Frauen, Haushaltungsschule für Hilfsnumerarierinnen: Promoción femenina ogaropé (Asunción)
Stiftung: Adextra
Verein: Associación APEI (Elternverein)

Peru: Beginn 1953; 2000 Mitglieder (geschätzt)
Zentren und Stützpunkte in: Abancay, Ayacucho, Canete, Chiclayo, Cuzco, Huancavelica, Lima, Piura
Wichtige Mitglieder: Juan Luis Cipriani Thorne (1), Kardinal, Erzbischof von Lima; Juan Antonio Ugarte Pérez (1), Erzbischof von Cuzco; Luis Sanchez-Moreno Lira (1), ehemaliger Erzbischof von Arequipa; Isidro Barrio Barrio (1), Bischof von Huancavelica; Mario Busquets Jordá (1), Bischof von Chuquibamba; Marco Antonio Cortez Lara (1), Bischof von Tacna y Moquegua; Ricardo Garcia Garcia (1), Bischof von Yauyos; Jesús Moliné Labarta (1), Bischof von Chiclayo; José María Ortega Trinidad (1), Bischof von Juli; Isidro Sala Ribera (1), Bischof von Abancay; William Dermott Molloy McDermott (1), ehemaliger Bischof von Huancavelica; Enrique Pélach y Feliu (1), ehemaliger Bischof von Abancay; Gilberto Gómez González (1), Weihbischof in Abancay; Gabino Miranda Melgarejo (1), Weihbischof in Ayacucho o Huamanga
Korporative Vereinigung: Asociación para el Desarrollo de Ensenanza Universitaria (ADEU)
Kulturzentren: Surcal, Cerros (beide Lima); Condoray (Canete)
Universitäten und Hochschulen: Universidad de Piura Larboleda (Lima); Escuelas Radiofónicas Populares Americanas (station de radio); Instituto Rural Valle Grande in San Vicente de Canete
Einrichtungen für StudentInnen: Club Cultural y Deportivo Azor en San Vicente de Canete; vier weitere Häuser in Lima
Schule: Escuela Alpamayo (Lima)
Schule für Frauen bzw. Hilfsnumerarierinnen: Centro de Formación profesional para la mujer Condoray (Canete)

214

Gesellschaftliche Einrichtung: Asociación Mundial para la Familia y la Educación (AMFE)

Philippinen: Beginn 1964; 3000 Mitglieder (geschätzt)
Zentren und Stützpunkte in: Angeles City, Bacolod City, Calamba, Cebú City, Daet, Davao City, Iloilo City, Las Pinas City, Lipa City, Makati City, Manila, Miagao, Oro City, Pasig, Quezon City, San Pablo City, Roxas City, Santa Rosa, Victorias
Wichtiger Sympathisant: Ricardo J. Vidal (3), Kardinal, Erzbischof von Cebú
Stiftungen: Southeast Asian Science Foundation Inc (SEAFSI); Foundation for Professional Training (Inc)
Bank mit Verbindungen zu Opus-Dei-nahen Einrichtungen: Bank of the Philippine Islands
Kulturzentrum: Cultural Center Manila
Einrichtungen für StudentInnen: Tanglaw University Center (Manila)
Universität und Bildungsinstitut: University of Asia and the Pacific (UA&P) mit CRC – Center for Research and Communication (Manila)
Schule: Southbridge School (m Manila)
Schulen für Frauen bzw. Hilfsnumerarierinnen: Punlaan School, Makiling Conference Center, Mayana (alle Manila)
Institute und Vereine: Association Educhild in Manila; Parents for Education Foundation; Family Cooperation Health Services Foundation (FAMCOHSEF); Youth United for the Pope

Polen: Beginn 1989; etwa 300 Mitglieder
Zentren in: Krakau, Stettin, Warschau
Wichtige Sympathisanten: Stanislaw Dziwisz (3), Kardinal und Erzbischof von Krakau; Edward Nowak (3), Erzbischof und Sekretär der Kongregation für die Heiligsprechungen (Vatikan); Tadeusz Styczen (2), Theologe

Korporatives Werk: Stowarzyszenie Edukacij I Kultury
Kulturzentren: Wisla (Warschau); Pomorze (Stettin)

Portugal: Beginn 1945; etwa 2500 Mitglieder
Zentren in: Coimbra, Lissabon, Montemov-o-Novo, Oporto, Ponta Delgada (Azoren), Viseu
Banken und Industrieunternehmen mit Verbindungen zu Opus-Dei-nahen Einrichtungen: Banco Central, Banco Comercial de Portugal, Banco do Agricultura, Banco Pinto e Sotto Mayor, Banco Portugués do Atlántico, Banco Santander, Banco Vizcaya, Dresdner Bank, Irving Trust Company, Sociedad de Estudios Financieros (Lusofina), Sociedad Portugueso-Americana de Fomento Industrial
Kulturzentren: Enxomil (Coimbra); Planalto, Mira Rio (beide Lissabon); Cadros (Oporto); Horizonte (Coimbra)
Einrichtungen für StudentInnen: insgesamt sechs, darunter: Los Alamos (Lissabon)
Hochschulen: Assiciacao de Estudios Superiores de Empresa Lisboa, Instituto Superior de Ciencias, Estudios Superiores de Empresa (AESE) (alle Lissabon)

Puerto Rico: Beginn 1969; etwa 50 Mitglieder
Zentren und Stützpunkte in: Paloblanco, Ponce, San Juan

Russland: Beginn 2007
Zentrum in: Moskau
Wichtiger Sympathisant: Tadeusz Kondrusiewicz (3), Erzbischof von Moskau

Schweden: Beginn 1984; etwa 20 Mitglieder
Zentrum in: Stockholm, Malmö
Wichtige Sympathisanten: Anders Arborelius (3), Bischof von Stockholm; Tomas Hökfelt, Professor

Kulturzentrum: Centrum Häll (Stockholm)
Politischer und wissenschaftlicher Club: Association Mälarföreningen
(Stockholm)
Stiftungen: Stiftelsen Pro Cultura; Stiftelsen Ateneum

Schweiz: Beginn 1956; etwa 200 Mitglieder
Zentren in: Basel, Bern, Freiburg, Genf, Lausanne, Lugano, Sitten,
Zürich
Wichtige Sympathisanten: Kurt Koch (3), Bischof von Basel und Prä-
sident der schweizerischen Bischofskonferenz; Ueli Maurer, Prä-
sident der Schweizerischen Volkspartei (SVP), Mitglied des National-
rates; Pirmin Zurbriggen, Sportler und Hotelier
Korporative Vereinigung: Kulturgemeinschaft Arbor-Société Cultu-
relle Arbor (Zürich)
Stiftungen: Limmat-Stiftung; Stiftung Antonio Zweifel; Inter-Alpha-
Holding; Fondation du Léman (Grand-Lancy)
*Banken und Industrieunternehmen mit Verbindungen zu Opus-Dei-nahen
Einrichtungen:* Schweizerische Bankgesellschaft; Banco di Roma per la
Svizzera; Nordfinanzbank Zürich; Banco Popular Espanol Genf
Kulturzentren: Fluntern (m Zürich); Oberstrass (w Zürich); Le Rocher
(w Genf)
Bildungsstätte: Tagungszentrum Tschudiwiese (Tannenheim-Flum-
serberg); Esche (Zürich); Neuhaus (Zürich)
Einrichtungen für StudentInnen: Fluntern (m Zürich); Studentenhaus
Allenmoos (m Zürich); Studentinnenheim Sonnegg (w Zürich); Stu-
dentinnenheim Oberstrass (w Zürich); Résidence universitaire Ca-
rouge (w Genf); Résidence universitaire Champel (m Genf); Studen-
tenheim Foyer Bel-Praz (m Freiburg); Le Tilleul (w Freiburg); Centro
Culturale Montebrè (m Lugano); Residenza Universitaria Alzavola
(w Lugano)
Schule für Frauen, Haushaltungsschule für Hilfsnumerarierinnen:
Lehrbetrieb für Hotelberufe Sonnegg (Zürich)

217

Institute und Vereine: Schweizerische Gesellschaft für Bio-Ethik; Gesellschaft für Familie und Erziehung (Zürich); Fondation Internationale de la Famille (IDF)

Singapur: Beginn 1982; 20 Mitglieder (geschätzt)
Wichtiges Mitglied: Michael Chan (1), Geistlicher Direktor des Katholischen Apostolates »Ngee Ann Polytechnic« in Singapur
Gesellschaftliche Einrichtung: Club Chalet 5

Slowakei: Beginn 1996; etwa 50 Mitglieder
Zentren in: Laibach, Preßburg
Wichtiger Sympathisant: Vladimir Filo (3), Koadjutor-Bischof in Roznava
Kulturzentrum: Ister (m Preßburg)

Slowenien: Beginn 2003; etwa 10 Mitglieder
Zentrum in: Ljubljana

Spanien: Gründung des Opus Dei 1928; gut 30 000 Mitglieder
Zentren in: Albacete, Almería, Alorcón, Aravaca, Aitana, Avila, Badajoz, Barcelona, Bilbao, Cáceres, Cadiz-Ceuta, Cartegena-Murcia, Chiclana, Ciudad Real, Cordóba, Elche, El Ferol, Esplugues de Llobregat, Gerona, Gijón, Granada, Guadalajara, Huelva, Játiva, Jerez de la Frontera, La Coruna, Las Arenas, Las Palmas, Leganés, Lérida, Lugo, Madrid, Majadahonda, Malaga, Matadepera, Mérida, Móstoles, Murcia, Olza, Ortigosa del Monte, Oviedo, Pamplona, Pozoalbero, Pozuela de Alarcón, Rafaelbunol, Reus, Sabadell, Salamanca, San Cugat del Vallès, San Sebastian, Santa Cruz de Tenerife, Santa Maria (Cadice), Santander, Santiago de Compostela, Sálvora, Segovia, Sevilla, Soria, Tarragona, Toledo, Torreciudad Torrent, Tres Cantos, Ubeda, Valencia, Vallaloid, Valldoreix, Vigo, Villaviciasa de Odón, Zaragoza,
Wichtige Mitglieder und Sympathisanten: Javier Echevarría Rodríguez (1), Prälat des Opus Dei; Julián Herránz Casado (1), ehemali-

ger Kurienkardinal (Vatikan); Francisco Gil Hellin (1), Erzbischof von Burgos; Jaume Pujol Balcells (1), Erzbischof in Tarragona; Antonio María Rouco Varela (2), Kardinal, Erzbischof von Madrid

Korporative Werke: Fomento de Actividados Culturales, Económicas y Sociales (Faces); Fomento de Centros de Ensenanza S. A.; Fomento de Estudios Superiores; Oficina de administración económica del opus Dei en España

Stiftung: Fundación Codespa

Banken und Unternehmungen mit Verbindungen zu Opus-Dei-nahen Institutionen: Banco Atlantico; Banco Central; Banco de Bilbao; Banco Espanol de Crédito; Banco de Vizcaya; Banco Europeo de Negocios (Eurobanco); Banco Hispano-Americano; Banco Latino; Banco Popular Espanol (BPE); Banco Vasco Catalana; Bankunión; Compania Mercantil Immobiliaria; Crédit Andorrá (Andorra und Spanien); Edificaciones Asturoanas S. A.; Eosa; Estudios Financieros S. A. (Esfina); Federación de Entidades Inmobiliares; Immobiliaria Darsa Aragonesa; Inmobiliaria de la Universidad de Navarra S. A. (Inmudensa); Inmobiliaria del Estudio General de Navarra S. A.(Inmedenesa); Inmobiliaria Gallega; Inmobiliaria General Castellana; Inmobiliaria La Moncloa; Inmobiliaria Urbana de la Moncloa; Instalaciones Universitarias S. A.(Inunsa); Instituto de Crédito de las Cajas de Ahorro; Mundo

Kulturzentren: Monterols (m), Viaró, Pineda (alle Barcelona); Centro Abando (m), Gartelueta (beide Bilbao); »La Alcabaza«(m Córdoba); Albazyn (m Granada); Zurbarán (w Madrid); Valdomar (Vigo)

Einrichtungen für StudentInnen: Pineda (Barcelona); Colegio Mayor Abando (Bilbao); Alsajara (Granada); Dios y Audacia (»Derecho y Arquitectura«; »DYA«); Montalbán; Castilla; Colegio Mayor Alcor; Gurtubay, Colegio Mayor La Moncloa, Calle Ferrar, Residencia Calle Jenner (alle Madrid); acht Colegios Mayores der Universität Navarra, Residencia Universitaria Belagua, Colegio Mayor Aralar (alle Pamplona); Arosa, La Estila (beide Santiago di Compostela); Residencia Alborán, Residencia Universitaria Almonte (beide Sevilla)

Schulen für Frauen bzw. Hilfsnumerarierinnen: Centro de Formación de Numerarios (Calle Diego de León/Madrid); Tajamar, Escuela técnica de Formación profesional (beide Madrid); Molinoviejo (Segovia); Centro Social Torrociudad; Altaviana (Valencia)

Universitäten und Hochschulinstitute: Los Rosales (Villaviciosa de Odón); Universidad de Navarra (Pamplona); Instituto de Estudios Superiores de la Empresa – IESE (Barcelona); Universidad de Verano de la Rábida (Huelva); Centro Cultural Torrociudad; Institute de Formación Profesional Tajamar (Madrid); Pozoalbero (Pozoalbero); La Lloma (Rafaelbunol); Molinoviejo (Ortigosa del Monte)

Schulen: Canigo, Viaró (beide Barcelona); Gartelueta (Bilbao); El Encinar, Ahlazahir (beide Córdoba); Aitana (Elche); Montefaro (El Ferol); Instituto técnico agrario Bell-Loc (Gerona); Valmayor (Gijón); Monaita (Granada); Gaztelueta (Las Arenas); Arabell, Terraferma (beide Lérida); Penaredonda (La Coruna); Escuela Técnica de Formación Profesional, Los Almos, Mantealte, Retamar, Tajamar (alle Madrid); Monteagudo, Nelva (beide Murcia); Los Robles (Oviedo); Penaubina (Oviedo); El Redín (Pamplona); La Estila (Santiago di Compostela); Entreolivos, Guadeira, Tabladilla (alle Sevilla); El Vedat, Guadalaviar (beide Valencia); Las Acacias (Vigo); Montearagón, Sansuena (beide Zaragoza)

Institute und Vereine: Club Alcorce (Córdoba); Vereinigung der Freunde der Universität Pamplona; Alisma Associacion

Südafrika: Beginn 1998; etwa 20 Mitglieder
Zentrum in: Johannesburg

Taiwan: Beginn 1985; 17 Mitglieder
Zentrum in: Taipeh

Trinidad und Tobago: Beginn 1983; 30 Mitglieder (geschätzt)
Zentren in: Port of Spain, Saint Augustine

Tschechien: Beginn 1990; etwa 50 Mitglieder
Zentren in: Bilokozly, Brünn, Prag
Kulturzentrum: Petidorny (m Prag)

Uganda: Beginn 1996; etwa 30 Mitglieder
Zentrum in: Kampala

Ungarn: Beginn 1990; 90 Mitglieder (geschätzt)
Zentrum in: Budapest
Korporatives Werk: Duna Egyesület Kulturális Központok Fejlestésére (Budapest)
Kulturzentrum: Centro Culturale Feylesztésére (w Budapest)
Einrichtung für StudentInnen: Orbánhegy Kollegium (Budapest)

Uruguay: Beginn 1956; 500 Mitglieder (geschätzt)
Zentren und Stützpunkte: Montevideo, Paysandú, Rivera
Korporatives Werk: Associacione Culturale e Tecnica (ACT)
Einrichtungen für StudentInnen: Montefaro, Del Mar (beide Montevideo)
Bildungseinrichtung: Centro educativo »Los Pinos« (Montevideo)
Schule für Frauen bzw. Hilfsnumerarierinnen: Scuola Alberghiera e di Trismo Del Plata (Montevideo)
Gesellschaftliche Einrichtung: Asociación Mundial para la Familia y la Educación (AMFE)

Venezuela: Beginn 1951; etwa 2000 Mitglieder (geschätzt)
Zentren und Stützpunkte in: Acarigua, Barcelona, Barquisimento, Calabozo, Caracas, Carora, Ciudad Bolívar, Coro, Guanare, Maracaibo, Maracay, Maturin, Mérida, Porlamar, Puerto Cabello, Puerto Ordaz, Punto Fijo, San Antonio de los Altos, San Cristóbal, San Felipe, San Fernando, Valencia
Wichtiger Sympathisant: Baltazar Enrique Porras Cardozo (3), Erzbischof von Mérida

Korporative Werke: Asociación de Arte y Ciencia; Asociación Venezolana de Fomento Cultural
Stiftung: Fundación General Mediterranea/Fundamericana (Caracas)
Kulturzentren: Araya; Las Palmas; Etame (alle Caracas); Llano Ancho (Valencia)
Einrichtungen für StudentInnen: Dairén, Monteávila (beide Caracas); Albariza (w), Sinamaica (beide Maracaibo)
Schulen: Liceo Los Arcos, Los Campitos (beide Caracas)
Schulen für Frauen bzw. Hilfsnumerarierinnen: Instituto de Capacitación profesional para la mujer Los Campitos, Etame (beide Caracas); Los Samanes (Maracaibo)
Ambulatorium: Ambulatorio médico »Anauco«
Gesellschaftliche Einrichtungen: Asociación Venezuelana di Ecconomia Sociale; Asociación civil »Salud y Familia«

Vereinigte Staaten von Amerika: Beginn 1949; etwa 3000 Mitglieder
Zentren und Stützpunkte in: Ann Arbor, Atlanta, Berkely, Boston, Brookfield, Bronx, Cambridge, Champaign, Chestnut Hill, Chicago, Dallas, Delray Beach, Denver, Georgetown, Houston, Indiana, Irving, Kirkwood, Los Angeles, Maclison, Marquette, Miami, Mill Valley, Milwaukee, Minneapolis, New Rochelle, New York, Notre Dame, Novato, Pembroke, Philadelphia, Phoenix, Pittsburgh, Purdue, Princeton, Providence, San Antonio, San Francisco, Schulenburg, Seton Hall, South Bend, South Orange, St. Louis, Syracuse, Tampa, Urbana, Valpariso, Washington
Wichtige Mitglieder und Sympathisanten: José H. Gomez (1), Erzbischof von San Antonio; Nicholas A. DiMarzio (1), Bischof von Brooklyn; Robert W. Finn (1), Bischof von Kansas City-Saint Joseph; John Joseph Myers (1), Bischof von Peoria; James Francis Stafford (3), Kurienkardinal (Vatikan); William Henry Keeler (3), Kardinal, Erzbischof von Baltimore